自由と解放を求める人びと

アメリカ黒人の闘争と多面的な連携の歴史

岩本裕子／西崎 緑 編著

彩流社

目次

第二部　黒人の闘争と連携する人びと

はしがき

二〇二〇年五月、アメリカ社会での出来事が世界に影響を及ぼしたことを、われわれは目撃した。ミネソタ州ミネアポリスで、黒人男性ジョージ・フロイドが白人警察官による暴行で絶命した様子がSNSで拡散され、抗議デモは全米のみならず世界中に拡大し、日本でも行われた。いわゆるブラック・ライヴズ・マター（BLM）運動は、元々二〇一二年にフロリダ州で黒人高校生トレイボン・マーティンが白人自警団リーダーに射殺され、加害者が翌年無罪となった事件が契機で起こった。二〇二〇年には再燃したのだった。(1)

世界を動かし、変革の動きを見せる力が二一世紀のアメリカ社会にあるとすれば、その原動力はどの時代まで遡ればいいのだろうか。(2)アメリカ社会の大きな転換点の一つは、やはり黒人の権利獲得運動、つまり公民権運動であろう。これは、一九五四年に合衆国最高裁が出した、公立学校における黒人と白人の別学を定めた州法を違憲とする「ブラウン判決」以後、アメリカ南部で展開された運動として日本人にも知られている。一九五〇年代半ばから一〇年余り続いたこの運動は、アメリカ社会を大きく変え、黒人の権利獲得運動に留まらない、学生運動、女性運動、先住民運動など多くの社会運動へと発展した。

「長い公民権運動」

二〇〇四年アメリカ歴史家協会年次大会での会長演説において、南部史家ジャクリーン・ホールが「長い公民権運動」論を歴史研究の方法論として提示した。(3)この演説はその後、「長い」の解釈に様々な議論を呼ぶこととなった。たとえば、公民権運動の時期解釈である。従来の捉え方では、一九五四年のブラウン判決に始まり、キング牧師暗殺とニクソン大統領誕生に象徴される一九六八年までととらえられてきた。ところがホールは、時代を一九三〇年代まで遡り、さらに一九七〇年代以降の運動展開にまで影響を与えてきたとして「長い」公民権運動の枠組みが、六つの新たな視座を与えたと主張した。[4]

ホールの提言に対して、藤永康政は「近年の南部史・労働史・都市史・女性史、さらには外交史という広範な領域の実証研究が『公民権運動』との接点を考えるにあたって深めていった理解のひとつの総合」だと述べた。[5] 現在では、公民権運動が空間的・地理的にもより広い範囲(北部や西部も含めて)で進んでいたことが知られており、また公民権運動は地域やコミュニティ単位の小さな運動の総体であるとも捉えられている。アメリカ社会の様々な側面から黒人の運動(闘争)を再考することが本書の目的であり、本書もこうした「長い公民権運動」という解釈に近い方向性をもっている。

公民権運動研究史

公民権運動に関するこれまでの研究を概観してみると、北部のリベラルな白人知識人で南部での生活を直接経験したオーガスト・マイヤーやハワード・ジンが、黒人の解放史として公民権運動の中心組織(人種平等会議や学生非暴力調整委員会)を描いたもの、ハーバード・シットコフ、ジュアン・ウィリアムズ、テイラー・ブランチなどの歴史家がアメリカ史の中での公民権運動を位置づけたもの、また、草の根の一般大衆の日常性に注目して公民権運動の細部やそれに至る道を描こうとしたウィリアム・ヘンリー・チャフィー、デービッド・ギャロウ、チャールズ・ペイン、上杉忍、川島正樹などによる社会史的研究がある。[6] いずれも描く動機や焦点は異なるが、公民権運動そのものに注目し、その歴史的意義を問う研究であったと言える。

これらに対して、二〇〇〇年以後、グローバルな観点からアメリカの公民権運動をとらえる研究や、さまざまな行為主体が独自の構想と戦略を持って、公民権運動の支持者あるいは反対者としてかかわり、相互に影響を与え合ったことを明らかにする研究が盛んになってきた。たとえば、国際的な「同時性」と越境性に着目した研究として、油井大三郎らの研究では、一九六〇年代の新左翼（あるいは「ニューレフト」）の運動という性格を持つ多様な社会運動の中に公民権運動を位置づけた上で、その「越境」が国際的文化変容にまで至ることが指摘されている。(7)

また黒人以外の行為主体に注目した研究では、たとえば片桐康宏が、北部の反共産主義者たちが南部の人種隔離主義者を支援して、公民権運動支持者を共産主義者として糾弾する情宣活動を熱心に展開したことを明らかにした。(8) デボラ・シュルツは、多くのユダヤ系白人女性が公民権運動に参加してアメリカ社会の変革を目指したことを取り上げた。彼女は、一五人のユダヤ人女性活動家のオーラル・ヒストリーをもとに、フェミニズム、ユダヤ人の信条と政治思想、また彼女らの目からみた南部黒人の生活と運動の状況を鮮明に描き出した。(9) さらにゲイル・マレーたちは、清廉潔白さを演じる南部の白人女性の中にも、何人もの中産階級で既婚の中年活動家がいたことを明らかにし、彼女らが時には友情、地位、経済的安全、家族を犠牲にしつつ、人種的正義と機会均等を求める社会変革に努力したことを描いた。(10)

黒人と同様に抑圧されてきた同性愛者たちの権利獲得運動への公民権運動の影響を論じた研究では、ジョン・デミリオらの書籍が出版され、公民権運動研究により広域的・複眼的な視点を提供した。(11) 特定の人種やエスニシティに帰属する人々を必ずしも主体としない「市民的権利を求める運動」も一九六〇年代から七〇年代にかけて盛んに起きていたし、それらについては未だ開拓の余地がある。こうした運動と公民権運動との連帯や共鳴関係、あるいは葛藤、対立などの緊張関係をさらに探索していく必要があるだろう。

本書の試み

本書執筆者七人の研究は、時代的にも、研究対象においても、まさにこの「長い公民権運動」に位置づけられる。(12) 自由や平等、解放を求めるアメリカ黒人の運動は近年時代的にもテーマ的にも多様な視点から再検討が進んでいて、女性活動家が運動に果たした役割や運動のなかのジェンダーをめぐる緊張対立、狭義の公民権／市民権にとどまらない多様な争点、労働運動や学生運動やユダヤ系権利運動やゲイ・リベレーションとの複雑な連携関係、冷戦下の国際情勢やアフリカン・ディアスポラのなかのアメリカ黒人の闘争など、さまざまな議論が提起されてきた。本書では、これらの研究動向を踏まえて、黒人男性運動家や白人リベラルズ中心の運動に留まらず、ジェンダー、宗教、性的指向などの視点から、同時代に生きた人びとに影響を与えてきたことを実証していく。

まず、本書が対象とするアメリカ黒人の社会的位置づけを理解するために、その歴史の出発点を確認しておく。一六一九年八月に西アフリカからジェイムズタウン植民地に運ばれてきたアフリカ人二〇人が今日のアフリカ系アメリカ人の祖先であった。その後、アメリカ社会の政治経済制度の発展の中で、黒人はその子孫も「奴隷」として位置づけられ、その制度下で生きることを強いられた。[13] 解放後の一九世紀末においても、数々の黒人法によって投票権を初めとする市民としての権利を剥奪され、社会生活のあらゆる面での差別を受けることとなった。

四百年を超えたアメリカ黒人史の中で、アメリカ社会は黒人にステレオタイプを強い、内面化した差別意識から白人も黒人も逃れることができなかった。このことは、バラク・オバマが二〇〇九年に第四四代大統領に就任したことによっても変わらなかった。さらにカマラ・ハリスが二〇二一年一月二〇日にアメリカ史上初の黒人女性の副大統領となったことによっても、劇的な変化は起きないという解釈もある。[14]

確かに、オバマが国政の頂点に立ったとき、黒人大衆は熱狂的に歓迎し、ハリスの場合には女性であることも加わって黒人女性からの圧倒的支持を得ていた。[15] ただこの二人の場合、白人の母親とケニア人の父親をもつオバマや、インド出身の母親とジャマイカ出身の黒人の父親をもつハリスでは、アメリカ社会が構築した「黒人」という人種に分類されたとしても「奴隷の子孫」が強制されてきた歴史を背負っていたわけではない。[16] ハリスもオバマも、比較的新しい移民の子孫で、彼らを「黒人の代表」ととらえることに違和感を覚える人も少なくない。[17] それゆえ政治だけでは何も変わらず、人々の意識改革が必要だというのが多くの黒人たちの感覚であろう。
とくに公民権運動に身を投じ、その後も闘い続けてきた古参政治家たちは、オバマが展開した「脱人種政治」に疑念を持ち、反発を感じていた。たとえば連邦下院議員ジョン・ルイスは、オバマが保守系白人判事ボグズをジョージア州最高裁判事候補に推薦したことに激怒していた。(18) ジェシー・ジャクソンは、人種問題への言及を行わないオバマに対して「まるで白人のようだ」と批判した。(19) 彼らの反発は、血と汗を流した公民権運動で勝ち取った現在の黒人の地位と、それでもなおアメリカ社会が黒人に平等な機会を与えるに至っていないことに、何もしようとしないオバマのエリート性に対するものであった。

このように、黒人政界内部での世代交代によって薄れていく人種別政治課題と、先入観と厳罰化によって奪われる市民として安全に暮らす権利を考えると、アメリカ黒人の「市民権」獲得運動の意義を再検討する必要があることは明らかである。本書は、一般的に公民権運動と捉えられる一九五〇年代から六〇年代の黒人とその支持者の運動が、黒人男性、とくにカリスマ的男性活動家に率いられた運動という視点からとらえるのではなく、その周辺の様々な社会運動と相互に影響しあって多義的に展開されたという認識に立つ。それゆえジェンダーで言えば女性つまり黒人女性、宗教的に言えばカトリック教徒、ユダヤ教徒、さらに同性愛者の視点から相対化して、一九六〇年代の社会運動分析を試みた。各章によって、公民権運動、市民権運動、黒人自由闘争など使われる用語が異なるが、その多義性こそ各著者の立場を反映している。

本書は三部構成で、第一部では黒人女性の視点から公民権運動を論じ、第二部では非黒人を対象とする。非プロテスタントであるカトリック教徒とユダヤ教徒、さらに同性愛者が、それぞれどのように公民権運動と関わったかを論じる。第三部は、アメリカ史を概観する通史の新しい試みである。

第一部では、黒人女性の活動を三論文で論じた。まず第一章では一九五〇年代半ば以降とされる公民権運動は、実は二〇世紀初頭以降の黒人女性活動家たちによってすでに試みられていた彼女たちの「遺産」を検討する。公民権運動家たちには「祖母世代」となる彼女たちの「語り継ぎ」が、どのように後世につながったかを実証する。

第二章では、公民権運動の陰の立役者として、生活圏としての黒人コミュニティの組織化を図る役目を担った「美容師」に着目した。キング牧師の出身地、アトランタ在住の美容師、ルビー・パークス・ブラックバーンを中心に、ジョージア黒人女性有権者同盟に代表される彼女たちの政治活動を検討した。学歴は高くないが、経済的自立に直結した準専門職である美容職に着目して、彼女たちが行った有権者登録活動を明らかにした。美容師と政治活動家という「二足のわらじを履く」ことの意味も追求した論考である。

第三章では、カマラ・ハリスに先駆けること六八年前、一九五二年の大統領選挙で黒人女性として初めて副大統領候補に指名されたシャーロッタ・バスに着目する。バスは、アメリカ西部でもっとも古い黒人新聞の一つ『カリフォルニア・イーグル』紙の編集者兼発行人を四〇年にわたって務めた。一九五二年には、民主党内の進歩派が結成した進歩党から、副大統領候補として出馬した。ところがロスアンジェルス史、黒人自由闘争史ばかりか、黒人女性史研究においても、バスの思想や運動が注目されることは少なかった。「天使の街」ロスアンジェルスにおける「長い黒人自由闘争」の中にバスを位置づけ、新たな光をあてる意欲的な論考である。

第二部の第四章では、カトリック教徒による社会活動、いわゆる「カトリック・アクション」が盛んなシカゴに在住した平信徒、マーガレット・〝ペギー〟・ローチの、戦前から一九六〇年末までの活動に着目する。一九六四年公民権法成立までのカトリック教徒による異人種間の正義を求める闘いに関する研究は既存するが、一九六〇年代後半にも白人カトリック教徒が活動スタンスを変えながら平等を求める活動を続けたことは、未だ明らかにされていない。ローチの活動をカトリック教徒による活動史に位置づけ、新しい視点を提示した。

第五章では、アメリカ社会のユダヤ人が公民権運動に参加する理由のひとつとしてのホロコーストに着目し、ホロコースト生還者による公民権運動参加に関して議論する。とくに、存命するホロコースト生還者、マリオン・イングラムの活動に焦点を当てて、回想録や本人へのインタビューを通して、アメリカ・ユダヤ人が公民権運動に参加することの意味を明らかにした。

第六章では、一九五〇年にロスアンジェルスで結成されたアメリカ初の同性愛者権利団体、マタシン協会創設者の一人、白人ゲイ男性活動家ハリー・ヘイに着目して、彼の黒人運動との関係を論じた。ヘイの活動を研究することで、同性愛運動と黒人運動との関係、マイノリティ間の共闘に新しい解釈を提示する。従来論じられた一九六〇年代半ばよりも早い時期に、両者が影響し合っていたことをヘイの活動を通して論証した。

特別寄稿となる第三部の第七章では、五つの設問を立てて、「社会的構築物としての人種」概念に基づいて、通史的展望を検討し、アメリカ史を概観しようとする壮大な試みである。大きく三つに分けた本書の七つの論文が目指すところは多様であるが、共通しているのは、古典的な公民権運動の語りを乗り越えようとする視点である。「長い公民権運動」論を受けて、時代も研究対象も拡大することによって、新しい公民権運動史の諸相を見て頂ければ幸いである。

日々社会変革を続けているアメリカ社会を見すえながら、歴史研究者の模索は続くが、われわれから読者に問いかけることを止められない。二一世紀も二〇年が過ぎた現在、世界中で人種、民族、宗教などをめぐる様々な問題が続いているが、諸問題を読み解くための回答の糸口を、本書が提示できることに期待している。

二〇二一年六月

岩本裕子《ひろこ》
西﨑　緑

註

（1）本書執筆者の多くが、二〇二〇年には国内外各所で#ＢＬＭに関する仕事を重ねたが、その例として『現代思想』掲載論考を二編あげておく。兼子歩「アメリカの警察暴力と人種・階級・男性性の矛盾」『現代思想』二〇二〇年一〇月臨時増刊号（総特集 ブラック・ライヴズ・マター）七五～八一頁、土屋和代「刑罰国家と『福祉』の解体―『投資―脱投資』が問うもの」同書一二四～一三一頁。

（2）アリシア・ガーザ『世界を動かす変革の力―ブラック・ライブズ・マター共同代表からのメッセージ』明石書店、二〇二一年、三九～四九、二〇四～二〇五頁、日本アメリカ学会第五五回年次大会（慶応義塾大学主催、二〇二一年六月五日～六日オンライン開催）では、二日目午後の部会で、「記憶される／忘却される暴力のアメリカ」が企画され、「ＢＬＭの時代における人種暴力」に関する発表も行われた。

（3）会長演説は、加筆修正されて以下に掲載された。Jacquelyn Dowd Hall, "The Long Civil Rights Movement and the Political Uses of the Past," *Journal of American History*, Vol. 91, No. 4 (March, 2005), 1233-1263. その後起こった議論の代表的な論考に以下がある。Sundiata Keita Cha-Jua and Clarence Lang, "The 'Long Movement' as Vampire: Temporal and Spatial Fallacies in Recent Black Freedom Studies," *Journal of African American History*, Vol. 92, No. 2 (Spring, 2007), 265-288.

（4）①人種差別が南部特有のものであったというイメージを弱める②人種を階級に、市民権を労働者の権利に結びつけるという難題を一刀両断に解決する③女性の社会活動（Social Activism）が解放運動側と反動側の両方の中心であったとわかる④北部、中西部、西部における公民権闘争を可視化する⑤一九七〇年代に公民権運動が勝ち取った改革を利用する努力に注意を向けるようになる⑥レーガン・ブッシュの優勢は、一九六〇年代後半と一九七〇年代の「動きの動き」に対する反発としてだけでなく、深い歴史的ルーツを持つことがわかる。

（5）藤永康政「『公民権運動』の限界と長い公民権運動論―ウィリアムス、キング、デトロイト・グラスルーツの急進主義に関する一考察」油井大三郎編『越境する一九六〇年代―米国・日本・西欧の国際比較』（彩流社、二〇一二年）一一七頁。

（6）August Meier and Elliott Rudwick, *Core: A Study in the Civil Rights Movement, 1942-1968*. (New York: Oxford University Press, 1973); Howard Zinn, *SNCC, the New Abolitionists*. (Boston: Beacon Press, 1964); Harvard Sitkoff, *The Struggle for Black Equality, 1954-1980*. Hill and Wang, 1981.; Harvard Sitkoff, *A New Deal for Blacks: the Emergence of Civil Rights as a National Issue*. (New York: Oxford University Press. 1978).; Williams Juan, *Eyes on the Prize: America's Civil Rights Years, 1954-1965*. (New York:Viking, 1987).; Taylor Branch, *Parting the Waters: America in the King Years, 1954-63*. (New York: Simon and Schuster, 1988).; William Henry Chafe and Harvard Sitkoff, eds., *A History of Our Time: Readings on Postwar America*. (New York: Oxford University Press, 1983).; David Garrow Jr., *We shall Overcome: the Civil Rights Movement in the United States in the 1950's and 1960's*. (Brooklyn, NY: Carlson Pub, 1989).; Charles M. Payne, *I've Got the Light of Freedom: the Organizing Tradition and the Mississippi Freedom Struggle*.

(Berkeley, CA: University of California Press, 1995).; 上杉忍『公民権運動への道―アメリカ南部農村における黒人のたたかい』岩波書店、一九九八年。川島正樹『アメリカ市民権運動の歴史』名古屋大学出版会、二〇〇八年。

(7) 油井大三郎『越境する一九六〇年代―米国日本西欧の国際比較』彩流社、二〇一二年。

(8) Katagiri, Yasuhiro. *Black Freedom, White Resistance, and Red Menace: Civil Rights and Anticommunism in the Jim Crow South.* (Baton Rouge, LA: Louisiana State University Press, 2014).

(9) Debra L. Schultz, *Going South: Jewish Women in the Civil Rights Movement.* (New York: New York University Press, 2001).

(10) Gail S. Murray, *Throwing off the Cloak of Privilege: White Southern Women Activists in the Civil Rights Era.* (Gainesville, FL: University Press of Florida, 2004).

(11) John D'Emilio, William B. Turner, Urvashi Vaid, eds. *Creating Change: Sexuality, Public Policy, and Civil Rights.* (New York: St. Martin's Press, 2002).

(12) 執筆者七人のうち六人は、科学研究費補助金 基盤研究(B)一般「共鳴かつ葛藤する闘争―公民権運動の相対化による一九六〇年代の社会運動分析」(課題番号17H02409)を受給して四年間共同研究を続けた。コロナ禍に入る前、受給最初の二年間には、複数の講師を招聘し研究会も開催できた。本書ではその講師の一人から、公民権運動史学史となる特別寄稿を第三部に迎えられた。

(13) 一六六二年ヴァジニア植民地の奴隷法第一二条によれば「黒人女性の子どもは母親の身分に従って奉仕する」と定められ、以後、各地でその原則が採用された。

(14) これまでの経歴でハリスがカリフォルニア州の検察官や司法長官を務めた間に、黒人市民を死亡させた警察官を起訴しなかったことなどを批判的に捉える意見も少なくない。それでも「黒人女性の候補なら、ほかにも適任者がいたと思う。私にとっては最高の候補ではないけど、今は、トランプじゃなければ誰でもいいわ。今は歴史の転換点にいるから、ハリスも、何か変えてくれるといいなと希望しているわ」という支持者の言葉がある。中川眞理子「ハリス氏は黒人の味方なのか 初の〝黒人女性副大統領候補〟に冷ややかな視線」FNNプライムオンライン二〇二〇年八月一三日. https://www.fnn.jp/articles/-/73501. Accessed on May 6, 2021.

(15) 例えば以下を参照。生井英考「人種政治とバラク・オバマ「脱人種」から「差別の品格」まで」『国際問題』五八九号、二〇一〇年、三七~四六頁。ハリスについては、ロイター「アングル:米黒人団体、ハリス氏の起用を評価 「課題残る」との指摘も」ワールド、二〇二〇年八月一二日。奥田暁代「【特集:「トランプ後」のアメリカ】カマラ・ハリスが現す多様なアメリカ像――黒人、女性、移民」『三田評論』オンライン、二〇二一年二月五日。accessed May 6, 2021, https://www.mita-hyoron.keio.ac.jp/features/2021/02-3.html.

(16) アメリカ合衆国では、歴史的に「ワンドロップ・ルール」という分類方法「黒人の血が一滴でも流れていれば、その人物は黒人と見做される規則」が用いられてきた。

（17）樋口博子「米国社会のリアル、ハリス副大統領候補「黒人女性で初」報道の違和感」毎日新聞経済プレミア二〇二〇年八月二七日．accessed May 6, 2021, https://mainichi.jp/premier/business/articles/20200825/biz/00m/020/027000c.

（18）Jonathan Shapiro, "Facing Criticism, John Lewis Issues Statement Against Obama Judicial Nominee," MAY 19, 2014. accessed May 6, 2021,https://www.wabe.org/facing-criticism-john-lewis-issues-statement-against-obama-judicial-nominee/.

（19）生井前掲書　三九頁。

第一部　自由と解放のための黒人女性のたたかい

第一章　公民権運動の祖母たち

——メアリ・C・テレルとナニー・H・バロウズの場合

岩本　裕子

はじめに

「女性と言えばつねに白人、黒人と言えば男性」とされてきたアメリカ社会の現実を訴えたのは、一九八二年出版の黒人女性学の入門書名だった。[1]公民権運動の成果の一端として、一九七〇年代には全米の大学で「黒人学」「女性学」が講じられるようになったが、「黒人女性学」が注目されるには時間がかかった。すでに一九八〇年には「黒人女性歴史家学会」が創設され、アメリカ社会へメッセージを発信してはいたのだが。[2]全米に散在していた黒人女性史研究業績を、学問的に集約したカールソン社シリーズ全一六巻が出版されたのは、一九九〇年だった。その第一三巻には、本稿が対象とするメアリ・チャーチ・テレルをテーマとした博士論文も収録された。一九九〇年代には堰を切ったように、黒人女性に関する百科事典がつぎつぎ出版されていった。[3]

その契機となった公民権運動では、日本の中学高校英語や歴史の教科書に登場するためか、キング牧師やローザ・パークスは若い世代にも知られている。単に一九五四年を切り取るのではなく、そこに至る経緯を見ていかなければならない。一九五三年七月二三日付けで黒人雑誌『エボニー』副編集長から、ナニー・ヘレン・バロウズに問い合わせの手紙が届いた。同誌では近々「誰がもっとも偉大な牧師か」という特集を組む予定で、全米バプティスト会議の重鎮であったバロウズの意見を聞きたいという依頼だった。回答の参考になるようにと、編集部は一八人の牧師を選出した。バロウズには一八人から一番目と二番目を選んで、その選択理由を明記、この企画への自由な意見を求められていた。[4]

この一八人の中には、ニューヨークのアダム・パウエル二世牧師のような大都市の教会で活躍する聖職者ばかりか、クリーブランドやリトルロック在住の牧師も含まれていた。一九五三年当時、モンゴメリーのデクスター教会では、ヴァーノン・ジョーンズ牧師[5]が「過激」だと解雇され、後任として若い牧師が着任したばかりだった。一年後にはジョーンズ牧師の意志を継ぐような革新的な行動に出ることになるキング牧師であった。『エボニー』誌が選出した牧師一八人には含まれないこの二人の牧師が、アメリカ南部の黒人たちの意識を変えていくことを、依頼を受けたバロウズ自身は想像も付かなかっただろう。ただ教育者としてその生涯を貫いた彼女自身は、すでに一九世紀末から自分たち黒人の、とくに黒人女性の向上のために尽力していた。本稿に登場するすべての黒人女性たちは、人種の誇りを持ち続け、一人の人間としての人生を生きた人たちである。

キング牧師の登場や、ローザ・パークスの「ノー」が始まりとされてきた公民権運動は、南部ばかりか全米で人種隔離が定着した一九世紀末から、すでに黒人女性たちの行動によって始められていたことを、本稿では確認していく。多くの「母」たちによって、受け継がれてきた人間としての権利獲得のための「闘い」がどのようにして二一世紀にまで語り継がれているのか、も実証する。

「ブラック・ライヴズ・マター」（BLM）運動再燃がきっかけとなり、全米どころか全世界に広がっている人間としての権利保障を主張した「祖母」たちの代表として、メアリ・チャーチ・テレルと、前述したバロウズの二人の黒人女性活動家の晩年の活躍に焦点を当てる。「母」として二〇世紀転換期という黒人史の「どん底時代（nadir）」[6]を率いた二人の黒人女性は「祖母」世代になっても、人種の誇りを「孫」「ひ孫」世代に語り継いだことを確認し、二一世紀へのメッセージを読み解きたい。

第一節　公民権運動発動への気運

（一）二〇世紀転換期の黒人女性活動家たちの闘い

公共機関差別への抵抗運動の萌芽は、すでに一九世紀前半に始まり「公民権運動の母[7]」とされるローザ・パークスに至るまでの百年間、全米各地で抵抗運動は繰り返された。パークスが「ノー」と言った一九五五年一二月一日金曜日夕方から丁度百年前の、一八五四年七月一六日日曜午後のことだった。場所はニューヨーク市マンハッタンである。

エリザベス・ジェニングスと友人サラ・アダムス[8]は日曜礼拝に参加するため教会へ急いでいて、マンハッタン三番街でトローリー馬車に乗ろうとした。エリザベスは、当時男性しか採用されなかったニューヨークの小学校教諭の職場で、女性教諭として音楽を教えていた。現在のソーホー東南地域にある「バワリー」の近く、六番街にある第一黒人組合教会のオルガニストでもあった。エリザベスの父親は地元では成功した黒人ビジネスマンとして、教会でも指導的な立場にあった。裕福な家庭環境の下、結婚前のエリザベスは両親と同居し、チャーチ通り一六七番地に住んでいた。教会へ行くのに、その日は時間ぎりぎりであせっていた。礼拝ばかりか、オルガニストとして聖歌隊の練習に間に合わせる必要があり、トローリー馬車に乗ることを決めたのだった。

ニューヨーク州は一八二七年に奴隷制度を廃止し、自由州とは言え、ニューヨーク市に人種隔離は残っていた。黒人たちは公共交通機関を使用する際「黒人乗車可能」の掲示があるトローリー馬車しか乗ることができなかった。エリザベスもサラも掲示のある馬車を待ったが、なかなか来ないため、掲示のない白人専用車に乗り込んだのだった。白人御者は彼女たちに降りるように強制した。エリザベスは自分たちの状況を説明し、なんとか教会に急ぎたい旨を話したが、御者は聞く耳を持たなかった。力づくで彼女を下ろそうとしたため「彼女を殺すつもり、殺さないで！」とそばにいたサラは叫んだ。エリザベスは抵抗し続け、警官を呼ぶ騒ぎとなった。娘がこのような騒ぎの犠牲になったことを、地元の有力者の父親が看過するはずもなく、バス会社を相手取り告訴した。

父親が雇ったのは、二一歳の新進気鋭の弁護士、チェスター・アーサーだった。ユニオン・カレッジの学生だった一七歳ですでに、奴隷制反対の論文を書いていたアーサーは、後に第二一代大統領（一八八一～八五年在職）となった。一八五五年に開かれた、エリザベス・ジェニングス対三番街鉄道会社裁判は、アーサー弁護士の敏腕によりジェニングス側の勝利となり、二二五ドルの賠償金を受け取った。申し立ては五百ドルだったが、立派な勝訴には違いなかった。[9] このエリザベス・ジェニングスの訴訟に関して、黒人史で大きく取り上げられることはなかった。この事件から十年近く経った一八六三年と六六年に、カリフォルニア州サンフランシスコで、二つの訴訟が起こったときに、ふたたびジェニングスの名前が史料に登場したのだった。

一八六三年には、シャーロット・ブラウンが抵抗運動を起こし、六六年には二人の黒人女性、エマ・ターナーと「マミー・プレザント」[10]が訴訟を起こした。後者は、メアリ・エレン・プレザントという名前の自由黒人で、女性実業家である。「マミー・プレザント」は、一八六六年にサンフランシスコ市内を走る路面電車で、乗車拒否され、抵抗運動に出た。ノース・ビーチ&ミッション鉄道会社を訴えて裁判に持ち込み、勝訴したのだった。この数年後、メアリ・シャッド・キャリーとソジャナー・トルースは、首都ワシントンDCの路面電車の車掌や運転手に対して、実力行使で抵抗したりもした。公共交通機関における黒人女性の抵抗運動は、こうした「母」たちの想いの象徴として、次世代へと引き継がれていくのであった。

北部と西部の例を見たが、最後に南部の例を挙げよう。一八八三年の合衆国最高裁による一八七五年の公民権法無効判決以来、南部全体で公然と黒人差別車両が作られていった。一八八四年五月四日、通勤列車で嫌煙のため一等車の切符を購入し座るアイダ・B・ウェルズに、[11]車掌は他の車両への移動を強制し、口論の末に彼女は列車から降ろされてしまうという事件が起こった。

ウェルズは早速裁判に持ち込み、連邦巡回裁判所の前段階の訴訟では勝利をおさめて五百ドルの損害賠償金を受け取った。ウェルズの勝訴に対し一八八四年一二月二五日付けの白人新聞『メンフィス・デイリー・アピール』には「黒んぼ《ママ》の娘がチェサピーク・オハイオ鉄道から賠償金を手に入れる——喫煙車に黒人の教師を入れるための値段、評決は五百ドル」という見出しの記事が載った。勝利も束の間、最終的には一八八七年四月五日テネシー州の最高裁で敗北してしまった。この裁判によって何よりもウェルズが傷ついたのは、彼女が雇ったメンフィスで唯一の黒人弁護士T・F・カッセルズが、鉄道会社に買収されたために裁判で職務を果たさなかったことだった。代わりに白人の弁護士を雇ったが、この裁判は一等車と二等車ではなく黒人と白人で分ける、いわゆる黒人差別車両を作る一因となってしまった。ウェルズはこの無効判決が出て以来、州の法廷に立った最初の黒人であった。この訴訟事件について彼女は「私は私の裁判が黒人全体にとってより良い結果をもたらすものと期待していた。法律はわれわれの側にあり、われわれに公正な判決を下してくれると確信していたのに」と悔やみ、「メンフィスの黒人はすぐに忘れてしまい自分は孤軍奮闘した」と回想した。彼女には公の人種差別との最初の出会いであり、活動家としての意識を目覚めさせた事件となった(12)。

さらに二〇世紀に入ってすぐ、黒人女性初の銀行頭取となったマギー・レナ・ウォーカー率いるセント・ルカ銀行の行員たちが起こした運動がある。一九〇四年にはセント・ルカ銀行の女性たちが一致団結して、リッチモンドの人種差別路面電車《ジム・クロウ》に乗車拒否運動を展開した(13)。地域社会の成長なくしてはセント・ルカ銀行も、また銀行に勤務する黒人女性たちの成長もないという姿勢がこれらの運動に反映したのであろう。半世紀後の一九五五年、アラバマ州モンゴメリーにおいて、黒人女性ローザ・パークスの勇気から始まったとされるバス・ボイコット運動にも先駆けるものだった。

(二) バーバラ・ジョーンズの学校ストライキ（一九五一）

地球の気候変動の危機に立ち向かうために、二〇一八年に「学校ストライキ」を起こしたスウェーデン少女グレタ・トゥーンベリ(14)には、すでに七十年前にグレタの「先達」がいた。バーバラ・ジョーンズは、一九三五年にニューヨークで生まれたが、第二次世界大戦中に母方の祖母が住むヴァジニア州プリンスエドワード郡に兄妹共々引っ越し、祖母とともに暮らした。地元の黒人高校に通うようになり、理科実験室もなく人種隔離体育館など、その粗末な施設、みすぼらしい備品にジョーンズは不満をためていた。その不満を信頼する音楽の高校教諭に話すと「どうして行動を起こさないの」と助言され、自らすべきことに気付いたという。地元の教会牧師などに相談しつつ、入念な準備を進めて、「高校ストライキ」を決行したのだった。

同窓生を集めた講堂の演壇で、自分たちの劣悪な教育環境を訴える演説をして、そのまま街でデモ行進することを提案した。デモによって現状を知った街の人々が、自分たちに同情して新しい施設や教員を準備してくれるものと考えたのだった。一九五一年四月二三日、ジョーンズが一六歳の春、彼女は同窓生を率いて黒人高校の現状を伝えた。モートン高校が標準以下の施設で、劣悪な環境での教育を受けていることを明らかにし、状況改善の要求を出した。現在のモートン高校は、公民権運動「発祥地」のひとつとなり、博物館となっている。[15]

ジョーンズの活動は、教会牧師経由で全国黒人地位向上協会（ＮＡＡＣＰ）の弁護士たちの支援を受けて、デイヴィス対プリンスエドワード郡教育委員会裁判へと発展したのだった。高校ストライキから三年後、一九五四年の「ブラウン判決」に至る最高裁での裁判は、ブラウン裁判の他、ジョーンズの訴訟など四つと統合した結果であった。当時のヴァジニアでは、黒人たちはリンチの噂に怯えていた。ジョーンズの勇気はヴァジニア白人社会からは受け入れられず、高校ストライキ直後には、自宅の庭に火を付けられるなどＫＫＫの恐怖にさらされた。祖母の家に置いておけないと判断した両親は、娘をアラバマ州モンゴメリー在住の伯父に託し、ジョーンズはモンゴメリーの高校に転校して卒業するのだった。バーバラに大きな影響を与えた伯父は、「はじめに」で言及したヴァーノン・ジョーンズ牧師で、キング牧師の前任者であった。

バーバラの二つ下の妹、ジョアンの回想記によれば、バーバラは、モンゴメリーの高校を卒業して、アトランタの女子大学スペルマン・カレッジに進学したが、両親の薦めで退学後に結婚したのだった。フィラデルフィアに住み、五人の子どもたちを育てながら、生涯図書館司書として働いたという。仕事をしながら、地元の大学も卒業した姉バーバラは、妹から見ると、活動家として積極的に行動を続けるような人生を歩むような女性ではなかったと語っている。[16]

(三) 席を立たなかったクローデット (一九五五)

一九五五年三月二日午後三時半頃、モンゴメリーの高校三年生クローデット・コルヴィンは、友人たちと一緒に帰宅するためにバスに乗った。前月の二月は現在「黒人月間」、当時は「黒人の歴史週」とされて、高校の授業ではほぼ一ヶ月間、黒人の生徒たちに彼らの歴史が教えられていた。とくに、モンゴメリーで受けている黒人差別について話し合う機会が多く持たれていた。

白人席が満席状態で、中年の白人女性が乗り込んできたために、運転手はクローデットたち高校生に「立て!」と叫んだ。黒人席四席に座った三人は立ち上がったが、クローデットは「立つものか」と思って座り続けた。先月学んだ差別に立ち上がった黒人の先輩たちのことを考え続けていた。三席空席ができたからと言って、白人女性は座らなかった。黒人のクローデットと同じ列に座るわけにはいかなかったからである。このあと二つの停留所を過ぎるうちに悶着を繰り返したあげく、二つ目の停留所で警察官が二人乗り込んできた。「立て!」と言う言葉に対して、クローデットは、「私には座る権利があります。黒人にも白人と同じ権利が憲法で保障されているんです。私は料金を払ったから座る権利があります。憲法で保障されているんです」と繰り返した。当時の慣習どおりクローデットは逮捕され、バスから引きずり下ろされ、ジム・クロウ法に違反したとして刑務所に入れられた。[17]

二週間後の三月一八日、クローデットはモンゴメリー郡少年裁判所に呼び出された。クローデットに下った判決は「すべて有罪」で、服役の必要はないが、両親による保護観察と決められた。一五歳の少女が、高校で学んだばかりの知識「自分には合衆国憲法に保障された権利がある」ことを主張した事実は、公民権運動への大きな起爆剤になったはずだが、彼女の名前が後世に残る可能性はなくなった。

実は、クローデット・コルヴィンのあと、ローザ・パークスに至るまでの九ヶ月間に、四人の黒人女性たちがモンゴメリーのバスで、白人のために席を立つことを拒否していた。オーレリア・ブラウダー(アラバマ州立大学卒業生で、裁判当時三七歳)、スージー・マクドナルド(七七歳)、メアリ・スミス(一九歳)、ジャネット・リースの四人に加えて、クローデット（一六歳）だった。この五人が一九五六年に、モンゴメリーとアラバマ州に対して公共施設における人種隔離を違憲だと告訴した。ジャネットは、雇い主の圧力で裁判に参加できなくなり、原告は四人の黒人女性となった。ブラウン判決同様、原告代表は苗字のアルファベット順でBのブラウダー、被告は、W・ゲイル・モンゴメリー市長となり「ブラウダー対ゲイル裁判」と名付けられた。一九五六年五月一一日、バス・ボイコット運動が始まって一五九日目、先の見えない状態で、ボイコット運動を続ける黒人たちにとって、大きな希望となる裁判が始まった。

裁判の前夜、緊張したクローデットは、黒人週の教育で知ったハリエット・タブマンの存在を思い出し、ハリエットと同じ勇気を自分に与えてほしい、と神に祈ったという。原告のうち法廷で争った経験があったのは、クローデットだけだったので、原告弁護団は最年少にも拘わらず彼女を、原告四人の内で最後に証言させた。市側の弁護士は、原告四人に対して、二つの点を明言させようと試みた。まず、ボイコット運動が始まる前までは、人種隔離に反対していたわけではないこと、加えて、この運動はキング牧師によって指導されていること、であった。

最初に逮捕された三月二日のことを質問されたクローデットは、その時の屈辱感を伝えた。さらに「いったい誰にそそのかされたのか」の質問に、クローデットは毅然として「私たちの指導者は私たち自身です。私たちはみな自分の考えで行動しています」と答えたのだった。翌月の六月一九日、クローデットたち原告の証言は、個人の自由を制限してはならないという憲法に沿うものであり、公共施設での人種隔離は違憲であるとの判決が出された。クローデットたち原告の勝利だったが、この結果を不服とするゲイル市長は上告した。一一月一三日連邦最高裁判所は、アラバマ州裁判所の判決、つまりクローデットたち原告勝訴を支持したのだった。ただしゲイル市長は、連邦政府から正式文書がモンゴメリー市に届けられるまでは人種隔離を止めないと抵抗した。この決定から五週間後の一二月二〇日、バス・ボイコットが始まってから三八一日目、正式文書が届き、とうとう市バスの人種隔離は廃止された。[18]

従来、バス・ボイコット運動はローザ・パークスの「ノー」が契機となったと伝えられてきたし、彼女は「公民権運動の母」とも称されている。だが、ローザが「ノー」と言った一二月一日（現在「人権の日」と記念）前の九ヶ月間に、少なくとも五人の黒人女性がすでに「ノー」と言っていたこと、バス・ボイコット運動の機を熟させていたことが語り継がれることは少ない。バス・ボイコット運動五十周年となる二〇〇五年二月、クローデットは、母校であり、半世紀前に追い出されたアラバマ州モンゴメリーのブッカー・T・ワシントン・マグネット高校から招待されて、後輩たちに向かって語り継ぎを行った。ブラウダー裁判以降、様々ないやがらせを受けてモンゴメリーを追われニューヨークへ移り住んで以降、沈黙を守り続けたクローデットだったが、この日、後輩たちを前にして「決してあきらめないで。戦い続けて。後ずさりはしないで。戦う心の準備はいつもしておいて。一生懸命勉強して！」と話したのだった。[19]

第二節　メアリ・C・テレルの行動と影響

（一）国際女性学会での講演（一九〇四）

一九世紀の白人女性活動家たちにとって、女性参政権運動は禁酒運動同様に、重要な課題であった。全米女性参政権協会は、一八九〇年創設以来、首都ワシントンで隔年次大会を開催していた。会員ではなかった黒人女性活動家のメアリ・チャーチ・テレル[20]は、一八九八年大会に参加して、次のように発言した。「黒人女性として私は、黒人たちが犠牲になっている現実の不正に対して、この協会も立ち上がってほしいと思います」と。[21]

スーザン・アンソニーから、協会員なのかと問われて「いいえ違います。あなたがたは、部外者の声に耳を傾けることも必要だと思います」とテレルが応えたことが、この二人を友人関係にした。アンソニーはロチェスターの自宅にテレルを招待したり、エリザベス・スタントンやルクレシア・モットといった参政権運動家たちの集まりにも声をかけた。こうしたことを経て、テレルは一九〇〇年の隔年次大会での講演を依頼されたのだった。

この四年後、一九〇四年六月一三日月曜の夕刻、ベルリンで開催中の国際女性学会での講演が始まろうとしていた。もちろん講演者はテレルであった。この講演の依頼状が届いたのは四月だったが、光栄に思いつつも即答はできなかった。ドイツ往復の旅費など、夫の収入では賄いきれないという経済的な問題のため、メンフィスで暮らす富裕な父親に相談したことが自伝に書かれている。(22)

テレルは奴隷解放宣言後に生まれたが、彼女の両親は元奴隷として南北戦争後のメンフィスで懸命に働き、父は不動産業、母は美容師として財をなした。父親ロバートは、南部で最初の百万長者となった人物だった。同時代の南部黒人としては例外的に豊かな環境で育ったテレルは、両親の離婚によって母親に連れられ、弟共々北部オハイオ州に移住した。同州のオバリン大学を一八八四年に卒業し、父親が住むメンフィスに住むことになるが、娘が仕事をすることに反対する父親が再婚したことを契機に南部を離れて、オハイオ州の大学や高校で教えるようになった。「多くの女子が家を出るために結婚するが、私は教職に就くために家を出た」と語ったことが二一世紀現在強調されている。(23)

職業人になる意志の固い娘に対して、父親はヨーロッパ留学を勧めて資金援助をしたのだった。一八八八年から二年間、テレルはフランス、イタリア、ドイツに遊学した。つまり、一九〇四年のベルリンでの講演は、テレルには二度目のドイツということになる。国際女性学会での講演は英語で準備していたが、参加者とのやりとりのなかで、開催国であるドイツの母語で話すべきではないかと判断して、数日前にドイツ語の部分ばかりか、フランス語の箇所も準備し、最後は英語で締めくくったのだった。学会に参加して最初に気付いたのは、参加者の女性たちは皆白人で、有色人種はテレルだけだということだった。三十分間続いた講演の最後、英語の部分では、このように発言した。(24)

「もし万一、南北戦争が北軍の勝利とならなかったとしたら、今夜ここで自由人として講演をしている私は、南部のどこかの農園で奴隷として、手枷足枷をかけられた身体で、精神的にも拘束されていたことでしょう」と。演壇の正面に座っていたジャーナリストは、アメリカ社会の現実を聞かされて、ドイツ語で「恥を知れ」と吐き捨てるように言ったという。

さらにテレルはこう続けた。「この素晴らしい女性だけの会議において、私は二つの点で皆さんと異なるのです。まず、ここに参加した唯一の黒人種で、四十年前にやっと自由人となれた女性の代表であることです。もうひとつは、今回の会議で演壇に立つ女性たちのなかで唯一、両親が農園で動産としての奴隷だった女性です。皆さんが目を細めて私を見ると、そこには「奇妙な鳥」（a rare bird）が見えるでしょう」と。この表現をドイツ語に訳して伝えたところ、聴衆はその知的な皮肉を楽しんだ。つまり「奇妙な鳥」とは、「白いコマドリ」を意味していたからだった。「今夜ここに立てたことは、私には二つの喜びでした。まずは、人種的に唯一黒人種として、そして同じ女性として、一九〇四年に遙かアメリカ合衆国からドイツまでやってきた、黒人で女性の私が講演するなど、半世紀前には誰も想像すらできないことだったのです」

この講演内容は、ドイツにおいて英語で講演する、講演の合間にドイツ語を交えるということで、ヨーロッパ各紙の注目を集めただけでなく、テレルの母国、アメリカ合衆国でも注目して報道された。全米で読まれる『ワシントン・ポスト』では、「ドイツで開催された国際女性学会で、アメリカ代表女性が英語ばかりか、ドイツ語とフランス語で講演した。この女性は黒人女性で、他国の代表団を遙かにしのぐ能力を見せることとなった。アメリカ女性の能力の高さを世界に知らしめたのである」と、特派員の女性に報道させたのだった。(25)

テレル自身も帰国後、黒人月刊誌『黒人の声』にベルリン報告を掲載した。同誌は一九〇四年にアトランタで創刊されたが、急進的、好戦的と評価され、ブッカー・T・ワシントン批判をしたことなどが要因で南部にいられずシカゴに移動して、わずか数年で廃刊となった雑誌である。テレルがベルリン講演をした年に創刊され、その一二月号に報告記を寄せた。ベルリン講演で出会った諸外国の人々のことを伝えるだけでなく、講演後に訪問したパリとロンドンでの出会いにも言及した。家族をワシントンに残してヨーロッパへ講演旅行に出たことの総括を、テレルは次のように語った。「今回出会った多くの人々に、アメリカ合衆国では、黒人男性ばかりか、黒人女性も厳しい状況に置かれていることを伝えることができた。ほぼ三百年近く続いた奴隷制度の元、黒人男女は白人からの疎外や無視と闘い続けてきたことを、外国の人々に理解してもらえたとすれば、この旅の意味はあった」[26]と。

記事投稿二年後には、掲載誌『黒人の声』は南部から追われた。一九〇六年には全米各地で人種暴動が発生し、アトランタの街には戒厳令が敷かれた。アメリカ合衆国では、奴隷制度が終了しただけで、解放黒人たちが決して安定した暮らしはできていないこと、二〇世紀に入って人種暴動が繰り返されること、テレルは欧州の人々に伝えたのだった。

(二) セオドア・ローズヴェルト大統領への抵抗(一九〇六)

テレルがドイツから帰国して二年、テキサス州ブラウンズヴィルで、事件が起きた。一九〇六年八月一三日の夜、第二五連隊の一五人の黒人兵士のうち九人が事件に巻き込まれたのだった。ブラウンズヴィルの白人男性と、ブラウン砦で従軍中の黒人歩兵たちのあいだで、銃撃戦があったとされ、白人が一人殺され、二人は怪我をした。犯人は黒人歩兵だとされたが、白人の上官は、黒人歩兵は皆宿舎にいたと証言したのだった。

ところが、市長と街の白人たちは、黒人兵士が無差別に発砲した、そのライフルの薬莢も残っていると主張した。軍の捜査でも、黒人の無実を証明することはできず、ローズヴェルト大統領は一六〇人の黒人兵士全員を軍隊から除隊させたのだった。連邦上院議員による捜査が入る前、一九〇七年一月のことだった。二年後にオハイオ州選出のフォレイカー上院議員が当地に捜査に入り、大統領の措置は不適当との判断を下したが、ローズヴェルトが撤回することはなかった。この判断が覆されるには随分時間を有し、一九七二年まで待たねばならなかった。[27]

この事件をテレルが初めて知ったのは、ボストン行きの列車に乗って新聞を読んだときだった。大見出しで、「セオドア・ローズヴェルト大統領は、ブラウンズヴィル事件が原因で当地に駐留していた黒人三部隊を全員不名誉除隊させた」と書かれていた。自伝には、このあとテレルがどういう行動を取ったかが詳細に語られている。テレルは、大統領によるこの処分に不満を持ち、エッセイやコラムに黒人部隊への不名誉処分批判を繰り返した。

なかでも『黒人の声』誌には、事件から四ヶ月後、一九〇六年一二月に「黒人兵士たちの解雇」と題する論考を投稿して、事件の顚末を丁寧に説明した。さらに、テレル自身がどのような対応策を講じたかについて展開した。自伝には関係者との会話なども詳しく残されていたが、この投稿文では、非常に冷静に事実を時系列に並べ、陸軍省長官から上院議員宛に送られた手紙の再録など、史料としても重要な内容になっている。[28]不名誉な除隊を迫られた黒人部隊は、米西戦争やフィリピン戦争で活躍した部隊で、事件が起きた八月一三日にはブラウンズヴィル近くにあるブラウン砦に二週間の予定で駐留していた。陸軍長官による年次報告書には「黒人部隊の銃はすべて棚に収められていて、使用された形跡はなかった。すべての兵士は宿舎にいて、点呼のときには全員いた[29]」とあった。

前述したボストンに着いてすぐテレルは、ボストン在住の南北戦争の英雄で、奴隷制廃止論者であったヒギンソン大佐を訪ねて、知恵を借りることから始めた。大佐は、南北戦争当時の黒人兵の状況から比べると、二〇世紀初頭の黒人兵士たちは、かなり学習して節度ある態度を取っているはずだとして、彼らが「沈黙の申し合わせ」をして、仲間の不利なことを口にすることはないだろうと話した。

大佐との対談を終えてボストンからワシントンへ帰宅したテレルの元に、一本の電話が入った。「ニューヨークのジョン・ミルホランド」だと名乗り、テレルにタフト陸軍長官に会うことを薦めたのだった。ミルホランドとは、ビジネスマンで、NAACPの会計係を務め、『ニューヨーク・トリビューン』の編集長を一二年間勤めた人物だった。テレルは「本当にミルホランドさんですか」と問い直したほどだった。

この電話の忠告に従って、テレルは陸軍省を訪ね、タフト長官との面会を試みたのだった。三年後には第二七代大統領になるタフトは、セオドア・ローズヴェルト政権の陸軍長官に登用され、二期目を終えたローズヴェルトの後継者として、共和党から大統領に当選するのだった。テレルのもとに、タフトの秘書が出てきて、長官は多忙につき面会は叶わない旨を伝えた。押し問答のあと、待っていれば会えることになり、一時間後にはタフトとの対面を果たした。タフトから開口一番、来訪目的を聞かれたテレルは「ブラウンズヴィル事件においてローズヴェルト大統領が出した黒人兵士の除隊措置はなぜなのか、彼らは無実ではないか」と畳みかけたのだった。タフト長官との三十分ほどの会談は新聞各紙で伝えられた。「黒人部隊のための抗議――メアリ・チャーチ・テレル氏、大統領命令の保留を請願」とか「テレル氏の除隊却下要請を受けてタフト長官、大統領に電報を打つ」といった見出しが出た。『ワシントン・ポスト』では、「ワシントン教育委員会の黒人委員で、ニューヨークの憲法連盟の代表でもあるメアリ・チャーチ・テレル氏が、昨日タフト長官と会見した。第二五歩兵部隊の黒人部隊B・C・Dの三部隊が、大統領命令によって不名誉除隊させられたことへの異議申し立てであった。除隊命令を受けた黒人兵士たちに、大統領自身が会ってほしいという要請であった。この申し出に納得したタフト長官は昨夜、パナマ訪問中のローズヴェルト大統領に電報を打って知らせたのであった」[30]と報道した。

メディアでも高く評価されたテレルの行動だったが、結果的には黒人部隊の名誉回復はこの時点では叶わなかった。テレルとの三十分間の面談で、第二五部隊の黒人兵士たちへの同情を表現したタフト長官だったが、大統領の命令改善につながらなかった。二百人近い黒人兵士たちの不名誉は回復されるどころか、まったく無視されたかのように放置された。当時で全米に在籍していた一千万人の黒人兵士の心は傷つき、「善意は必ず通用する」という信頼は裏切られ、恐ろしい大惨事となったという事実を確認せざるを得なかったのである。[31]

(三)首都ワシントンも「所詮南部の町」(一九五〇)

一八九一年に、テレルは結婚と同時に首都ワシントンへ転居して以来、亡くなるまでの六三年間ワシントン市民で、首都をめぐる論考を数多く残した。首都ワシントンでのテレルの最晩年の活躍を、弁護士でジャーナリストのジョアン・クインジーが二〇一六年に一冊の書物とした。各雑誌や新聞の書評欄で取り扱われ、中には「歴史書ではない」という厳しい評価もあったが、一九五〇年時点でのテレルの人種隔離レストランへの抵抗運動を丁寧に追った書物である。[32]この書は、九十歳まで生きたテレルの最晩年、最後の最後まで彼女は不正を許さず、ペンによる批判だけでなく、行動で表現した黒人女性だったことを象徴する事件を扱っている。一九六八年に増補出版されたテレルの自伝には、第四四章で「過去の法律がふたたび見つかる」と題されて、その顚末が出版元の全米黒人女性協会（ＮＡＣＷ、一八九六年創設、テレルが初代会長）によって語られている。[33]

一九五〇年一月二七日金曜日、テレルは三人の友人たちと待ち合わせして、ホワイトハウス近くにあるレストラン「トンプソンズ」に入ろうとした。黒人男性牧師、飲食業界労働組合の会計係の黒人女性、政府役人の白人男性とテレルが、レストランに入った。カフェテリア形式のため、食べたいものを選んでレジでお金を払おうとした時、支配人から「当店では黒人を迎えることはできない」と言われ、四人全員店の外に追い出されたのだった。

テレルは、すぐに弁護士に相談して、新たな行動に出た。つまり、あと二回同様のことをこのトンプソンズで行ったのだった。一ヶ月後に二回とも、テレルを含めて三人の黒人男女、あと一人白人という四人で臨んだが、結果は同じだった。そこで、テレルは裁判に持ち込むことを決意した。最初の事件が起きた一九五〇年から一九五三年六月までかけて、最高裁まで持ち込んだ。一九五三年六月八日、最高裁判事全員一致で、再建時代から残っていた公共施設における人種隔離は違憲だとの判決が出て、テレルは勝利したのだった。ブラウン判決が出される一年半前のことであった。

一九四四年一二月に『ピッツバーグ・クーリエ』紙のインタビューに応えたテレルは、「一八九〇年代のワシントンでは、黒人はどの店でも自由に食事することができた」[34]と語っていた。時代錯誤の法律がまかり通っていたことに異議申し立てしたテレルの不正義を許せない態度は、一生涯続いたのだった。ワシントンで人種隔離をする店には、不買運動を率いたり、ピケを張る実力行使もした。ピケはどのような天候であっても、来る日も来る日も繰り返した。そうした彼女の行動を見ていた若い世代は、「ピケを張って足が痛くなっていたけど、私より五十歳も年上の女性が続けているのを見ると、止めるわけにはいかないと思って、私もピケを張り続けた」[35]と語った。

トンプソンズの前でピケを張るテレル（左から４人目）
画像出典：https://mail.google.com/mail/u/0/?tab=rm&ogbl#search/Mary+Church/WhctKJVqsslTPnCnCtmtsfKPxPHJzzTmKtPHcwMhhhbqKcnXrdmzjwXkVCtWbVVZBdgQkjV

ワシントンだけでなく、遠い地方でも出かけていって不正に立ち向かった。一九五三年九月、テレルの九十歳の誕生日（日本流では傘寿）を祝う会には、七百人が集った。この年、テレルは、ローザ・イングラムの仮釈放を支持するために、ジョージアへの代表団団長としてアトランタに向かう予定だった(36)。

夫に先立たれて十二人の子どもを育てていた小作人ローザは、隣人の白人小作人ジョン・ストラットフォードが武装してやって来たため、正当防衛で息子三人とともに彼を殺してしまった。即日の裁判で死刑が確定したローザを、ＮＡＡＣＰや、公民権会議（ＣＲＣ）が中心となって全面的に応援したが、その先頭に立ったのがテレルだったのである。自らの最高裁判決ばかりか、翌年のブラウン判決まで見届けて、その九一年の生涯を全うしたのだった。

第三節　ナニー・Ｈ・バロウズの主張と遺産

（一）『黒人が自分のためにすべき十二のこと』

アメリカ黒人史の「どん底時代」で、「教育」は必要不可欠な重要事項だった。一九〇〇年代にナニー・ヘレン・バロウズが書いた『黒人が自分のためにすべき十二のこと』の第一条は「黒人は最初にすべきことがいかに重要かをわからなければならない。最初にすべきこととは教育である」だった。教育こそ、人種の状況改善、向上への近道であることを二十歳代で熟知し、自分のなすべきことに邁進していったのであろう。

バロウズ自身が書き残したこの十二項目は[37]、バロウズの死後七年過ぎた一九六八年に再版され、小冊子のタイトルは、*12 Things the Negro must do for himself and 12 Things White People must stop doing to the Negro* となり、単に黒人への訓告に留まらず、差別をする白人側への警告ともなっていた。この再版小冊子に書かれた作者バロウズの説明は「夢想家、労働者、組織者、作家、建設者、会計者、講演者、傑出した学校後援者」だった。さらに「著者はアメリカ黒人と白人が、世界平和に貢献し、世界の人種間における友好親善を築く日の来ることを夢見ている[38]」と書かれている。

この十二項目は、単に黒人のみでなくすべての人間としての「なすべきこと」と言えるだろう。黒人の場合、アメリカ社会で白人から言われなき差別を受けている現実のなかで、白人たちから後ろ指を指されることなく毅然と生きていけるように、というバロウズなりの願いだったのだろう。ただ、教育を受けて成功を収め、真面目に生きて経済的に豊かになっただけでリンチの対象となった一八九〇年代のことを思い返すと、この十二項目によってどのくらいの黒人たちが救われただろうか。

バロウズは差別する白人を非難する前に、黒人たちに自らの生き方を振り返るように指摘し続けたのだった。人としての生き方そのものを正すことによって、高潔さを保ち労働に向き合う生き方を提案したのだろう。バロウズ自らも十二項目のように人生を生きることで、彼女自身の生活や人生を支え、守ってきたに違いない。この十二項目を守り抜くことで、彼女は人生の階段を一段一段上り続けたのである。

(二)　同時代の黒人女性活動家たちとの連携

バロウズに関する史料のほぼすべてが「バロウズ文書」となって合衆国国会図書館マディソン館（手書き文書館）に保存され、すべてがオリジナルのまま合計三五四箱に納められている。

一般書簡（一九〇九～一九六二）のうち、メアリ・マクロード・ベシューンとシャーロット・ホーキンス・ブラウンとの書簡を納めたＢＯＸ３、本章「はじめに」で言及したグラフ雑誌『エボニー』を含む書簡を納めたＢＯＸ８、メアリ・チャーチ・テレルとの書簡を含むＢＯＸ29、ＢＯＸ44にはブッカー・Ｔ・ワシントン夫人のマーガレットとの書簡が含まれた。これらの史料から、同時代の黒人女性活動家たちとの連携を読み解きたい。

とくにベシューンからの手紙には、フロリダに作った彼女の学校での講演依頼が熱心に綴られていた。一九二九年の書簡では、Miss Burroughs で始まっていた手紙は、一九三四年では親しく“My dear, dear Nannie”[39]と呼びかけていた。この依頼に応じてバロウズはフロリダに出かけたし、ベシューン自身も首都ワシントンに彼女の家を持っていたので、バロウズ・スクールへ出かけ、二人の交流は続いた。

二人のあいだで交わされた書簡の主たる目的は、二つあった。まず互いの講演依頼と、さらに寄付依頼であった。講演依頼について以下のような呼びかけをしている。一九二九年二月一三日付の手紙である。「我が校（Bethune Cookman College）二五周年記念の初日にあたる三月十日日曜午後に、ぜひ講演をお願いしたいの。フロリダでの一週間は貴女の健康に決して悪くない時候になっているから、前日の九日土曜日にはこちらにいらして[40]」と依頼状を出している。ベシューンからバロウズに送られたこの種の依頼状はこれだけに留まらない。複数回のベシューンからの依頼にバロウズは喜んで応えて、フロリダまで出かけていた。

他方、寄付依頼をめぐって、ベシューンだけでなくメアリ・チャーチ・テレルからの手紙も読むことができた。「寄付の依頼は貴女を含めて多数来ていて、皆に応えるために、寄付の額が少しであることを許してほしい」と手紙をつけて二ドルの小切手が同封されていた。二〇世紀前半において、アメリカ社会で黒人女性活動家たちの大きな障害は資金不足であった。男性活動家たちのように経済界からの大規模な寄付を得ることが困難な状況で、個々のネットワーク、小さな寄付金の積み重ねで資金を捻出していたのである。

アメリカ黒人女性にも百万長者がいた。美容師として大成功したマダム・Ｃ・Ｊ・ウォーカーや銀行家として成功したマギー・レナ・ウォーカー(41)は、活動運営資金を必要とする黒人女性活動家たちにとって頼れる存在だったことは間違いない。一九三四年に銀行家マギー・レナ・ウォーカーが死去した直後、ベシューンは次のようにバロウズに手紙を送っている。同年一二月二九日付けの手紙である。この手紙の主目的はバロウズからの資金援助依頼に十分応えられない詫び状だった。「マギー・ウォーカー氏の死去は、私には大きな痛手です。彼女の素晴らしい人格は、彼女の人生における立派な功績、それ以上に素晴らしいものであったと思っています(42)」とマギーの死を悼んでいた。

一一年前の一九二三年には、ベシューンが黒人女性たちから集めた寄付金を、五回に渡って小切手を同封した手紙でバロウズあてに送っていた。一九二三年九月一四日には十ドル、一九日に八ドルと三ドル、二二日には十ドル、いずれも資金寄付者の名前が記されている。さらに翌月十月九日には二十ドル、十日にも十ドルの小切手が送られていた。九日は二人分の十ドル小切手が二枚入っていた。その一人の寄付者の名前が「リッチモンドのウォーカー夫人」と書かれていた。銀行家マギー・レナ・ウォーカーのことである。これらの寄付は、すべてバロウズの職業訓練校への寄付金となった。

十月の手紙には「六月以来連絡をもらっていないけれど、元気にしているの」とバロウズのことを心配する書き出しで、寄付金についての説明がなされている。これら手紙に書かれたバロウズに向けたベシューンからの数々の言葉から、二〇世紀前半における黒人女性教育者たちの強い思いが読み取れる。

〈文書館で過去の言葉に向き合おう〉

「文書館」と聞くと、パリにあるフランス国立中央文書館《アルシーブ》を思い出すが、その設立は、フランス革命期の一七九〇年に構想された。同じ頃、アメリカ合衆国では、最初の首都ニューヨークで、ワシントン初代大統領が就任して共和国作りを始めていた。

人口都市ワシントンDCに遷都してから百年以上経った一九三四年に、国立公文書施設は創立された。いわゆる「アーカイブ」である。ナショナル・モールの北側にあり、メリーランド州に新館設立以来、「アーカイブス・ワン」と呼ばれている。史料閲覧目的ではない、観光客向けの展示ホールには、アメリカ独立宣言、アメリカ合衆国憲法、権利章典という三つの建国正式文書のオリジナルが一般公開されている。

モール東端に位置する国会図書館の、三つの建物の一つマディソン館には「手書き文書館」がある。私物の持ち込みは許されず、国家が管理する史料を読むことができる。たとえば、全米黒人女性協会初代会長だったメアリ・テレルの文書は、すべてマイクロフィルムになり所蔵されている。また首都郊外の私立小学校にその名前を残した黒人女性教育者ナニー・ヘレン・バロウズの文書は、三五四箱に収められている。一度に借り出せるのは四箱、箱の中の史料の順番を変えないための手順指導もされる。

マディソン館同様に全米各所に、大小様々な文書館は存在する。同じワシントンDC北部に、南北戦争終了二年後一八六七年創設の黒人大学、ハワード大学がある。二〇二一年副大統領に就任した初めての女性、しかも黒人女性として注目を集めたカマラ・ハリスは、ハワード大学の卒業生でもある。

そのハワード大学文書館、モーランド&スピンガーン・センターの地下にある手書き文書館には、黒人史に関する貴重な史料が保存され、世界中の研究者が訪れ史料に向き合っている。たとえば、還暦を過ぎてからパリ大学で博士号を取得した黒人女性教育者アンナ・J・クーパーの文書には、博士論文の英語版とフランス語版が納められている。書簡の美しい文字は今も記憶に残る。

首都にあるこれらの文書館では、一九九〇年代には紙と鉛筆での手書き作業、コピー機での印刷だったが、二一世紀に入って、手書きの代わりにラップ・トップによるデータ記録、デジカメ撮影、さらにコピーの代わりにUSBへの保存、個人メールアドレス宛ての添付ファイル送信、と紙を用いない方法での史料収集へと変わった。

別コラムで紹介したNYPLでは、マンハッタン島イースト・ハーレム、レノックス街（マルコムX大通り）一三五丁目にある黒人分館、ションバーグセンターにも、閲覧室とは別に文書館を有している。英語名はManuscripts, Archives and Rare Books Divisionで、司書の指示通りの方法で貴重本に直接触れ、読むことができる。個人文書、公的組織の記録などの他に、ハーレムらしい貴重史料として、黒人音楽の楽譜がある。一九三〇年代から四〇年代にかけて作られた黒人霊歌、ジャズ、流行歌などの膨大な楽譜所蔵は、ションバーグセンターならではであろう。他の文書館同様、私物は建物入り口ですべて預けて、ひたすら史料に向き合うことになる。

(三) ナニー・H・バロウズ・プロジェクト

一九六一年に亡くなったバロウズの教育観が、二一世紀の現在にまで生き続けている例をあげよう。二〇一二年二月に全米自動車協会HPに掲載された「全米自動車協会（AAA）は黒人月間に合わせてナニー・ヘレン・バロウズに敬意を表した」という記事である。(43) 一九三〇年にバロウズが肌の色を理由に全米自動車協会の会員から外されていたが、二〇一二年の黒人月間に合わせて、会員として復活することになったとあった。記事ではバロウズの生涯が紹介され、彼女の偉業を讃えている。さらなる情報は以下を参照とあり、HPアドレスの www.nburroughsinfo.org が掲載されていた。

これは「ナニー・ヘレン・バロウズ・プロジェクト（NHBP）」というHPで、メリーランド州アナポリスを本部とする非営利団体で、創設者はワイアット元陸軍大佐とある。一九四九年に一五歳でヴァジニア州ノーフォークにあるブッカー・T・ワシントン高校を卒業したという、まさに実業教育を受けた黒人男性だが、この企画に関わるまでバロウズのことを知らなかったという。NHBPのHP（FAQ）には「なぜナニー・ヘレン・バロウズのことをわれわれはこれまで知らなかったのだろう？」という素朴な疑問を投げかけている。

その回答には「歴史家たちのほとんどが男性のため、黒人男性の歴史しか伝えられず、黒人女性の活動家が知られる機会が少ない」とあった。一九七〇年代までの歴史研究では、アメリカ史で黒人史は過小評価され、黒人史では黒人女性史は過小評価、女性史では白人女性史が主流、という状態で黒人女性史研究そのものに光が当たるのは二一世紀転換期まで待つことになるのだった。

歴史研究者間だけの議論で、一般市民には黒人女性の活躍が届いてなかったことは間違いない。その一般市民に向けて「今こそナニー・ヘレン・バロウズを！」という趣旨でこのプロジェクトは生まれたようである。HPには文書ファイル項目があり、そのひとつに、バロウズが一九四三年にラジオ放送で行った発言原稿がある。戦時下にあって国家の勝利を信じながら、国内の差別を忘れずにこう訴えている。

「陸、海、空において従軍している兵士たちに敬意を表し、ここに祈る。われわれの心、望み、祈り、涙、信念は恐怖とともにあっても勝利を信じる。皆神とともにある」と始めて「黒人か白人か、ユダヤ人か非ユダヤ人かなど関係なく、ともに神の元に闘う」(44) と人種や民族に拘わらずアメリカ人として結束して敵に向かうことを説いている。「あなたのアメリカは男性も女性も、善意あるすべての人種の人々が、世界中を平和にするために、単に人種のためではなく神の元の恩恵のために結束するだろう」と勝利を祈念する言葉で閉じている。戦時下にあって、ラジオを通して

「ナニー・H・バロウズ・プロジェクト」
出典：https://nburroughsinfo.org/

のバロウズのメッセージは、アメリカ国民を勇気づけたのだろうか。

さらに創設者によって「今のような時代だからこそ、ナニー・ヘレン・バロウズの教育観が必要である」と語られている。現在という時代説明には、「白人至上主義者」という用語が含まれている。トランプ大統領の出現によって、一九九〇年代に多文化社会論が展開されたアメリカ社会で一見消滅したかと思われた白人至上主義は、立派に生き残るばかりか、トランプの暴言に勇気づけられ自分たちの主張を声高に叫ぶ環境が整い始めたのだろう。決して消滅することなく生き続けた有色人種への差別意識は、BLM運動の契機ともなった。

二一世紀において、バロウズが残した言葉の数々は、決して色あせることなく大きなメッセージとなって時代を超えた人々を勇気づけている。HPには、バロウズの言葉がちりばめられている。「私の教育に賛同しない人はいるだろう。語りかけたとき拍手をしてくれたとしても、ただその時だけ。私が死んだ後に、私の教育を誰かが伝えてくれれば、賛同してくれなかった人も思い直すだろう。経済的、知的、政治的、社会的改善によって一級市民になることを、貴女に託す[45]」という言葉は、教え子メアリ・ドーセットに向けられたものである。ドーセットは、一九四七～五一年にバロウズが創設した全米婦女子訓練学校（NTASWG）で学び、フロリダ州でビジネス・コンサルタントとして地域活動に関わった。彼女の訃報記事から、バロウズの影響力を十分読み取れた。

さらにHPに、バロウズの祖母マリア・ポインデクスターの言葉「そうよ、私のかわいこちゃん。私は奴隷だったの。でも今は違うし、かつてそうだったというだけ。彼らが私の身体を奴隷として束縛していたときだって、私の心を束縛することはできなかったのよ[46]」が掲載されている。自由を束縛される奴隷だとしても、単に身体の自由を奪われただけに過ぎず、心は自由であり続けたこと、自分自身の心を強く保ち続けていたことを、祖母は孫娘に伝えている。奴隷の女性たちの多くがそうして屈従の日々を耐えてきたのだった。奴隷であったバロウズの祖母世代の語り継ぎは、さらに世代を超えてバロウズのひ孫娘世代、二一世紀に語り継がれていくのである。

おわりに

二〇〇九年一月ホワイトハウスの主が人種的に黒人となったと同時に、合衆国史上初めて「奴隷の子孫」の黒人女性がファーストレディとなった。二〇二〇年の大統領選では、「奴隷の子孫」ではないが人種的には黒人のアメリカ女性が民主党の副大統領候補となり、同年の全米オープンテニスでは、人種的に黒人の日本人女性が優勝した。年明け一月二〇日の就任式を経て、女性初、黒人女性カマラ・ハリス副大統領が誕生した。

後者の二人にとっては「祖母」とは言いがたいが、ミシェル・オバマにとっては「祖母」となる、一九世紀以来のアメリカ黒人女性たちの正義を求める闘いは、途絶えることなく続いてきた。本章で検討してきたエリザベス・ジェニングスからナニー・ヘレン・バロウズまで、自らの人種のために立ち上がり、不屈の精神で不正に立ち上がったアメリカ黒人女性たちも、実は、「氷山の一角」に過ぎない。

二〇一六年に二十ドル紙幣の図柄になる決定が出て、二〇二〇年からそうなるはずだったが、トランプ政権下では決してその顔を現せなかったハリエット・タブマンや、(47)ローザ・パークスが「氷山の一角」であることはすでに周知の事実である。「なぜナニー・ヘレン・バロウズのことをわれわれはこれまで知らなかったのだろう?」の回答にあったように、知らされない現状は、この語り継ぎを重ねていくしかない。

公民権運動の出発点とされてきたブラウン判決ひとつをみても、高校生バーバラ・ジョーンズの異議申し立てが一翼を担っていたこと、ブラウン判決と同時進行で、最高裁判決を勝ち取ったメアリ・チャーチ・テレルという活動家がいたことを再確認したい。

人種、宗教、民族、性別を問わず、公民権運動に関わったすべての人々のたゆまぬ歩みがあってこその一時代であった。公民権運動が生み出した課題山積のまま半世紀以上が過ぎ、世界各地にＢＬＭ運動が拡散していく二一世紀となっている。時代を凝視しつつ、百年前の「祖母」たちの語り継ぎに耳を澄ませ続けたい。

〈ニューヨーク公立図書館という公共空間〉

フレデリック・ワイズマン監督の傑作ドキュメンタリー映画『ニューヨーク公立図書館：エクスリブリス』は、二〇一七年に公開された。上映時間二〇五分という長丁場ながら、二〇一九年五月東京での一般公開以降、その人気は止まることなく、日本全国で上映は続いた。何が日本人観客に訴えたのだろう。

NYPL本館閲覧室（Rose Main Reading Room：2020年2月28日著者撮影）

「公立」としながらも、実質は民間からの寄付で成り立ち、ニューヨーク市民に文化的な環境を提供する貴重な空間である。マンハッタン区ほぼ中央、五番街と四二丁目の交差点南西側に位置する本館を頂点に置きながら、分館を含めると全部で九二館存在する。各地域に開放された「地域分館」が八八館、研究者のための「研究図書館」が四館ある。

本館の読書室、ローズ・メイン・リーディング・ルームは、フットボール競技場の長さを持つ巨大空間で、館外の雑踏とは全く異なる静寂の中で仕事ができる。研究者だけでなく観光客にも開放され、記念写真を撮る場面を見ることもある。別空間だが、結婚式場に使われることもある多角経営の公立図書館である。

四つの研究図書館は、舞台芸術図書館（オペラの殿堂であるメトロポリタン歌劇場を有するリンカンセンターの一郭に存在）、科学産業ビジネス図書館、人文社会科学図書館（これは本館内）さらに、マンハッタン北東部のハーレム一三五丁目に面したションバーグセンターである。黒人文化研究に特化した研究図書館は、一九二〇年代ハーレム・ルネサンスの時期、黒人居住区ハーレムの文化の中心地となった。アフリカ系プエルトルコ人研究者アーサー・ションバーグがその蔵書を寄贈したことから、その命名に至った。

ドキュメンタリー『エクスリブリス』では、二〇一五年に開館九十周年を迎えたションバーグセンターの記念行事が紹介されていた。ムハンマド館長による挨拶には、二人の偉大な黒人女性芸術家の言葉が引用された。ノーベル文学賞受賞作家トニ・モリソンの言葉「図書館は民主主義の柱」と詩人、作家、女優マヤ・アンジェロウの言葉「図書館は雲の中の虹」であった。マヤ・アンジェロウは二〇一五年に、トニ・モリソンは二〇一九年にいずれも亡くなったが、生前の二人によるションバーグセンターの活動への貢献は計り知れない。ションバーグセンターの入り口には、トニ・モリソン協会からの寄付として、二人がけの椅子が置かれていた。

ションバーグセンター外観
(地下鉄２番 135 丁目駅上:2020 年２月 29 日著者撮影)

コロナ禍のために二〇二〇年三月一四日以降、図書館はすべて閉鎖された。オンライン化、デジタル化が進んでいるウェブ上のＮＹＰＬ公式ＨＰでは、従来以上に充実した情報を提供できている。友人の司書たちは七月頃には開館できると信じて、テレワークを続けている。開館を鶴首で待ちながら、ウェブ空間に向き合いたい。

註

（1）G. T. Hull, P. B. Scott & B. Smith, eds., *All the Women Are White, All the Blacks Are Men, But Some of Us Are Brave: Black Women's Studies*, (New York: The Feminist Press, 1982).

（2）Deborah Gray White, ed. *Telling Histories: Black Women Historians in the Ivory Tower*, (Chapel Hill: The University of North Carolina Press, 2008).

（3）D. C. Hine, ed., *Black Women in United States History*, 16 vols., (Brooklyn, N.Y.: Carlson Publishing Inc., 1990). 一九九〇年にアメリカ黒人女性史に関する最初の史料集全一六巻が出版された後、同編者によって、アメリカ黒人女性百科事典が一九九三年、一九九七年、二〇〇五年と三種類出版され、アメリカ黒人女性史研究の基盤は整った。

（4）Box 8 folder 6 (*Ebony* magazine) of Nannie Helen Burroughs Papers.

（5）"Forerunner: Vernon Johns" Taylor Branch, *Parting the Waters: America in the King Years 1954-63*, New York: Touchstone, 1988, 1-26.

（6）ローズヴェルト大統領（FDR）によって、「黒人内閣」(Black Cabinet) の一人に指名された黒人歴史家ローガン (Rayford Whittingham Logan:1897–1982) が、再建期以降の黒人史を "the nadir of American race relations" と表現した。拙稿「黒人の隔離と抵抗―『どん底時代』の黒人指導者たち」富田他編著『アメリカの歴史を知るための63章【第三版】』（明石書店、二〇〇〇年初版、二〇二〇年九月第三版第四刷発行）一五四 - 五七頁を参照されたい。

（7）accessed September 7, 2020, https://www.govinfo.gov/content/pkg/PLAW-106publ26/pdf/PLAW-106publ26.pdf

（8）エリザベスに関する研究は少なく、生没年も国勢調査の記録だけでは曖昧だった。一九〇一年に亡くなった教会の記録によれば、七五歳ということなので、生まれは一八三〇年とされていたが、実は一八二七年となる。結婚してグラハム姓になったエリザベスの正義感の強さは、ニューヨークを中心に活動していたジャーナリストT・T・フォーチュン編集の『ニューヨーク・エイジ』(*New York Age*) にも投稿したように、政治意識の高い女性だった。一八六〇代後半になり、四一丁目西二三七番地に、黒人の子どもたちのための幼稚園を作った。ニューヨークで初めての黒人幼稚園であった。この園の二階を住まいとしていたので、自宅のベッドで静かに息を引き取るときも、子どもたちが元気に遊ぶ声を聴きながら亡くなったという。
accessed September 7, 2020, https://www.zinnedproject.org/news/tdih/elizabeth-jennings-graham/

（9）"Legal Resistance" D. C. Hine, ed., *BLACK WOMEN IN AMERICA*, 2nd ed., New York: Oxford Univ. Press, Vol.1, p.507, Vol.2, 260. accessed September 5, 2020, https://www.nytransitmuseum.org/elizabethjenningsgraham/; Amy Hill Hearth, *Streetcar to Justice: How Elizabeth Jennings Won the Right to Ride in New York*, New York: Greenwillow Books, 2018

（10）"PLEASANT, MARY ELLEN" *BLACK WOMEN IN AMERICA*, 2nd ed. Vol.2, 507-508. ‥アメリカ西部史の当時の記録には、彼女のことを「マダム、ブードゥー呪術師、売春婦」などとあるが、彼女自身は「ジョン・ブラウンの友人」と呼ばれることを好んだ。二一世紀の現在、サンフランシスコ北部のナパ渓谷にある彼女の墓標には、彼女の希望どおり「彼女はジョン・ブラウンの友人だった」と彫られている。奴隷制反対運動家として殉死した白人男性ジョン・ブラウンと関わったことが、彼女の生涯でもっとも誇らしいことだったということなのだろう。ジョン・ブラウンに経済援助ができたのは、マミー・プレザントが経済的に成功し始めたからだった。一八六〇年代には、サンフランシスコを代表する事業家として一大企業を築いた。レストラン、下宿屋、洗濯業、黒人専用の非公式な職業斡旋業、といった多角経営で成功した。自由州として連邦加盟したカリフォルニア州だったが、公共交通機関における人種差別は行われた。一八八四年には、プレザントのことを「ブードゥー呪術師」と記載した新聞社を訴えもした。市内オクタビア通りに、三〇室を有する邸宅を構え、事業家として成功したマミー・プレザントだったが、一九〇四年には貧困のうちに亡くなったという。「カリフォルニアの公民権の母」と呼ばれた彼女の人生は、現在も映画化されて、後世に伝えられている。

（11）アイダ・B・ウェルズに関する研究は、日米ともに豊富である。註３で紹介した史料集全一六巻のうち、第一五巻はアイダ・B・ウェルズ研究に限定された。Vol.15, Mildred Thompson, *Ida B. Wells-Barnett: An Exploratory Study of an American Black Women, 1893-1930*

（12）日本でのウェルズ研究では、以下の拙稿を参照してほしい。岩本裕子『アメリカ黒人女性の歴史―二〇世紀初頭にみる「ウーマニスト」への軌跡』（明石書店、一九九七年）三五～五四頁, passim; 岩本『物語 アメリカ黒人女性史（一六一九‐二〇一三）』（明石書店、二〇一三年）一三七～一四〇頁, passim.（以下『物語』と略記）。

（13）"Maggie Lena Walker" *BLACK WOMEN IN AMERICA: An Historical Encyclopedia*, 2 vols. Editors Darlene Clark Hine, Elisa Barkly Brown and Rosalyn Terborg-Penn (Brooklyn, NY: Carlson Publishing, Inc., 1993) vol.2, 1214-1219;"Independent Order of St. Luke", *BLACK WOMEN IN AMERICA*, 2nd ed. Vol.2, 99-100; August Meier and Elliott Rudwick, "The Boycott Movement Against Jim Crow Streetcars in the South, 1900-1906" The *Journal of American History*, Vol. 55, No. 4 (March, 1969), 756-775, Oxford University Press

（14）グレタ・トゥーンベリに関しては、以下を参照されたい。拙稿「気候変動への挑戦！」『今、問い続けるということ―多文化共生への歴史理解』（メタ・ブレーン、二〇二〇年）一八三～一八九頁。

（15）accessed September 5, 2020, http://www.proyouthpages.com/blackhistory.html accessed September 5, 2020,; https://motonmuseum.org/learn/biography-barbara-rose-johns-powell/; Branch, Parting the Waters, 19-22, 24-25, 898. accessed September 7, 2020, http://www.core-online.org/History/barbara_johns1.htm（バーバラの二つ年下の妹 Joan Johns Cobb 回想記）

（16）accessed September 5, 2020, http://www.core-online.org/History/barbara_johns1.htm（バーバラの二つ年下の妹 Joan Johns Cobb 回想記）

（17）拙稿「席を立たなかったクローデット―一五歳、人種差別と戦って」『物語』一九二～一九四頁。傍聴席には、アラバマ州立大学教授で、モンゴメリーの黒人女性による団体、女性政治評議会の活動家でもあったジョー・アン・ロビンソン、ファースト・バプティスト教会のアバナシー牧師などがいた。この判決直後の様子をロビンソン教授は「クローデットの悲痛な泣き声が、裁判所の空気を切り裂くようだった。多くの人が涙をぬぐっていた」と書いている。Jo Ann Robinson *The Montgomery Bus Boycott and the Woman Who Started It: The Memoir of Jo Ann Robinson*, Knoxville: University of Tennessee Press, 1987.

(18) "MONTGOMERY BUS BOYCOTT" *BLACK WOMEN IN AMERICA*, 2nd ed. Vol.2, pp.382-384.; 拙稿「ローザ・パークスの『ノー』と『ブラウダー対ゲイル裁判』」『物語』一九五～一九七頁。

(19) Phillip Hoose. *Claudette Colvin: Twice Toward Justice*, Farrar, Straus and Giroux, 2009; 同書は二〇〇九年に全米図書賞児童書部門大賞を受賞した。同年に日本で翻訳が出版された。渋谷弘子訳『席を立たなかったクローデット―一五歳、人種差別と戦って』（汐文社、二〇〇九年）一七六頁。

(20) メアリ・C・テレルに関しては、以下の拙稿を参照されたい。「全米黒人女性協会と創設者たち―メアリ・C・テレルを中心に」立教大学『史苑』第五四巻第二号、一九九四年三月、三九～五六頁。「メアリ・チャーチ・テレル―全米黒人女性協会初代会長」武田、緒方、岩本共著『アメリカ・フェミニズムのパイオニアたち―植民地時代から一九二〇年代まで』（彩流社、二〇〇一年）一九四～一九九頁。『アメリカ黒人女性の歴史：二〇世紀初頭にみる「ウーマニスト」への軌跡』（明石書店、一九九七年）五二～五四、一二二～一二八頁。passim『物語』一二六～一二九頁, passim.

(21) Mary Church Terrell, *A Colored Woman in a White World*, Washington, D.C.: National Association of Colored Women's Clubs INC. 1968（初版は一九四〇年出版だが、註32で後述するが、NACW本部で購入した本書には初版以降一九六八年までの部分が加筆されている。以下*A Colored Woman*と略記）一四三。

(22) ibid.197.

(23) NMAAHCのHPで、"Be inspired by activist and suffragette Mary Church Terrell"と題され、メアリ・チャーチ・テレルの業績が二〇二〇年三月二八日に配信された。accessed September 5, 2020, https://mail.google.com/mail/u/0/?tab=rm&ogbl#search/Mary+Church/WhctKJVqsslTPnCnCtmtsfKPxPHJzzTmKtPHcwMhhbqKcnXrdmzjwXkVCtWbVVZBdgQkjV

(24) *A Colored Woman*, 203-204.

(25) ibid. 205.

(26) Mary Church Terrell, "The International Congress of Women; Recently held in Berlin, Germany" *Voice of the Negro*, Dec. 1904, 454-461 (reprinted in *Black Women in United States History* vol.13, Beverly Washington Jones, *Quest for Equality: THE LIFE AND WRITINGS OF MARY ELIZA CHURCH TERRELL, 1963-1954*, New York: Carlson Publishing Inc., 1990, 189-203).

(27) "Brownsville, Texas, Affair" Susan Altman, *The Encyclopedia of African American Heritage*, New York: Facts on File, Inc. 1997, 39.; "Brownsville, Texas, Affair" Susan Altman, *Encyclopedia of African American Heritage, 2nd ed.* New York: Checkmark Books, 2001, 47-48. "Brownsville Affair, (1906)"

Encyclopedia Britannica. accessed October 5, 2020, https://www.britannica.com/event/Brownsville-Affair "The Brownsville Affair (1906)" The Rise and Fall of Jim Crow. accessed October 5, 2020, https://www.thirteen.org/wnet/jimcrow/stories_events_browns.html

（28）Mary Church Terrell, "The Disbanding of the Colored Soldiers" *Voice of the Negro*, Dec. 1906, 554-558 (reprinted in *Black Women in United States History* vol.13, Beverly Washington Jones, *Quest for Equality: THE LIFE AND WRITINGS OF MARY ELIZA CHURCH TERRELL, 1963-1954*, New York: Carlson Publishing Inc., 1990, 275-282)・*A Colored Woman*, 268-278.

（29）The Disbanding of the Colored Soldiers", 276.

（30）*A Colored Woman*, 271

（31）"The Disbanding of the Colored Soldiers", 282.

（32）Joan Quigley, *Just Another Southern Town: Mary Church Terrell and the Struggle for Racial Justice in the Nation's Capital*, (New York: Oxford University Press, 2016)・書名は、黒人作家ラルフ・エリソンの『見えない人間』に登場する台詞 "It's just another southern town," からの引用で、Just Another Southern Town: Mary Church Terrell and the Struggle for Racial Justice in the Nation's Capital である。「南部のもう一つの町さ」（松本昇訳『見えない人間（Ⅰ）』（南雲堂フェニックス、二〇〇四年）p.217）と邦訳されているが、筆者が訳すとすれば「所詮南部の町」としたいところである。つまりワシントンは、首都でありながら、南側のポトマック川を越えると南部連合の首都だったリッチモンドを州都に持つヴァジニア州、北のメリーランド州は、南部連合に加わらなかっただけで奴隷州、しかもブラウン判決まで人種隔離教育を続けていた、ほとんど南部であった。両者の土地をもらい、川を埋め立てて作った人口都市ワシントンＤＣには、体質的にどこまでも南部気質が残っている、という意味で、「所詮、南部」なのだった。二〇二〇年二月ＮＹＰＬションバーグセンターでの史料収集時に、筆者が確認できた書評は以下である。Stephen Robinson, *American Studies*, Mid-American Studies Association, Vol. 57, No.1, 2018, 125. Jeffrey D. Gonda, *Journal of Social History*, Vol. 51, Issue 1, Fall 2017, 197–199, accessed October 5, 2020, https://doi.org/10.1093/jsh/shw085

（33）テレルの自伝の初版（全四二章、最終章タイトルは「進み続ける」）は、一九四〇年出版だが、筆者は一九九一年に初めて全米黒人女性協会本部を訪問した時に、事務局で購入した。これは同協会によって一九六八年に出版され、一九四〇年初版出版以降一四年間の、テレル最晩年に至るまでの叙述が二章分加筆されている。第四三章「テレル夫人がふたたび扉を開ける」の冒頭で、「われわれ（全米黒人女性協会）は、メアリ・チャーチ・テレルの物語を完結させるためだけでなく、彼女の自由のための闘いによって多くの人々に勇気を与えるためにも最終章を二章追加する」と書かれている。まさに最終章となる第四四章に、一九五〇年のレストラン・トンプソンズ訪問をめぐる事実が伝えられている。テレル自身の叙述ではないが、彼女にもっとも近い位置にいた協会員による実証として、貴重な史料となる。

（34）*A Colored Woman*, 434.

（35）Dorothy Sterling, *Black Foremothers: Three Lives*, Feminist Press, 1988. 154-155.

（36）Mary Church Terrell, "What Roles Is the Educated Negro Woman to Play in the Uplifting of Her Race?" *Twentieth Century Negro Literature*, ed. Daniel W. Culp (Toronto: J.L Nichols and Co., 1902) reprinted in Beverly Washington Jones, *Quest for Equality: The Life and Writings of Mary Church Terrell, 1863-1915* (New York: Carlson Publishing Inc, 1990), 154-155; Evelyn Brooks Higginbotham, *Righteous Discontent: The Women's Movement in the Black Baptist Church, 1880-1920* (Cambridge, Mass.: Harvard University Press, 1993), 14-15; 185-229;「イングラム事件」に関する邦語論文は以下である。菱田幸子「黒人新聞におけるイングラム事件の表象―白人至上主義への抵抗の拠点としての女性イメージ」『社会文化史学』（四四）、三三～四八頁。二〇〇三年；菱田幸子「イングラム事件（一九四七年）支援活動にみる黒人エリートによるリスペクタビリティの表象」『アメリカ研究』（三八）、一七九～一九七頁。二〇〇四年

（37）*12 Things the Negro must do for himself and 12 Things White People must stop doing to the Negro*, written in 1900's by Nannie Helen Burroughs and reprinted in 1968; 十二項目は以下のとおりである。

1. 黒人は最初にすべきことがいかに重要かをわからなければならない。最初にすべきこととは教育、生活習慣の改善、仕事や家庭の自立である。
2. 黒人は自分のために自分でできることをしないで、神様に期待したり白人の知人にしてもらおうと考えてはいけない。
3. 黒人は自分自身を律しなければならない。自分の子どもたちや家を清潔にし、快適で魅力的な暮らしができるよう身の回りを整えなければならない。
4. 黒人は仕事と余暇を区別しそれぞれにふさわしい身だしなみをしなければならない。
5. 黒人は信仰を毎日の勤めと考えるべきで、感情的な理由だけで日曜礼拝に参加するだけに留まってはいけない。
6. 黒人は民衆からの無視を完全になくすために、効果的な解決策を取らなければならない。その解決策とは次のようなことである。指導者たちは民衆が精神的、道徳的に改善していけるよう、民衆を良い市民になれるよう指導すべきである。アフリカだけでなくアメリカの読み書き能力達成に着手すべきである。無視、無関心は人種の向上にもっとも重荷になる。社会的結合は血縁親類の関係からの広がりである。孤独だったり、法律で解決できない縁者による融合こそが大切である。
7. 黒人は肌の色や、白人からの態度による自分の失敗を責めるのを止めるべきである。
8. 黒人は自分の悪い職癖を克服しなければならない。
9. 黒人は公の場所で品行方正でなければならない。
10. 黒人は人と接する方法を学ばなければならない。単に黒人社会だけでなく、すべての人々と接する方法である。

11．平均的な、言わば教育を受けた黒人は、預言者エゼキエルが霊によって引き上げられたように、引き上げられて悪人のそばに連れて行かれる。そこで悪人を良い方向に導く役割をしなければならない。（旧約聖書エゼキエル書３：14-19）

12．黒人は自分の友人の存在を忘れてはいけない。覚えておくように！「あなたはエジプトで奴隷であったが、あなたの神、主が救い出してくださったことを思い起こしなさい。私はそれゆえ、あなたにこのことを行なうように命じるのである」（旧約聖書申命記24：18）との言葉どおり、神はつねにあなたのそばにいる。アメリカ黒人は南部だけでなく北部にも友人がいたことを忘れてはいけない。働くことの高潔さを自覚しながら、まずは働きなさい！これがわれわれを苦しめようとするすべてのものへの回答になる。

（38）*12 Things the Negro must do for himself and 12 Things White People must stop doing to the Negro*, written in 1900's by Nannie Helen Burroughs and reprinted in 1968.

（39）ワシントンにあったベシューンの家は、現在「メアリ・マクロード・ベシューン記念館」という国立歴史遺産となっている。筆者がこの記念館を訪ねた経験を含めて、ベシューンに関して以下で言及した。『物語』一六九～一七三、一八五、二一九、二四八、二五六頁。

（40）Box3 Folder17 of Nannie Helen Burroughs Papers.

（41）マダム・C・J・ウォーカーとマギー・レナ・ウォーカーという偶然ながら同姓の二人のウォーカーは、同時代で経済的に大成功した黒人女性たちだった。『物語』一四七～一六〇頁。

（42）Box3 Folder17 of NHB Papers; Box29 Folder 6 of NHB Papers.

（43）"AAA Salutes Nannie Helen Burroughs in Celebration of Black History Month," PRNewswire, 9 Feb. 2012. Biography in Context; "AAA Recognizes Nannie Helen Burroughs in Celebration of Black History Month," Entertainment Close-up, 14 Feb. 2012. Biography in Context. Schomburg Collection, NPL

（44）accessed October 2, 2020, www.nburroughsinfo.org*Pittsburgh Courier* に投稿された最晩年のバロウズの記事が紹介されている。一九六〇年九月時点での大統領選挙に関して、ケネディもニクソンも提示する plank にはうんざりして、いずれが大統領になっても現状が変わらないことを憂いていた。

（45）accessed October 2, 2020, http://www.nburroughsinfo.org/files/130499754.jpg

（46）ibid.

（47）拙稿「二〇一六年夏におけるアメリカ黒人女性の諸相――ハリエット・タブマンから「カラー・パープル」まで――」『浦和論叢』（五六）三一～六六頁。二〇一七年

第二章　アトランタの黒人女性を動員した草の根公民権運動

――ルビー・パークス・ブラックバーンの有権者登録活動を通して

西﨑　緑

はじめに

草の根公民権運動を支えた黒人女性については、一九八〇年代から盛んに研究されるようになり、黒人女性たちが運動の土台となる組織作りに貢献したということが明らかになった。[1] たとえばクロフォードは、黒人女性たちが姉妹的感情を持って互いの家族やコミュニティの面倒を見つつ運動を支えたと述べ、ロブネットは、黒人女性が「ブリッジ・リーダーシップ（橋渡しの役割をするリーダーシップ）」を発揮して地域コミュニティのまとめ役となったという。[2] またコリエー・トーマスらは、二〇世紀はじめから一九六〇年代末のブラック・パワーまでの期間に活躍した複数の女性リーダーを取り上げ、彼女らが地域で行った闘争に光を当てた。[3] これらの研究より長い時期を設定した研究がゴードンらによるもので、アンテベラムから一九六五年投票権法に至る黒人女性による投票権獲得運動があったとしている。[4]

黒人女性たちの活動は、北部でも南部でも行われ、ときには南部の活動家が北部の教会等を訪れて支援を訴えるという形での交流もあったが、基本的に彼女らは、その生活圏での地道な活動をつづけてきた。南部と北部のどちらの黒人女性がより厳しい社会環境にあったのか、という問いへの答えは難しいが、南部ではジム・クロウ体制が堅固であり、社会生活のあらゆる面での抑圧が厳しかった。そのため、言論の自由、政治参加の自由は剥奪されていたといえる。

ところが一九五〇年代になると、南部の黒人女性たちは、有権者登録活動に熱心に関わるようになる。このことについては、ギルが、美容師に注目して、彼女らが黒人コミュニティの組織化を図ったことを明らかにしている。[5] ギルによれば、美容師の政治活動の成功は、経済的自立と「黒人女性だけの特別な空間」を彼女らが掌握していたことが大きい。[6] さらに美容師たちはネットワークを形成し、全米美容師連盟をとおして、政治家に声を届けることができた。たとえば彼女らは、連盟を母体に美容師政治活動連合を組織し、一九五五年にアイゼンハワー大統領に黒人の人権について憂慮している旨の書簡を送っている。

しかし、南部の美容師が実際にどのような手法で、人種差別主義者と対峙しつつ公民権運動を下支えしたのかについては、特定の都市や個人を対象とした、より詳細な研究によって明らかにされる必要があろう。そこでこの章では、一九五〇年代にアトランタの有権者登録運動の中心となったルビー・パークス・ブラックバーンをとりあげて考察することとする。ブラックバーンによる黒人女性の組織化については、先述のギルの美容師たちの政治活動の研究のほか、ギロイによる研究でも取り上げられている。ギロイは、一九七〇年代に家政婦の組織化を行ったドロシー・ボールデンとの比較を行い、両者の共通点として、高学歴黒人女性たちが直接触れることができなかった下層の黒人女性の日常的なニーズを基に組織化を行なうことができたと結論づけている。(7)

本章では、ブラックバーンの時代の美容業界を背景に、美容師がなぜ下層黒人女性を政治活動に取り込むことができたのか、さらに彼女らの組織が、なぜ白人男性政治家からも一目置かれる状況となったのかを課題とする。(8) 本章の構成は、以下のとおりである。第一節では、二〇世紀前半のアトランタの社会状況と黒人女性たちの社会活動、さらに白人女性たちの反リンチ活動と黒人コミュニティとの関係性を見てゆく。第二節では、ルビー・パークス・ブラックバーンを生み出した美容業界とその政治活動について考察する。第三節では、一九五〇〜六〇年代のアトランタの政治・経済・社会状況と黒人コミュニティの状況、さらにブラックバーンが一九五一年に設立したジョージア黒人女性有権者連盟（ＧＬＮＷＶ）と黒人女性たちの有権者登録運動について述べることとする。

第一節　南部の中心都市アトランタにおける黒人コミュニティ

アトランタは、一八三七年にウェスタン&アトランティック鉄道のターミナルとなって以来、南部の交通の要所、物流の中心として発展してきた。南北戦争による経済的打撃があったものの、再建期にはニューサウスの中心都市として、よりいっそうの発展を遂げることとなった。そのため二〇世紀半ばまで市の人口は一貫して増加し、とくに黒人人口は、周辺農村部から雇用機会に期待した移住者が増加したために、急激な人口増となった。その結果、アトランタの人口は、全体では一八六〇年の九五五四人から一八七〇年に二万一七八九人と約二倍になった。このうち黒人人口は、一九三九人から九九二九人となって、約五倍となり、アトランタの人口構成は、黒人人口が約半数弱となった。これらの黒人の中には、床屋からアトランタ生命保険会社を設立するに至ったアロンゾ・ハーンドンのような実業家も現れた(9)。

	Total	White	Black	Black/Total
1850	2572	2060	512	19.9%
1860	9554	7615	1939	20.3%
1870	21789	11860	9929	45.6%
1880	37409	21079	16330	43.7%
1890	65533	37416	28098	42.9%
1900	89872	54090	35727	39.8%
1910	154839	102861	51902	33.5%
1920	200616	137785	62796	31.3%
1930	270366	180248	90075	33.3%
1940	302288	197686	104533	34.6%
1950	331314	209898	121285	36.6%
1960	487455	300635	188464	38.7%
1970	496973	240503	255051	51.3%
1980	425022	137879	282911	66.6%
1990	394017	122327	264262	67.1%

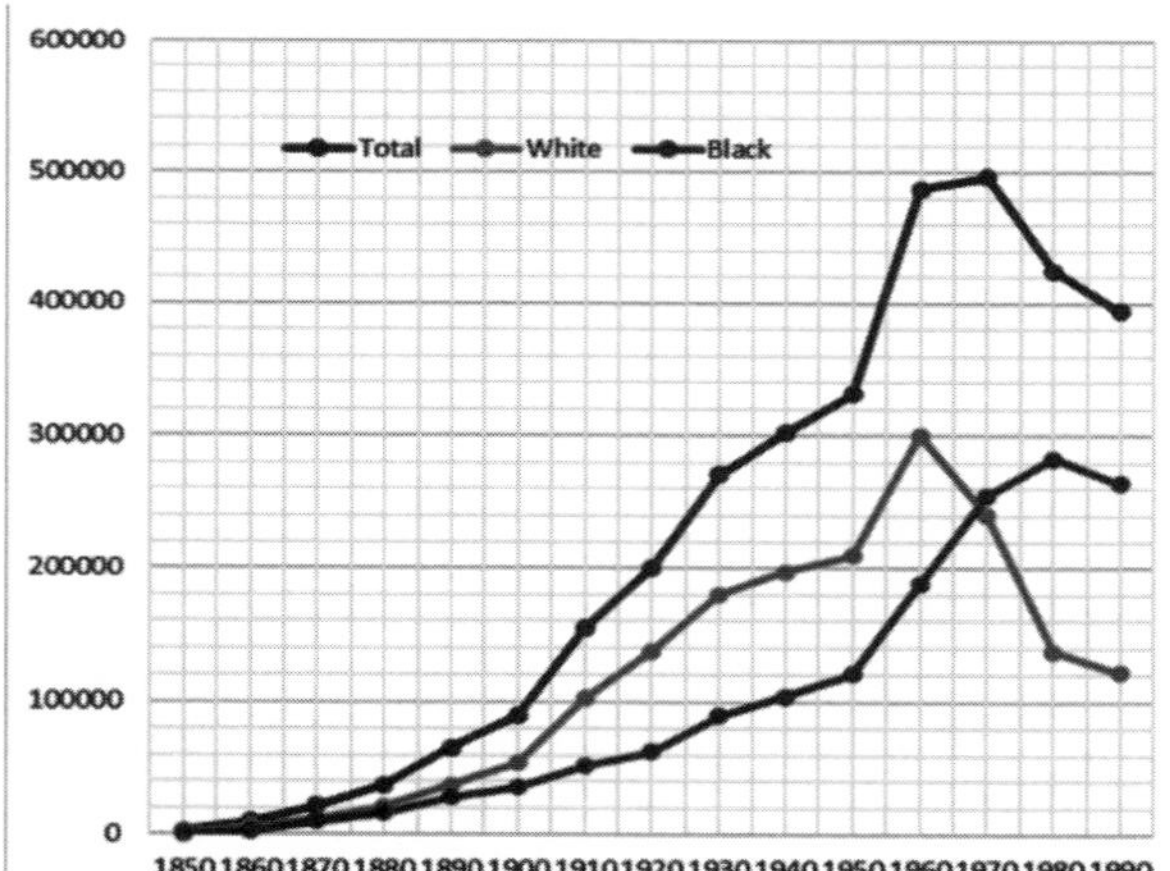

図１アトランタの人口の推移

資　料：“Historical Census Statistics On Population Totals By Race, 1790 to 1990, and By Hispanic Origin, 1970 to 1990, For Large Cities And Other Urban Places In The United States”　U.S. Census Bureau. February 2005. https://web.archive.org/web/20121018075004/http://www.census.gov/population/www/documentation/twps0076/GAtab.xls.

経済的成功とは別に、政治的には黒人の躍進は実現しなかった。一八六八～六九年の再建期には、アトランタを含む南部では黒人に投票権が与えられていたが、市議会や州議会を運営する白人たちは、人頭税を投票要件として課すことや選挙区割りの変更などにより、黒人の政治的進出を阻んだ。[10]やがて白人による予備選挙が常態化すると、黒人の投票権は事実上行使できなくなった。その結果、黒人コミュニティの生活環境や就業環境は、市政から顧みられることなく捨て置かれた。

しかし黒人ビジネスの成功に対する憤りと、仕事をめぐる黒人と白人のあいだの競争の激化によって、人種間の緊張は高まる一方であった。一九〇六年の知事選挙期間中に候補者のスミスやパウエルが黒人の社会的進出への警戒を演説で強調したため、ついに白人暴徒が黒人コミュニティを襲撃するアトランタ人種暴動が発生した。[11]

これ以後、アトランタの黒人たちは、人種隔離による自衛を考えるようになった。しかしそれは、自らの市民としての権利を放棄するという意味ではなかった。つまり彼らは、二〇世紀前半のジム・クロウ・システムに納得していた訳ではなかった。実際に彼らは、公衆衛生、教育、労働条件などの機会が人種隔離制度の下で奪われたことに対して、改善を求める請願書を市に提出したり、マスコミを通じてその不当性を訴えたりした。

結局、アトランタの黒人たちは、一九四〇年代まで自助組織を通じて生き残ってゆくこととなった。ただし自助活動も、立場や居住場所によって何を優先的に実施するのかは異なっていた。たとえば工場が集中するイースト・ポイント周辺地区では、黒人コミュニティの生存のために個人商店が住民に必要な食料品店、葬儀屋、床屋や美容院などのビジネスを展開していた。[12]一方、大学関係者や黒人財界は、まず黒人居住区の改善に努めた。[13]アトランタの居住区は、市の中心市街地のもっとも近い場所が白人高所得層の居住地域で、やや広がりを持った地域が中流の白人居住地域、さらに離れた場所に白人労働者が居住していた。黒人居住区は、それよりもさらに離れた場所で、東部、南部にあった。例外は、中心部から東に延びる黒人商業地域のオーバーン・アベニューと、複数の大学や高等学校がある西部地域であった。

この西部地域を中心としてアトランタの黒人居住区において、セツルメント活動が行われた。モアハウス大学学長の妻のルージェニア・バーンズ・ホープが中心となり、一九〇八年に隣人連合が設立された。[14]隣人連合は、大学教員の妻たちを中心に不足していた社会サービスを補うとともに、理解を示す白人政治家に働きかけて黒人コミュニティへの基本的な社会サービス提供を実現した。隣人連合が提供した黒人居住区住民へのサービスは、診療所、児童遊園、保育所、青少年のための職業訓練、女性のための家政教育などがあり、ゴミ収集、上下水道の整備、小学校の教育設備改善について、市に対して請願書を提出し、議員と交渉した。彼女らの目標は、黒人コミュニティの未来を担う児童をより良く育てることであり、そのために安全な公園の整備、家庭を担う女性の資質向上、学校の改善に努力したのであった。[15]また一九二〇年には、アトランタ社会事業学校が設立され、アトランタ都市同盟と協力しながら、隣人連合の働き手となるソーシャルワーカー養成を開始している。[16]

南部において、一握りの高等教育を受けた黒人女性たちが、黒人大学の学生たちとともに始めた生活改善活動は、人種隔離とジム・クロウ体制が進んだなかで行われた。ホープと情報交換や協力関係にあった実践者は、女性クラブの会員たちで、アラバマ州タスキギのマーガレット・ワシントン、フロリダ州デイトーナ・ビーチのメアリ・マクロード・ベシューン、ヴァージニア州ハンプトンのジェイニー・ポーター・バレットの名前が挙げられる。彼女らの活動は、北部の篤志家による資金援助、黒人教会による資金集め、市内の黒人実業家による寄附や物資の提供によって支えられた、地域限定の実験的な活動であった。

アトランタには、すでに全国都市同盟（ＮＵＬ）や全国黒人地位向上協会（ＮＡＡＣＰ）の米国南東部支部が置かれていたため、隣人連合の場合には、黒人のための全国組織とのつながりも深く、それらの組織との共同事業も実施された。また、ホープは、全米黒人女性協会が一九二四年に社会サービス部を設置したとき、社会サービス部の部長に就任している。

隣人連合設立後も、アトランタにおける両人種の関係は、基本的に緊張関係が続いていたが、一九一九年に人種間協力委員会（ＣＩＣ）が結成され、暴動の予防、白人市民への教育によるリンチの削減を目指した活動が展開された。ＣＩＣは、もともと第一次大戦からの黒人帰還兵を迎えるのを前に、人種暴動を避けるために組織されたものである。[17]一九一九年には、夏から秋にかけて、「赤い夏」と呼ばれる、白人暴徒による人種暴動が全米三六以上の都市で発生し、黒人たちの生命と財産が大きく損なわれた。[18]これらの暴動の背景には、黒人帰還兵たちの不満、白人帰還兵たちの怒り、ロシア革命による共産主義の脅威、大戦中の黒人大移動が大都市の下層白人の生活不安を引き起こしたことなどがある。

メソジスト教会の牧師であったウィル・アレグザンダーは、教育長ロバート・エリーザーらとともにＣＩＣの設立メンバーであり、予見された暴動を阻止しようとした。そこでＣＩＣは、同年、ジョン・ホープなどの黒人リーダーを加え、両人種の組織に変更された。その二年後の一九二一年には、メソジスト教会女性部のキャリー・パークス・ジョンソンを長とする女性部を設立した。[19]なおＣＩＣの方針は、両人種それぞれのコミュニティにもっとも影響力のある者をメンバーとするということであったので、女性部には隣人連合のルージェニア・ホープも加わっている。後に南部の白人女性と黒人女性を結びつける活動で大きな役割を果たすドロシー・ティリーも、南メソジスト監督教会女性部の代表として、一九三〇年代にこのＣＩＣに参加し、ホープやメアリ・マクロード・ベシューンと親密な交流を行うようになった。[20]

なおＣＩＣの当初の活動方針は、各州のＣＩＣでフィールド・ワーカーを雇い、地域ごとの人種問題のニーズを把握し、その解決を支援してゆくということであった。しかし一九二九年の大恐慌を機に組織の財政立て直しが行われ、フィールド・ワーカーの活動に、ローゼンワルド財団の資金によるリンチ調査に協力することが加わった。この関係で、反リンチ活動を行なうジェシー・ダニエル・エイムズがＣＩＣ女性部長として就任し、一九三〇～四〇年代の女性部の活動は、反リンチ活動にも重点が置かれるようになった。[21]

エイムズは、反リンチ活動を効果的に進めるため、ＣＩＣとは別個に「リンチ防止のための南部女性協会（ＡＳＷＰＬ）」を一九三〇年アトランタで設立し、南部の白人プロテスタント女性の組織化を行った。ＡＳＷＰＬは、リンチの発生場所を詳細に調査し、南部での発生マップを作って公表した。また郡保安官をはじめ白人市民に対してリンチの論理的誤謬を教育する活動も行った。それらが功を奏したかどうかは証明されていないが、一九三八年にはリンチ発生件数は半分となった。[22]

ＣＩＣの活動では、エイムズは、ホープやベシューンのような黒人女性リーダーたちとの協力を行ったが、ＡＳＷＰＬの活動をともにするのは、白人女性に限定した。それは、「白人に説得力を持つのは白人のみである」という、彼女の強い信念があったからである。またエイムズ本人もＡＳＷＰＬに賛同した地元のドロシー・ティリーのような白人女性たちも、リンチを南部社会から根絶することを目標としていても、人種隔離を廃止することや黒人に参政権を与えることは考えていなかった。

ＣＩＣ幹部の白人男性たちも同様に、南部の人種隔離制度の廃止は、かえって混乱を招くと考えていた。この点は、後に歴史学者ジャクリーン・ホールやウィリアム・リンクが指摘しているように、南部の進歩的改革者たちは、児童労働や教育、監獄改良などに熱心に取り組んだものの、人種ヒエラルキーは正当なものとして受け入れていたということであった。[23] したがって、ＣＩＣは、一定程度、南部社会における人種間の緊張を和らげ、暴動やリンチを予防する働きをしたと言えるが、黒人コミュニティへの抑圧をもたらす社会体制を解消したわけではなかった。その構図は、ＣＩＣの後継組織として一九四四年に設立された南部地域会議（ＳＲＣ）においても基本的に同じであり、黒人にとって不条理な社会制度の解決は、後の時代に持ち越された。

そのような訳で、一九三〇年代になっても相変わらずアトランタの黒人たちは黒人居住区に隔離されていた。しかしアトランタのコミュニティにも、わずかに変化の兆しが訪れていた。そのひとつは、ニューディールによる公共住宅の建設である。黒人指導者たちは、白人建設業者と手を組んで、アトランタの西側地域に公共事業促進局（ＷＰＡ）の公共住宅を誘致するために熱心なロビー活動を行った。候補地となったのは、アトランタ大学に隣接した黒人スラム地域ビーヴァー・スライドである。その再開発事業として、「大学住宅」を建設し、隣人連合がその管理と住民への教育を行なうというのが、黒人指導者たちの計画であった。彼らが公共住宅の誘致に積極的に乗り出した理由は、黒人を市民にふさわしく育て上げるという社会実験を目指したからである。この地域には、大学人を中心とする黒人中流階級の住宅があり、黒人児童のための良質な教育環境が望めること、さらに土壌汚染や洪水の危険地域である南東部よりは地域の衛生環境が優れているという好条件もあった。大学住宅の建設は、一九三四年にスラム一掃の後とともに始まり、一九三七年に完成した。そして隣人連合や黒人ソーシャルワーカーたちは、新しい入居者の家庭や地域の教育に熱心に取り組んだ(24)。

これを公民権運動への道標という観点から見ると、ニューディール期のアトランタの黒人指導者たちは、外側の車輪を動かすには、内側の車輪をまず動かす（人種差別体制の変革は、市民権教育の場を作って、黒人の資質向上の取り組みを行う）ということを実践したと捉えることができる(25)。大学住宅の取り組みは、黒人中間層を西側地域に取り込んで黒人コミュニティの牽引役となる層を拡大したと言える。ただしその一方で、最下層の黒人労働者たちを西側に取り込むことはできなかったため、東側や南側のスラム地域に置き去りになった人々もいた。したがってアトランタの黒人コミュニティでは、この時期に内部格差が拡大したとも言える(26)。

第二節　働く黒人女性を支援する美容師ルビー・パークス・ブラックバーン

ともあれアトランタの中間層の黒人にとって、市の西側地区への移住は、社会的地位の前進を果たすことになった。白人たちから見れば、黒人大学の教員たちさえも、エリートと呼ぶにはお粗末な生活しか達成できていなかったが、地位向上の機会が希少であった黒人にとってみれば、西側地区の清潔な住宅での生活は憧れでもあった。それが、一九三〇年代後半からルビー・パークス・ブラックバーンのような、安定した収入のある自営業や労働者たちの中間層にも手が届くことになったのである。

さきに見たように、この地域の先住者であり、黒人コミュニティを率いてきた大学関係者のエリートたちは、黒人に市民としての資質を備える訓練をしようと考えていた。そのため市民として恥ずかしくない生活態度、つまりリスペクタビリティと教養を身に着ける努力を続けることが、西側地区に移り住んだ人々に求められた。ジョン・ホープは、黒人たちが長いあいだ周縁化された生活環境で暮らさざるを得なかったため、スラム地域から脱出することができても、モノの見方を変えなければ、市民生活に馴染むことができないと語っている。

西側地区に移住した中間層の一人、ブラックバーンは、三十一歳のとき（一九三二年）にTICクラブを立ち上げた。この組織の目標は、黒人たちの手によって生活環境を改善してゆくことであった。例えば、TICクラブは、市政に影響力のある人物たちに働きかけて、ゴミ集積場を撤去させることに成功した。そのほか、白人女性クラブ会員たちが始めた市の美化運動に協力して、ハナミズキやサルスベリの植樹を黒人居住区にも行った。(27)

TICクラブは、レターヘッドにビフォアとアフターを対称させた絵を掲載し、スラムから清潔な地域に変貌させる努力を行ったことを強調して、次のようなメモ書きを残している。(28)

TICクラブは、ルビー・ブラックバーンと七人の女性によって組織されました。この小さなグループは、自分たちが居住する地域の状況を改善するという決断をし、クラブの名前を、状態改善を意味するTICと命名しました。クラブは、見た目も悪く健康にも悪いゴミ処理場を撤去させ、優秀な生徒に奨学金を与え、サルスベリやハナミズキを歩道に植えて町の美化に貢献するなど、地域の改善を成功させてきました。また、パイン・エーカー地区に学校を開設させることもできました。アトランタの西側地区に新しいバス路線を引いてもらうことについては、何年も前から運動してきましたが今も交渉中です。クラブが取り組んできたデイビス通りの新しい公立学校は今年開校予定でしたが、先週金曜日にブッカー・T・ワシントン高等学校の火事によって、中学生の授業を行なうために校舎を臨時に使用することになりました。現在クラブは、働く母親のために保育所を作ることに取り組んでいます。クラブの会員は、いまや何百人にも増えています。クラブのテーマソングは、トゥリーズ・ザ・カラーズ・アー・レッド・アンド・ホワイトで、モットーは「人類のために何か貢献せずに死ぬのは恥ずべきことである」です。(29)

ブラックバーンのような勤労女性たちが、自主的に社会改革活動を行なう力は、どのようにして生み出されたのか。それは、美容師という新しい疑似専門職が誕生したところにあった。二〇世紀はじめに誕生した美容産業は、裕福ではない家庭の出身者、ブラックバーンのような女性にも進出の機会を与えた。美容師は、黒人女性に洗濯業と家政婦以外の職を提供し、自助とエンパワメント機能を持たせた。彼女らは、生活費を稼ぐだけでなく、社会の底辺で家政婦として働く黒人女性に安らぎ、情報共有、職業紹介や訓練の機会を提供した。

美容をめぐっては、黒人女性たちによる自己肯定感獲得の闘いがあった。アメリカにおける女性の美は、時代によって変化してきたが、その理想は、長く伸ばした金髪と白い肌という西欧的美から、大きく変化することがなかった。(30)この理想の存在は、その条件に合わない黒人女性を貶めることになった。とくに強くねじれて広がる髪は、身だしなみが整わずだらしないと見なされ、道徳的に弱い存在という印象をもたらした。この生まれながらに醜悪な存在、あるいは劣った存在として、不断に社会からもたらされるスティグマは、黒人女性の尊厳を傷つけ、自信を失わせていた。(31)

やがて身体的美、とくに髪の問題は、二〇世紀初頭に黒人女性美容家たちの手によって覆された。アニー・ターンボ・マローンとマダムC・J・ウォーカーは、発毛剤の販売により、全国の黒人女性たちの自尊心を取り戻すことに成功し、市場を開拓した。(32)セントルイスで洗濯業をしていたウォーカーが、マローンの育毛ケアに出会ったのは一九〇三年のことである。当時、ウォーカー自身も抜け毛に苦しんでおり、マローンの開発したワンダフル・ヘア・

グローワーによって救われ、その後マローンの美容部員の一人として働くことにした[33]。

その後ウォーカーは、マダム・C・J・ウォーカーのブランドをデンバーで立ち上げ、一九〇八年には六、六七二ドル、一九〇九年には、八、七八二ドルと大きく売り上げを伸ばし、インディアナに本社と工場を持つようになってからは、全国的に市場を拡大した[34]。マローンも、ポロ・ブランドで育毛剤や化粧品を販売し、一九二六年に四万ドル以上の税金を支払う企業に成長させた[35]。この二人の女性は、ともに育毛剤とそれを使ったヘアケアで百万長者となり、美容帝国を築き上げた。彼女らは、その成功を、黒人コミュニティに還元しようとした[36]。

まず彼女らは、美容部員による独占販売方式によってビジネスを拡大したので、美容部員となった黒人女性に、洗濯業や家政婦よりもはるかに多い収入と時間的余裕をもたらした[37]。美容部員の養成のため、ウォーカーは、一九〇八年にレリア美容カレッジ、マローンは、一九一八年にポロ・カレッジを設立し、経済力がない人でも受け入れ、短期間に美容の技術を修得させた[38]。同時に、単なる技術の獲得だけではなく、黒人としての美の追求と自尊心獲得をも目指した[39]。

さらに美容業界の隆盛は、他の黒人ビジネスやコミュニティ活動への潤いももたらした。彼女らは、黒人教会や黒人新聞・雑誌を使って積極的な宣伝を行ったので、黒人メディアの経営を支えたのは、美容業界であるとも言われている。それ以外にも、黒人コミュニティと黒人教育機関を助けるため、率先して寄附を行った。たとえば、ウォーカーは、会社の本拠地のインディアナポリスで一九一〇年に黒人ＹＭＣＡの建物建築費用を募集するキャンペーンが行われたとき、真っさきに千ドルの寄附を申し出て、会場に集まった聴衆に向けて「黒人であれば誰もが寄附に参加すべき」として寄附を促した[40]。また一九一二年に全米黒人女性協会の総会がハンプトンで開催されたとき、当時まだ全国的な有名人ではなかったメアリ・マクロード・ベシューンのデイトーナ文芸・実業学校のための寄附を募る役割を買って出た。マローンも積極的に寄附や資金提供を行い、全米の黒人系大学に対して毎年各二名ずつフルタイム学生向けの奨学金を支給したほか、ハワード大学医学部に二万五千ドルの寄附を行った。さらに彼女は、社員の誕生日などに金銭や贈物を与えた。篤志家としてのマローンを有名にしたのは、セントルイス黒人孤児院（一九四六年に「アニー・マローン子どもの家」と改称）の設立資金を寄付したことである。マローンはシカゴに移り住んだ後もこの孤児院の運営にかかわり、長年（一九一九～四三年）理事長を務めた。[41]

マローンやウォーカーより少し遅れてサラ・スペンサー・ワシントンが一九一三年、ニュージャージー州アトランティック・シティにヘアサロンを開設した。[42] ワシントンも、マローンやウォーカーと同様、最初は、戸別訪問販売でヘアケア商品を売り歩き、その後、販売員の養成校（エイペックス美容学校）を開設して、全米にエイペックス美容サロンのフランチャイズを広げていった。[43] 彼女もまた、黒人コミュニティのために、その収益を活用した。例えば、アトランティック・シティ近郊にアメリカ初の黒人のためのゴルフコースを作ったり、二〇エーカーの農地を買い取り、黒人青年のために全国青年局（ＮＹＡ）に寄贈したりした。[44] またアトランティック・シティに黒人のための老人ホームも開設した。[45]

一九四〇年代半ばに、エイペックス・グループ全体の年商は五〇万ドルに達し、黒人女性が実業家として実力を発揮できることを世に知らしめた。また各地の黒人女性たちに経済的上昇の機会を提供し、自らの決断で生き抜く力を与えた。たとえば、エイペックス美容学校の生徒募集ポスターを見ると、貧しい黒人女性でも自己決定と自立の機会が持てるという希望が湧いてくる。日付は不明だが、実際の生徒募集ポスターには図1のような記

もう私は自分自身がボスなのよ
毎週60ドルから90ドルの儲けを出すことができる
私自身のために働くことでね
エイペックス・システム
を学んだから

数年前、彼女は仕事を続けながら、この先いったいどうしていったらよいのかと考えていた。そんなある日、友達がエイペックス美容コースを修了した後、ビジネスで大成功し、生活に大きなゆとりができたことを知った。

そこで彼女も、エイペックスのコースに申し込んで受講することにした。今、彼女は、独立して、自分自身のボスとなって働いている。そのおかげで彼女は家を買うことができただけでなく自動車も手に入れた。

あなたの人生の成功は、あなた自身の努力如何で決まる。あなたも自立した生活を手に入れて、自分自身のボスになることができる。だからあなたもこの機会を逃さずにすぐに決断してね。エイペックス美容学校は、あなたの申し込みを待っています。

美容は、「経済恐慌に左右されない」ビジネス！
美容学校には、昼間クラスも夜間クラスもあります。

図１　生徒募集のポスターの文面（筆者訳）

述がみられる。

ここで注目すべきは、「経済恐慌に左右されない」という、大恐慌を経験した黒人女性の誰にも実感が湧いたであろう文言である。このポスターには、その他にも「自立」、「成功」、「独立」、「自分がボス」など、女性のエンパワメントを図る言葉が散りばめられ、美容によって、多くの貧しい黒人女性の社会的地位の向上と経済的自立を実現し、彼女らに自信をつけさせる方向性が描かれている。本稿で取り上げているルビー・パークス・ブラックバーンも、エイペックス傘下の美容サロン経営者であり、このような自信が、彼女を社会活動や政治活動に向かわせたのだと思われる。

それでは、ここで一旦、ブラックバーンのプロフィールを見ておこう。

ルビー・パークスは、一九〇一年七月、アトランタの東四〇キロメートルにある町ロックデールで、生まれた。母親のルビー・アヴェリー、父親のジョセフ・ジョン・パークスにとって、ルビーはただ一人の子どもであった。彼女は、アトランタのブッカー・T・ワシントン高校夜間部に進学し、卒業後モリス・ブラウン大学にも一時在学した。やがて彼女は、一九二〇年代の黒人女性が現実的に稼げる職業、すなわち美容師となる道を選び、アトランタの黒人商業地区にあったエイペックス美容学校アトランタ校で美容施術と販売技術を修得した。この学校は、さきに見たサラ・スペンサー・ワシントンの美容学校のひとつである。美容師となったルビーは、アンドリュー・J・ブラックバーンとの結婚を機に、アトランタ西部の黒人居住区シンプソン通りに自宅を購入し、美容院を開業した。夫婦のあいだには、男二人女二人の子どもが生まれ、それぞれが教育を受けて自立し、アトランタ周辺及びヴァージニア州で家庭を築いた。詳細は明らかではないが、ブラックバーンは、一九五九年に離婚し、晩年はシンプソン通りの家で独居となった(47)。

ブラックバーンは、美容院を自営していたため、大恐慌を乗り切ることができたが、多くの働く黒人女性たちにとって、大恐慌は大きな打撃であった。一九三〇年からの一〇年間にアトランタの黒人女性の就業者数は九百人減少し、就業率は五八％から四七％に落ちていた。同じ時期に、就業者数が四千人増加した白人女性と比べると大きな違いである。黒人女性の失業率の高さは、第一に、もともとの就業先の不安定さが影響していた。一九三〇年の時点で、働く黒人女性の九割が家政婦や洗濯業であり、白人家庭の経済状況に依存していた。そのため白人家庭を襲った経済危機は、黒人女性を直撃したのである。第二に、ニューディールの公共事業が黒人女性をほとんど雇わなかったことがある。一九三〇年時点での白人女性の就業率はわずか一七％しかなかったが、事務職、商店や工場で働く者が多かった。アトランタのニューディール事業関係者に人種差別的意識があったとは言え、白人女性により多くの就業機会があったのは、就業能力の高さも影響している。一九三七年時点で一二二五人の白人女性が緊急救済としての仕事に就いていた。黒人女性は失業率がはるかに高かったにも拘わらずわずか四四七人に留まった。その上、公的扶助や民間の救済の機会も、男性や白人女性に比べるとはるかに少なく、黒人女性を受け入れる施設は皆無であった。都市同盟の食糧支援は一九三一年末には底をつき、同年十一月に開設された市の救援センターは白人男性のみに食糧支援を行ったので、黒人女性には食糧支援が回ってこなかった(48)。

一九四〇年代に入ると、軍需産業の生産が活発化し、アトランタ近郊でもベル航空機をはじめとして工場での就業機会が増加した。アトランタ都市同盟も、これを黒人労働者の雇用を増やす絶好の機会と捉え、職業訓練協議会を設立し、黒人労働者の訓練を行った。ブラックバーンも一九四五年三月二八日に黒人文化連盟を立ち上げ、黒人女性に職業訓練と職業紹介の機会を提供した。

一九四六年に黒人文化連盟がオーバーン通り二五〇番地の建物を購入し、センターを開設するにあたり、ブラックバーンは、キャロル家具店に支援を依頼する手紙（一九四六年七月二九日付）を書いている。そのなかで彼女は、連盟がセンターを開設するのは、家政婦のために様々な訓練をするためであると述べている。具体的には、電気洗濯機などの家電の使い方を教え、料理、洗濯、育児などの技術を向上させること、また診療所もセンター内に備えるとしている(49)。

また連盟創設二周年記念のイベントのプログラムにはつぎのような説明がなされていた。

黒人文化連盟

黒人文化連盟訓練センターはアトランタの市民によって運営されています。この連盟の目的は、より良い方法を教授することにより、あらゆる階層の労働を改善することにあります。また文化教養のクラスも実施されます。これらのクラスでは、今の仕事を維持するだけでなく、就職するための正しい方法を学びます。センターでは買い物のための児童一時預かり、診療所、カフェテリア、化粧室、会議室などの便利な設備を利用することができます。市外からの買い物客にもこれらの設備は開放されているので、ぜひ利用してください。

一九四七年三月二三日（日）午後四時中央メソジスト教会で開催されたイベントのプログラムより(50)

彼女は、一九四四年に設立されたアトランタ商工会議所の正会員となり、さらにブッカー・T・ワシントンが設立した全国黒人実業連盟の傘下にあるアトランタ実業連盟の副会長にもなった。その一方で、NAACPの会員として公民権運動にも熱心にかかわった。とくに一九四〇年代からアトランタで繰り広げられた黒人の有権者登録運動の担い手の一人となった。

第三節　ブラックバーンによる黒人女性の有権者登録支援活動

グラスラッドとピトレによれば、ジョージア州の地元で起きていた公民権運動の動きは、①一九四〇〜四九年の基礎固めの時期、②一九五〇〜五九年の方向転換期、③一九六〇〜六五年の人種統合への直接行動の時期、④一九六六

～七四年人種統合主義が衰退し、ブラック・パワーが勃興する時期の四つの時期に分けられる。ブラックバーンは、二番目の方向転換の時期に活躍した黒人女性リーダーの一人である。[51]

アトランタの公民権活動家としてのブラックバーンが名を遺したのは、一九五一年に彼女がジョージア黒人女性有権者連盟（ＧＬＮＷＶ）を設立したことによる。さきにみたように、ブラックバーンは、それまでも働く黒人女性たちの自立を支援し、生活を向上させるための活動を行っていた。[52] 主には、一九三二年にＴＩＣ、一九四五年に黒人文化連盟・訓練センターを設立し、黒人女性の待遇改善と職業能力の向上に努めてきた。ジョージア黒人女性有権者連盟の設立は、直接的には白人が設立した女性有権者連盟に加入を拒否されたことを契機としてはいるが、それまでのブラックバーンの一連の黒人女性の生活の安定と地位向上のための活動の延長線上にあると言える。

黒人エリートではないブラックバーンが、この時期に有権者登録運動の中心となり得たのは、黒人女性にとって美容院という存在が身近で、かつ頼れる存在として黒人女性に認識されていたからである。美容院は、働く女性の癒し、情報交換、共感と励ましの場であった。たとえば、女性に必要な生活情報（商品価格、商品の質、制度や官憲の情報等）、ＤＶや子どもの非行などの家庭問題についてのアドバイス、家政婦や洗濯業の賃金や待遇についての情報交換、失業したときの再就職先の紹介など、施術を受けているあいだに話し合うことができた。

美容院はまた、黒人女性たちにとって、白人社会や黒人男性から怪しまれず集うことができる場所であり、家庭でも職場でも抑圧されてきた黒人女性自身を解放できる場所であった。彼女たちは、各自が自分の言葉で語り、それを分かち合い、美容師は、女性たちから集めた情報を提供し、自らの判断や考えをも加えるという、コミュニティの情報センターの役割も果たしていた。こうして美容師は、普通の黒人女性たち、すなわち低賃金で長時間労働を強いられ、社会でも家庭でも尊敬を受けることが少ない彼女らの心中に大きな影響を及ぼすことができた。まさに公民権運動や労働運動の草の根が、美容院という空間で育っていったのである。[53]

ブラックバーンは、投票可能な年齢に達した女性は全員有権者登録をして投票すべきと考えていた。しかし単にで

図２　投票機械の使用方法を伝授するブラックバーン
Tuesday, September 11, 1956 Atlanta Daily World
Box 6 of Ruby Parks Blackburn paper at The Auburn Avenue Research Library on African American Culture and History

きるだけたくさんの黒人女性に有権者登録を勧めただけではなく、普通の黒人女性が有権者登録をできるように、投票者教育を丁寧に行った。例えば、一九五六年民主党予備選挙対策では、投票のために新規に導入された機材をどのように使えばよいのかを模型を使って具体的に説明した[54](図2)。

また誰が黒人コミュニティに利益をもたらす候補であるのかを、一般の黒人女性たちにもわかるように説明しようと努めた[55]。ブラックバーンらが好んで用いた方法は、ディナー・パーティに候補者を招き、直接候補者の口から政策を聴き、確かめることであった。

そのような活動を行ったGLNWVを、彼女らはどのように考えて設立・運営していたのであろうか。ジョージア州の公認団体として登記するために作成された黒人女性有権者連盟の附属定款には、以下のことが謳われている[56]。

第一条　本団体の名称を黒人女性有権者連盟とする。

第二条　本団体は、市民的、教育的、慈善的目的を持って組織されている。会員と黒人女性一般を教育して、市民としての義務と責任を適切に果たすこと、その目的のために募金を行なうこと、コミュニティのなかでの良き市民性を醸成する。

第三条　本団体の会員は活動に参加する会員のみとする。

第一項　われわれは、合衆国憲法の枠組みのなかですべての人々の権利と特権をもたらす　ために努力するという信念を持っている。
第二項　本団体は民主的組織であり、どの会員も共産主義者ではない。
第四条　理事長の要請もしくは理事三人によって理事長に要請があった場合、臨時総会を開催することができる。
第一項　理事の三分の二の出席があれば定時または年次会合が成立する。
第五条　会員はすべて有権者登録を行った者とする。
第六条　理事は毎年改選される。
第七条　理事は、合理的理由がない限り、すべての会合に参加しなければならない。三回継続して欠席した場合には辞任したとみなす。
第一項　月例会は、第四日曜の午後六時からとする。
第二項　郵便物の受領と臨時会議の開催場所を確保するために、この組織は文化連盟に毎月一〇ドルの設備貸借料を支払う。

この中に共産主義との関係を明確に否定する文言が入っているのは、一九五一年当時、様々な組織やそのリーダーがマッカーシズムの犠牲になっており、社会改革をめざす活動が危険視されることもあったからである。ＧＬＮＷＶもそれを警戒したことが窺える。

ブラックバーンたちが有権者登録活動を行なうことができたのは、アトランタで白人政治家との政治的共存が始まりつつあったことも関係している。ジョージア州では、知事タルマッジ父子が頑固な人種差別主義者であり、暴力を含むどのような手段を用いても人種隔離を保持しようとした。(57) しかし一九四〇年代後半から六〇年代前半のアトランタでは、現実主義の政治家たちが強固な白人優越主義者とは一線を画し、黒人コミュニティの要望に応えようとする姿が見られた。こうした変化の背景には、黒人票が政治家の当選を左右するようになったことがある。黒人指導者たちが有権者登録を強力に推し進めた結果、黒人の有権者登録は急増した。ブラックバーンのＧＬＮＷＶもその一連の動きを支える組織のひとつとして、白人政治家からも一目置かれる存在となっていた。[58]

アトランタにおいて、黒人による有権者登録を求める動きは、一九三三年から運営されるようになった六週間の黒人市民学校を契機として盛んになった。この市民学校は、隣人連合のルージェニア・ホープとＮＡＡＣＰが企画し、アトランタ大学の歴史学教授クラレンス・バコートが中心となって運営し、有権者登録の方法、投票のしかた、行政、政治についての学習が行われた。[59] 一九三五年には、マーティン・ルーサー・キング・ジュニアの父親（キング・シニア）が投票権を求めるデモ行進をアトランタ市役所に向けて行い、翌一九三六年には、黒人指導者のジョン・ウェスレー・ドブがアトランタ市民政治連盟を設立して一万人の黒人を有権者登録させようと試みた。[60] 彼らが、ジム・クロウによって剥奪された投票権を取り戻す活動を始めたのは、黒人児童生徒が通う学校、教師の給料、黒人向けの医療施設、黒人医師の待遇、黒人居住区の児童遊園、住宅や道路など、黒人の生活環境が劣悪なまま捨て置かれ、その改善は、もはや市政への影響力を高めるしか方法がないと判断したからである。

黒人の有権者登録運動がさらに力を得るのは、第二次大戦中の一九四四年である。連邦最高裁がスミス対オールライト裁判で、テキサス州で実施された白人のみの民主党予備選挙が憲法違反であるとの判決を下した。[61] この判決は、テキサスのみならず、それまで南部諸州で同様に行われていた白人限定の予備選挙が無効となることを意味していた。さらにジョージア州に関しては、一九四六年にチャプマン対キング裁判の連邦最高裁への上訴が却下されたため、よりいっそう、民主党予備選挙において黒人を排除することができなくなった。[62]

アトランタの黒人指導者たちは、この機会を生かして黒人の有権者登録推進に力を注ぎ、政治的影響力を行使しようとした。[63] 一九四九年彼らは超党派の組織であるアトランタ黒人有権者連盟を結成し、ＮＡＡＣＰ、都市同盟のような全国組織から地元の黒人キリスト教会そしてブラックバーンのような町の活動家に至るまで組織し、有権者登録活動を展開した。この運動を率いた指導者のひとりであるバコートは、「投票権を持たない人間は、無力な人間である」と言って、有権者登録を行なうよう黒人コミュニティに働きかけた[64]。その結果、結成後わずか二ヶ月で黒人の有権者登録数は、約三倍になった[65]。

こうした黒人たちの動きは、当然のことながら白人政治家の注意をひくことになった。もっとも早く黒人票の力を借りて当選したのは、ジョージア州初の女性合衆国下院議員のヘレン・ダグラス・マンキンである[66]。アトランタ市長のウィリアム・B・ハーツフィールドは、当初、黒人コミュニティから出されてきた要望に対して真摯に応えようとはしなかった。しかし黒人票の威力を意識するようになってからは、黒人指導者たちに「もし一万人の黒人が有権者登録に成功したら」、黒人から強い要望があった黒人警察官を採用すると取引を持ち掛けるようになった[67]。そしてついに一九四八年に黒人居住区の治安維持のために八人の黒人警察官が採用された。ハーツフィールドは、その見返りに一九四九年の選挙で再選を果たした。

このようにして、一九四九年から一九六〇年代はじめにかけて、アトランタ市およびフルトン郡においては、選挙のたびにリベラル派や人種隔離制度について表向き柔軟な態度をとる白人政治家と黒人の共闘が実現していった。この時期、アトランタとその近郊の黒人たちは、未だ人種隔離の完全撤廃を求めるところまで達していなかったが、黒人警察官の数を増やすこと、黒人消防士を雇うこと、黒人の子どもが通う学校に対して白人学校と同様の予算をつけること、黒人に対する警察の暴力をなくすこと、市や郡の都市計画、教育、住宅などの行政に計画の段階から黒人の代表を加えることなどを取引材料として、黒人票を白人政治家に託す形をとっていたのであった。そのために黒人有権者連盟やブラックバーンのGLNWVは、選挙のたびに有権者教育と有権者登録を推し進め、有権者が白人候補者から直接選挙公約を聴く機会を設けるために、共同でディナー・パーティを頻繁に開催した。ハーツフィールドの言葉「憎しみを持つ暇がない街（a city too busy to hate）」は、まさにこの共闘関係を表現したもので、彼が市長のあいだに、人種隔離主義者の暴力的攻撃による騒乱を避けつつ、黒人と白人の公正な土地契約（一九五〇年）、ゴルフコースの人種隔離廃止（一九五五年）、市バスの人種隔離廃止（一九五九年）を実現していった。

おわりに

一九六〇年二月、グリーンズボロでの座り込み（シットイン）に刺激されたアトランタの黒人大学（モアハウス、スペルマン、クラーク、モリス・ブラウン）の学生たちは、「人権アピールのための委員会（ＣＯＡＨＲ）」を結成した。彼らは三月九日に「人権アピール」を全面広告で『アトランタ・ジャーナル』及び『アトランタ・コンスティテューション』紙に掲載し、その六日後にアトランタの学生運動を開始した。[68] その後も学生たちは、学生運動の広報手段として『アトランタ・インクワイア』紙を創設し、ランチ・カウンターでの座り込みなど、既存の秩序を打ち破るための抗議行動を起こしてゆく。黒人市民に対しても、不買運動やデモンストレーションへの参加を呼びかけ、公民権運動は激しさを増していった。

ブラックバーンが率いるＧＬＮＷＶも、ＮＡＡＣＰ、全国都市同盟、南部キリスト教指導者会議（ＳＣＬＣ）、学生非暴力調整委員会（ＳＮＣＣ）などの黒人組織と連携しながら黒人女性の有権者登録を進め、黒人票を用いて政治的影響力を発揮するべく活動をつづけていった。このとき、従来からの「男性はリーダーとなり、女性は組織する」という性別役割分業的運動の在り方は、古いものになりつつあった。[69] また、白人の政治家に黒人コミュニティの生活改善を託す、というやり方も、若い学生たちにとっては根本的な解決にはなっていないと認識されるようになっていた。学生たちは性別を乗り越え、北部の白人学生たちとの共闘も含めて若者の連帯をもとに、アメリカ社会の体制変革を図るための公民権運動をＳＮＣＣとの協力の下、進めてゆくようになる。

ブラックバーンの草の根政治活動は、実の娘ジョージアをはじめ、後輩の女性たちに引き継がれた。しかしこの時期になるとブラックバーン自身の老いが、彼女の個人的生活に影を落としてゆく。美容師と政治活動という長年のダブルワークは、彼女に体力、時間、金銭面で相当の犠牲を強い、老後生活のための余裕を生み出さなかった。一九五九年にブラックバーンは離婚し、七〇歳代になっても美容院の仕事を続けざるを得なかったが、[70]生活は苦しく、補足的保障所得（ＳＳＩ）や医療扶助を受けていた。[71]ブラックバーンのような普通の黒人女性が、公民権運動の下支えをしたことは事実であるが、それは自らの生活の大きな犠牲のうえに成り立っていたと言えよう。

〈オーバーン・アベニュー・リサーチ図書館〉

Auburn Avenue Research Library on African American Culture and History

Address:101 Auburn Ave NE, Atlanta, GA 30303　　Phone:+1 404-613-4001

ウェブサイト http://www.afpls.org/aarl

アトランタのアフリカ系アメリカ人の歴史的商業地区スウィート・オーバーンの中心部にこの図書館はある。現在の建物は、二年間の全面改装期間を経て二〇一六年八月四日に完成し、アフリカ系アメリカ人の文化と歴史を学ぶ全ての人に開放されている。一階と二階は、レファレンス・サービスと三〇人定員の講義室、講堂（収容定員二四〇人）は、四階から一階増築部分に移動した。文書館は、三階で、利用予定の史料を資料目録で調べてから、利用の二四時間以前に予約を入れる。利用料金は、イベント以外は全て無料である。

保有する貴重図書、写真、動画を含むコレクションには、アトランタの公民権運動に関する資料（アンドリュー・ヤング、南部地域会議、全国黒人地位向上協会アトランタ支部関係資料）、南部の女性労働者の歴史（ドロシー・リー・ボールデン・トムソン・ペーパーなど）、アフリカ系アメリカ人のオーラルヒストリー、アトランタの様々な写真、地

オーバーン・アベニュー・リサーチ図書館（2019年7月2日筆者撮影）

図類、アフリカ系アメリカ人の芸術作品（ロマーレ・ベアデン、チャールズ・ホワイト、ジェームズ・ヴァン・デア・ジー、エド・ドワイトなど）がある。優秀なアーキビストが、快く支援してくれるので、研究者にとって心強く有難い。

この図書館は、今では、アトランタ＝フルトン郡公共図書館システムのひとつとして位置づけられてはいるが、そのルーツは、ジム・クロウ制度の時代に遡る。当時は、アトランタ市の公共図書館をアフリカ系アメリカ人は利用できなかったので、一九二一年カーネギー財団の寄附により、黒人向けの図書館分館がオーバーン通り三三三番地に開設された。これ以後、アトランタ西部のヴァイン・シティやウェスト・ハンターにも黒人向け図書館分館が開設された。一九三四年から黒人歴史コレクション（館内利用のみ）がオーバーン通り分館で始まり、その後、西ハンター分館に移り、一九七一年にはサミュエル・W・ウィリアムズ。コレクションの名前がつく）、一九九四年オーバーン・アベニュー・リサーチ図書館が現在の場所に開設されると同時に収蔵された。

この図書館の駐車場を隔てた隣にはＡＰＥＸ博物館があり、その隣には黒人系新聞のアトランタ・デイリー・ワールドの旧社屋、向かい側には、ハーンドン家のアトランタ生命保険会社の建物がある。そのまま東に向かって進んで高速道路の下を超えると、マーティン・ルーサー・キング・ジュニアのメモリアル、彼の生家やエベニーザー・バプテスト教会に行きつく。緩やかな速度のストリートカーの窓から眺めてみると、この通りがビジネスの中心、人々の娯楽の場から公民権運動の盛り上がりへと、まさにアフリカ系アメリカ人の歴史を経たことを想像することができる。

註

（1）Charles Payne. "Men Led, but Women Organized: Movement Paricipation of Women in the Mississippi Delta." *In Women in the Civil Rights Movement; Trailblazers & Torchbearers 1941-1965*. (Bloomington, IN: Indiana University Press, 1990).

（2）Vicki L. Crawford "Beyond the Human Self: Grassroots Activists in the Mississippi Civil Rights Movement," In Vicki L. Crawford, Jacqueline Anne Rouse, and Barbara Woods, ed., *Women in the Civil Rights Movement: 1941-1965*, (repr. Bloomington, IN: Indiana University Press, 1993). Belinda Robnett, *How Long? How Long? African American Women in the Struggle for Civil Rights*. (New York: Oxford University Press, 1997).

（3）Bettye Collier-Thomas and V. P. Franklin, ed., *Sisters in the Struggle; African American Women in the Civil Rights – Black Power Movement*, (New York: New York Unitersity Press, 2001).

（4）Ann D. Gordon ed., Bettye Collier-Thomas, John H. Bracey, Arlene Voski Avakian, Joyce Avrech Berkman, *African American Women and the Vote, 1837-1965*. (Amherst, Mass: University of Massachusetts Press, 1997)

（5）Tiffany M. Gill, *Beauty Shop Politics; African American Women's Activism in the Beauty Industry*. (Chicago: University of Illinois Press, 2010). 99.

（6）このことについては、ロバーツもジム・クロウ体制への実質的抵抗を個別の美容院及び美容師ネットワークの形成によって行っていたことを述べている。(Blain Roberts. *Pageants, Parlors, and Pretty Women: Race and Beauty in the Twentieth-Century South*. (Chapel Hill, NC: University of North Carolina Press, 2014). p.194.

（7）Delores Guilloy, *Charting the Unsung Legacy of Two Atlanta Georgia African American Women's Social Activist Organizations*. (Kindle版, 2018)。National Domestic Workers Union of America (1968) は、Dorothy Lee Bolden Thompson (1923-2005) らによって、アトランタで設立された。

（8）その際、二〇世紀初めから一九七〇年代までのアトランタの黒人女性の社会活動が三つの段階を経て進んだことを意識する。第一段階は、一九世紀末から二〇世紀初頭にかけて、高学歴女性が、黒人の地位向上（合衆国市民として対等に扱われること）と黒人コミュニティの生活環境改善を目標とした活動を展開した段階、第二段階は、一九三〇年代から六〇年代初めにかけて、中間的階層（ワーキングクラスの上位、学歴は高くはないが准専門職的なスキルを身に付けて自立を果たしている階層）による草の根組織化の段階、そして第三段階は、一九六〇年代末から最底辺に位置していた家政婦が、自らの労働条件と生活権、人間としての尊厳をかけて立ち上がった段階である。ルビー・パークス・ブラックバーンは、第二段階に位置しており、准専門職の美容師が中心となった有権者登録活動を明らかにする。

（9）Alonzo Herndon (1858-1927) は、解放奴隷でシェアクロッパーとして働いた後、一八八三年にアトランタに移住した。白人顧客用の床屋で成功し、一九〇五年生命保険会社を買収してアトランタ生命保険会社を設立した。彼はこの会社を活用して黒人ビジネスの支援や黒人雇用の確保を行った。

（10）一八七〇年に共和党が州議会を掌握したときでさえ、黒人議員は二名しかいなかった。それさえも、共和党が黒人政府を樹立しようとしていると新聞でたたかれたのであった。

（11）ジョージア州知事選挙における民主党予備選挙で元アトランタ・ジャーナル発行者スミス（M.H. Smith）とアトランタ・コンスティテューション紙編集長ホウウェル（Clark Howell）の両候補が白人有権者の恐怖を増長させる演説を繰り返したことによって触発された。

（12）Lisa Shannon-Flagg, ""A Little Bit of Heaven": The Inception, Climax and Transformation of the East Washington Community in East Point, Georgia," Thesis, Georgia State University, 2008.

https://scholarworks.gsu.edu/history_theses/28. p.48

（13）アトランタでは、一九一二年に市議会が人種別居住区を定める市条例を可決したことによって実施されるようになった。

（14）Lugenia Burns Hope (1874-1947) は、ミズーリ州セントルイスに生まれ、一八九〇～一八九三年にシカゴで美術と商業の高等教育を受けた。このあいだジェーン・アダムズのハルハウスでのボランティア活動を経験し、社会改革マインドを養った。一八九七年にジョン・ホープと結婚し、夫のモアハウス大学赴任にしたがってアトランタの住民となった。ルージェニアは、ＹＷＣＡやＮＡＣＷのメンバーとして活躍するとともに、アトランタの黒人児童や女性の生活環境の改善のため、隣人連合を設立した。

（15）菱田幸子によれば、請願運動は実際にはほとんど成功せず、有賀夏紀によれば、中産階級女性による活動は、社会改革を標榜しながらも自分たちの指導的地位の確認のためであった。菱田幸子「*The Hope and Failure in Interracial Cooperation: A Study of the Anti-Lynching Movement in the 1930s*（人種間協力の期待と挫折：一九三〇年代反リンチ運動を事例に）」『上智大学アメリカ・カナダ研究所紀要』（上智大学アメリカ・カナダ研究所）二三号、（二〇〇五年）、七八頁。有賀夏紀『アメリカの二〇世紀（上）一八九〇年―一九四五年』中央公論新社、二〇〇二年、七九―八二頁。

（16）西﨑緑『ソーシャルワークはマイノリティをどう捉えてきたのか』勁草書房、二〇二〇年、七〇―七三頁。

（17）ヨーロッパ戦線に向かった黒人兵たちは、ウィルソン大統領の「世界の民主主義の防衛（Safe for Democracy）」のために激しい戦闘に従事したのであったが、帰国後その功績はまったく政府からも社会からも顧みられることがなかった。ＮＡＡＣＰ機関紙*Crisis*1919年五月号にW.E.B DuBoisは、「われわれ民主主義の兵士はこの国に帰ってきた。ここは、われわれが（それを守るために）戦った父祖の地なのだ！」と書き、黒人兵士が命をかけて戦ったことを世間に訴えた。そんな中、ジョージア州ミレンでも四月に黒人四人と警察官二名が死亡する暴動が発生しており、アトランタの商業地域における暴動発生の可能性が高まっていた。

（18）そのほとんどが白人暴徒による黒人コミュニティの襲撃であったが、政府は有効な対策を取らなかった。

（19）ジョンソンは、南部メソジスト監督教会の人種関係委員長を務めていた。女性部の設立とルージェニア・ホープの参加については以下を参照。菱田前掲書。細谷典子「人種隔離制度と州権をめぐる南部白人リベラル間の対立」アメリカ研究三三号一五一－一六九頁、一九九九年。

（20）Edith Holbrook Riehm, "Dorothy Tilly and the Fellowship of the Concerned," in Gail S Murray. eds, *Throwing Off the Cloak of Privilege.* (Gainesville, FL: University Press of Florida, 2004). p.28.

（21）テキサス出身。一九一四年に夫が亡くなってから実家に帰り、母が経営していたジョージタウン電話会社を使って、郡で女性が初参加した一九一八年選挙においてわずか一七日間に三〇〇〇人の女性有権者登録を実現した。一九二二年にダラスで開かれたＣＩＣ主催の女性社会改革者会議で、南部全体のリンチが行われていることを学び、その根絶を目指すことを決意した。

（22）一九三八年に保安官や警察官が止めることができたリンチは四〇件に及んだ。

（23）Jacquelyn Dowd Hall, *Revolt Against Chivalry: Jessie Daniel Ames and the Women's Campaign Against Lynching* (New York: Columbia University Press. Revised ed., 1993), William A. Link, *The Paradox of Southern Progressivism, 1880-1930* (Chapell Hill, NC: The University of North Carolina Press, New ed., 1997).

（24）大学住宅建設計画とスラム一掃計画、入居者のプロフィール、借家人組合、地域改善活動については、*University Homes records.-1936-2005 and undated.* Atlanta Housing Archives. 参照。また簡潔な説明は、以下を参照。"History: University Homes," Atlanta Housing Authority, Accessed June 20, 2021, https://cnatlanta.org/history/

（25）Inner wheel もともとは、旧約聖書エゼキエル書一章一六節の言葉。

（26）Karen Ferguson, *Black Politics in New Deal Atlanta.* (Chapell Hill, NC: The University of North Carolina Press, 2002), 186-190. アトランタ大学社会事業学校校長のフォレスター・ワシントンは、一九三八年にモアハウス大学で行った講演で、大学住宅が黒人貧困層を置き去りにしていると述べ、黒人指導者たちのやり方を批判した。彼は、ヨーロッパのように低所得層に対する公共住宅を国の補助金で運営すべきであると主張したが、聴衆には受け入れられなかった。

（27）アトランタの Dogwood Festival は、一九三六年四月から Rich's デパートの創設者 Walter Rich がアトランタを国際都市にするために組織し、様々な催しを一週間行って宣伝に努めたことから始まった。

（28）Ferguson, 193.

（29）筆者訳。原文は、n.d. typed on T.I.C. Club Stationary, Box 4, Ruby Parks Blackburn papers. Auburn Avenue Research Library of African American Culturre and History.

（30）十九世紀末から二〇世紀初頭にかけて、アメリカでは急速に大都市が発展した。経済的に豊かになった人々が多く暮らす都市においては、文化も発展し、社交の場における女性の身体的美に関心が向けられるようになった。女性たちの関心は、まずファッションや髪形にも向けられた。そして化学薬品を使用した化粧品や石鹸・シャンプー等が開発されると、それらを用いて美しい容姿を作り出すことが一般の女性にも普及し、美容院が女性たちの人気を集めるようになった。十九世紀までは、化粧をしている女性は売春婦を意味していた。しかし二〇世紀に入ると映画の普及や新聞雑誌広告によって、ファッションとともに化粧が一般女性のおしゃれとして受け入れられるようになった。ニューヨークのエリザベス・アーデンや、ハリウッドのマックスファクターの美容サロンが人気を博するようになり、彼らの化粧品は大きな市場を獲得した。Louise Wood "Perceptions of Female Beauty in the 20th Century" *egoist.* accessed Septemer 22, 2020, http://barneygrant.tripod.com/p-erceptions.htm.

（31）そして十九世末の白人企業家たちは、この黒人女性たちの苛立ちや劣等感につけこみ、「縮毛を伸ばす」ことや美白が黒人女性の身体的欠点を減少させると宣伝し、その効果を謳ったヘアトニック、シャンプー、化粧水などを黒人女性たちに売りつけようとした。たとえば、一八八〇年代には、Weeks & Potter, The Boston Chemical Company などが縮毛対策のための薬剤を販売していた。Crane and Company（本社はヴァージニア州リッチモンド）は、その製品 Wonderful Face Bleach を使えば、ダークスキンの色が薄くなり、Mulato の肌は完全に白くなると宣伝していた。A'Lelia Bundles, *On Her Own Ground: The Life and Times of Madam C. J. Walker.* (New York: Washington Square Press, 2001), 66-67. Gill, 18-19. 黒人向けの雑誌や新聞は、このような広告の取り扱い拒否するものと受け入れるものとに分かれた。拒否するほうは、黒人の尊厳（race pride）を傷つけ損なうものであるから掲載することを拒否するという態度であったが、財政的必要から掲載を受け入れた雑誌もあった。そしてストレート・ヘアを基準とするこの美意識を転換させるのは、一九七〇年代のブラックパワー、さらに二一世紀の Natural Hair Movement を待たなければならない。

（32）Annie Turmbo Malone（1869～1957）は、イリノイ州メトロポリスで生まれた。小学校卒業後中学校に進学したが、健康上の理由で退学した。この間、彼女は化学を学び、シャンプーなどのヘアケア製品を開発する。Wonderful Hair Grower を主商品とする Poro ブランドを立ち上げ、美容部員の養成校 Poro College をセントルイスに開設した。一方、Madam C. J. Walker（1867～1919）は、ルイジアナ州デルタで生まれた。本名 Sarah Breedlove であるが、二度の結婚によって、名前を変更した。後に「洗濯女から百万長者へ」といわれるように、美容産業を発展させ、黒人女性実業家として全米に名をはせた。なお、ウォーカーについては、岩本裕子『アメリカ黒人女性の歴史―二〇世紀初頭にみる「ウーマニスト」への軌跡』明石書店、一九九七年。第四章八六～一〇五頁を参照。

（33）マダム・ウォーカーが頭髪の問題に悩んだ時期に、まだウォーカーではなかったが、ここでは混乱を避けるためウォーカーで統一する。抜け毛の原因は、洗髪の回数が極端に少なく、頭皮の清潔が保たれていないところにあった。十九世までは、家庭内に水道がなく、屋内での洗髪は困難であった。また衛生教育が十分に行き渡っておらず、頭皮の手入れが必要だという認識がなかった。ウォーカーのような貧困家庭では、栄養も不足していた。こうしたことが重なって、若いうちから抜け毛が発生していたのである。その商品を販売するために彼女は一九〇二年セントルイスに移り住んだ。セントルイスを選んだのは、一九〇四年に万国博覧会が開催されることが決まっていたからである。ここでマローンとウォーカーは出会うことになる。マローンが独自に育毛剤を開発したことを否定するものではないが、化学薬品を使用した育毛剤は、十九世にヨーロッパで開発、販売されていた。最初は、月給三〇ドルで下宿屋の料理人をしながら、マローンの美容液販売を手掛けていた。同時に、その間、マローンの美容液に自分独自の改良を重ねていた。（Bundles, pp.81-82）ウォーカーは、一九〇五年に鉱山景気で湧いていたデンバーに移り、やがて独自ブランドで育毛剤の販売を始めた。無論、ウォーカーの育毛剤は、マローンから偽物と非難されたが、地元の女性たちはウォーカーを支持した。アメリカ西部で女性たちの髪の問題を実際に解決したのはウォーカーであり、黒人新聞・雑誌に頻繁に掲載した広告でも知られていたからである。

（34）ウォーカーは、一九〇七年にピッツバーグに移り、一九一一年にインディアナに工場を建設した。これらの場所は、水運や鉄道の拠点となる場所で、全米に製品を運ぶために便利な場所であった。

（35）Poroは、西アフリカの秘密結社Poro Societyからとって命名した。マダム・ウォーカーのビジネスについては、Joel Freeman (2014) "Who Was One of Madam C.J. Walker's Most Important Role Models?", accessed September 27, 2020, https://freemaninstitute.com/poro.htm.

（36）第一に、彼女らは、普通の貧しい黒人女性に美容への関心を持たせ、黒人女性を対象とした市場を開拓した。どんな生活をしている黒人女性でも女性として美しくありたい、という気持ちを持っていると彼女らは、わかっていた。そのため粘り強く南部の黒人女性への対面セールスを続け、顧客を増やしていった。たとえば、ウォーカーは、彼女の夫が当初南部での販売に懐疑的であったにもかかわらず、一九〇七年から一年半にわたりオクラホマ、テキサス、カンザス、アーカンソー、ルイジアナ、ミシシッピ、アラバマで営業活動を展開した（Bundles, 92）。この巡回セールスの結果、一九〇七年の売り上げは、三六五二ドルとなり、前年の三倍になった。マローンも同時期に、美容部員を南部に派遣し、黒人女性を対象とした販売を行った。たしかに南部の黒人女性は貧しかったが、二〇世紀初頭、黒人の九〇％がまだ南部に留まっていたため、顧客数は多かった。また、たとえ貧しくとも、黒人女性たちは家計支出の権限を握っていた。彼女らは、一家の生活を支える稼ぎ手であったからである。

（37）美容部員は、フランチャイズの代理店であったから、家庭の主婦や母としての役割と両立させることが容易となった。

（38）レリア美容カレッジでは、ウォーカーの死の翌年一九二〇年までに四万人の美容部員を養成したとされている（Bundles, 280）。ポロ・カレッジでは、標準コースとして髪と頭皮のケア、マニキュア、フェイシャル・マッサージがあり、特別コースとしてマルセルウェーブ、魅力的髪形のつくり方、その他の美容を学ぶことができた。またポロの美容部員となった後も、一年に一回十日間の無料講習を宿泊つきで受講することができた。一九五〇年までにポロ・カレッジの分校は全国で三二校もあり、その卒業生は、一九二六年までに七万五千人以上いたと言われている。"MADAM C.J. WALKER'S ROLE MODEL", accessed September 27, 2020, https://www.flipsnack.com/freemani/madam-cj-walkers-role-model.html. 資格取得に要する訓練期間が看護師より短かったため、既婚者であっても夫の理解も得やすかった (Gill, 46).

（39）一九二六年のポロ・カレッジの卒業ブックにマローンはこのような一文を載せている。「尊厳、優雅さ、美、起業、倹約、効率性、神聖さ——これらは、我が人種の女性と少女たちに栄光をもたらすと考え、ポロ・カレッジはその教育への努力を集約させてきました。ここにいる皆様がそれらを目指して自らを成長させてきたことに心から感謝をささげます。」"MADAM C.J. WALKER'S ROLE MODEL", accessed September 27, 2020, https://www.flipsnack.com/freemani/madam-cj-walkers-role-model.html. 美容部員の増加とともに、黒人大学は、女子学生向けに美容コースを設けるようになった。ブッカーT. ワシントンやナニー・ヘレン・バロウズは、当初美容業界を軽薄で黒人の地位向上に役立たないと言っていたが、後に経済的自立をもたらす女性の職業として美容師を認めるようになった。

（40）ウォーカーは、その後も黒人コミュニティの必要、奨学金など求められるものに応じて寄附を行った (Bundles, 117)。

（41）"ANNIE MALONE HISTORICAL SOCIETY", accessed October 6, 2020, https://www.anniemalonehistoricalsociety.org/philanthropy.html.

（42）Sara Spencer Washington (1889-1953)。ワシントンは、ウェストヴァージニア州ベックリーで生まれた。彼女は、フィラデルフィアの高校に進学した後、ヴァージニア州のノーフォーク・ミッション・カレッジに進学し、応用化学の勉強をするためにコロンビア大学でも学んだ。このことが化粧品の開発につながった。一九〇五 - 一九一三年洋服の仕立屋をした後、アトランティック・シティにヘアサロンを開設した。一九一九年エイペックス・ニュース&ヘア会社を設立し、昼間は美容院、夜は化粧品の訪問販売を行った。"Sara Spencer Washington" EveryDayBlackHistory, accessed September 30, 2020. https://medium.com/@everydayblackhistory/sara-spencer-washington-a-hair-and-beauty-mogul-of-the-20th-century-5a140f218404.

（43）"The Sara Spencer Washington Story" accessed October 6, 2020, https://www.facebook.com/SaraSpencerWashingtonStory/photos/a.178379215278266/2309163452741131. ワシントンは、マローンやウォーカーよりさらに進んで、エイペックス・ニュース・マガジンを積極的に活用し、ヘアスタイル、ファッション、美容の写真を満載するだけでなく、黒人スポーツなど黒人文化の普及にも努めた。そして押し付けられた黒人女のステレオタイプ（不道徳で教養のない女）からの脱却、つまり売春婦でもなく、（白人家庭の家事と育児を引き受ける）マミーでもない独自の美の形成と、それに貢献するエイペックスのイメージを作り上げたエイペックスのドラッグストアの従業員であったエッタ・ネルソン・フランシスは、このように証言している。"You make yourself really pretty. We are just as attractive as just like white people. You know one thing she used to say, Be a Lady. Be a Lady. And I've always tried to be a lady," "The Sara Spencer Washington Story Trailer" accessed October 6, 2020, https://vimeo.com/194284593.

（44）アトランティック・シティには、十九世紀末から多くの黒人が南部から移住しはじめていたが、他の都市同様、黒人たちのレクリエーション施設が限定されていた。

（45）"Sara Spencer Washington" EveryDayBlackHistory, accessed September 30, 2020. https://medium.com/@everydayblackhistory/sara-spencer-washington-a-hair-and-beauty-mogul-of-the-20th-century-5a140f218404.

（46）"Spencer Washington built beauty empire" accessed October 6, 2020, https://www.youtube.com/watch?v=r_9No3RYP1A.

（47）子どもは、上から Andrew J. Blackburn, Jr.; Frances Blackburn Fouch; Henry J. Blackburn; and Georgia Blackburn Jones。ブラックバーンの生立ち、履歴については、Delores Guilloy, *Charting the Unsung Legacy of Two Atlanta Georgia African American Women's Social Activist Organizations.* (Kindle 版, 2018), 118-119 及び Ruby Parks Blackburn papers の Finding Aid 内 Biographical/Historical Note 参照。

（48）Julia Kirk Blackwelder" Quiet Suffering: Atlanta Women in the 1930s" *The Georgia Historical Quarterly* 61, no.2（1977）: 112-124.

（49）Ruby Blackburn to Carrol Furnitures Co. July 29, 1946. in Ruby Parks Blackburn papers.

（50）INITIAL PROGRAM of the NEGRO CULTURAL LEAGUE. Central Methodist Church, Sunday, March 23, 1947, 4:00 o'clock. Ruby Parks Blackburn papers.

（51）Bruce A. Glasrud and Merline Pitre, *Southern Black Women in the Modern Civil Rights Movement.* (College Station, TX: Texas A&M University Press, 2013), 95-96.

（52）一九三二年にTIC、一九四五年に黒人文化連盟・訓練センターを設立し、黒人女性の待遇改善と職業能力の向上に努めてきた。

（53）美容院が南部黒人女性の避難所であり、女性リーダーを育て政治変革の保育器となったことは、ギルの指摘しているとおりである（Gill, 99）。南部において美容師が公民権活動の下支えとなり、有権者登録を促進したのはブラックバーンだけではない。たとえば、一九五四年サウスカロライナのジョンズ島でセプティマ・クラークが開設した投票登録のための市民学校で教師となったのは、クラークの姪で美容師であったバーニス・ロビンソンであった。美容院の果たした役割については、Katherine Mellen Charron. *Freedom's Teacher: The Life of Septima Clark.* (Chapell Hill, NC: University of North Carolina Press, 2009). も参照。また美容院のさまざまな役割については Jay Charron. "Making waves: Beauty salons and the black freedom struggle," November 3, 2016. Accessed June 20, 2021. https://americanhistory.si.edu/blog/making-waves-beauty-salons-and-black-freedom-struggle. 参照。

（54）"Voter Machine Instruction" (*Atlanta Daily World*, Atlanta, Tuesday, September 11, 1956). この記事には、The A.F. Herndon 小学校で親たちに説明するブラックバーンの写真が大きく掲載されていた。Folder 8, Box 2, Ruby Parks Blackburn papers.

（55）Glasrud and Pitre, 100-101.

（56）アメリカの州法で団体の登記（Incorporation）を行なう場合には、基本定款（Article of Incorporation または Charter）と団体の内部の運営方針を定めた附属定款（By Laws）の提出が必須条件となっている。したがって、附属定款を見ると、ジョージア女性有権者同盟の内容がわかる。ジョージア黒人女性有権者連盟の附属定款は、"League of Negro Women Voters – By Laws" Typescript, Folder 4, Box 2, Ruby Parks Blackburn papers. を翻訳。

（57）たとえば、父親のユージンはジョージア大学の学部長 Walter Cocking が両人種の学生が一緒に学ぶことを進めるべきとしたことに反発して Cocking をクビにしたことから、ジョージア州内の大学の認証を失った。息子のハーマンは、義務教育学校の人種統合をさせないためにジョージア州内の公立学校を閉鎖した。

（58）たとえば、アトランタ市長のハーツフィールドからブラックバーンに宛てた一九五七年五月六日付の手紙では、選挙でブラックバーンと黒人女性有権者連盟がハーツフィールドに投票したことを感謝する内容が書かれていた。Hartsfield to Blackburn, Folder 11, Box 5, Ruby Parks Blackburn papers.

（59）やがて黒人市民学校は、黒人教会に場所を移して実施されるようになった。

（60）Ronald H. Bayor, *Race & Shaping of Twentieth-Century Atlanta.* (Chapell Hill, NC: University of North Carolina Press,1996), 19-20.

（61）*Smith v. Allwright* 321 U.S. 649 (1944) それまで *Grovey v. Townsend* 295 U.S. 45 (1935) で民主党の予備選挙は州の管轄ではないため、違憲ではないと結論づけていた最高裁が、一転して違憲判決を出した画期的判決であった。これは連邦最高裁が、白人予備選挙が黒人の実質的な選択肢を奪っており合衆国憲法修正一四条に反しているとする Thurgood Marshall 弁護士の主張を受け入れたものである。

（62）*Chapman v. King* 327 U.S. 800 (1946) ジョージア州コロンバスの理容師チャップマンが有権者登録を行ったのち民主党の予備選挙に出向いたところ、警察によって排除され、投票できなかった。有権者登録を行った者が黒人であるという理由で投票権を行使できなかったことが合衆国憲法修正十五条と修正十七条違反であるとして訴訟が行われた。

（63）John Wesley Dobbs（プリンスホール・フリーメーソン・ジョージア支部の指導者、共和党）、A.T. Walden（ＮＡＡＣＰアトランタ支部長、民主党）を共同会長として、John H. Calhoun（公民権運動家）、Grace Towns Hamilton（都市同盟アトランタ支部長）、Robert Thompson（都市同盟）、William Holms Borders（ウィートストリート・バプテスト教会牧師）、Warren Cochrane（Butler Street YMCA）、Clarence Bacote（アトランタ大学歴史学教授）などを含む。

（64）"Voteless people are helpless people," とバコート博士のインタビューでは言っていたとされている（Bayor, 264）。しかし Cochrane のインタビューでは、"Voteless people are hopeless people," とはっきり聞いたと言っているので、この標語の訳は、「投票権のない者は絶望する」とすることもできる。"Oral history interview of Warren Cochrane", Atlanta History Center, accessed October 15, 2020, https:/album.atlantahistorycenter.com/digital/collection/LAohr/id/33/.

（65）アトランタを含むフルトン郡の黒人有権者数は、二ヶ月で六八七六人から二一二四四人になった(Bayor, 24)。

（66）一九四五年末に Robert Ramspeck が引退したために行われた補充選挙で彼女は当選した。しかしリベラルな彼女が黒人票を動員して当選したことに危機感を持ったジョージア州の民主党は、農村に有利な「郡単位システム」を復活させ、彼女の再選を妨害した。彼女は裁判に訴えたが、敗訴となった。

（67）Herman "Skip"Mason, Jr., *Politics, Civil Rights, and Law in Black Atlanta, 1870-1970.* (Charleston, SC: Arcadia Publishing, 2000), 42-43.

（68）"An Appeal for Human Rights", accessed February 8, 2021, https://www.crmvet.org/docs/aa4hr.pdf.

（69）C.Payne, "Men led, but Women Organized: Movement Participation of Women in the Mississippi Delta," in *Women in the Civil Rights Movement: Trailblazers and Torchbearers, 1941-1965*, ed.V. L. Crawford, J. A. Rouse, & B. Woods, (Bloomington, IN: Indiana University Press, 1990).

（70）さすがに一九七四年の五月には五人に減るが、三〇ドル五〇セントの売り上げが記録されている。Folder 8, Box 6, Ruby Parks Blackburn papers.

（71）ブラックバーンのパーソナル・レコードには、メディケイド（医療扶助）受給決定通知（一九七四年）や少なくとも一九七四年以後補足的保障所得（ＳＳＩ）の通知、家屋修理のためのアトランタ市の補助金支給決定通知（一九七九年）などが含まれていた。Folder 4, Box 1, Ruby Parks Blackburn papers.

第三章　「誰のための民主主義か」

――ロスアンジェルスにおける長い黒人自由闘争とシャーロッタ・バス

土屋和代

はじめに

過去半世紀に、アメリカにおける都市の姿は大きな変貌を遂げた。都市中心部と郊外の境界は曖昧になり、郊外に暮らす有色人種の人びとが増えた一方、ジェントリフィケーションによって白人富裕層が中心部に流れ込んだ。しかし「都市への回帰」は人種・階級の不平等の是正ではなく、新たな不平等を生み出した。都市中心部のコンドミニアムには、高額の家賃を支払うことが可能な一握りの富裕層が移住する一方、再開発が進む地域から閉め出された大多数の労働者は、貧困が深刻化する地域に暮らす(1)。

アメリカの大都市には今もなお厳然たる居住区の分断がある。黒人住民の多くは、都市中心部か、中心部に近く黒人人口の割合が高い地区に住まいを構える。国税調査局の報告書によれば、一九八〇年からの二〇年間で黒人がもっとも隔離されている集団である点は変わらず、ラティンクス(中南米系)とアジア系の人びとの隔離も進んだ(2)。さらに追い打ちをかけるように、二一世紀に入り「経済的な隔離」(所得による居住区の分離)が進んでいる。全米で人口の多い一〇〇の通勤圏を調査したアーバン・インスティテュートによれば、経済的隔離は人種隔離と結びつくかたちで、黒人の所得、教育、医療、居住区環境に大きな影響を及ぼしている(3)。居住区は今日もなおアメリカ社会における人種と階級に基づくヒエラルキーの縮図である。

度重なる警察や自警団の暴力によって黒人の命が奪われつづけてきたことへの抗議として起きたブラック・ライヴズ・マター(BLM)運動は、黒人を潜在的な「犯罪者」とみなし、監視し取締り、収監する(そして、黒人の命を奪った人びとの犯罪行為を厳正に裁かない)社会のあり方を問う。一九六四年公民権法の成立以降、リベラル・保守双方の政権が推し進めた「犯罪との戦い」の「主戦場」となったのは低所得者の黒人居住区であった(4)。居住区隔離はBLM運動の担い手たちが問う制度的人種主義の一部を成し、警察暴力と「貧困という暴力」を支える装置となっている。

警察暴力と「貧困という暴力」の犠牲になってきたのは黒人だけではない。ロスアンジェルスにおいて顕著なように、かつての「黒人ゲットー」は今日より多人種の空間へと変貌を遂げた。一九七〇年に、黒人住民はサウス・ロスアンジェルス人口の約八〇％を占めたが、二〇一〇年には地域住民の六四％はラティンクスとなった。[5]「犯罪との戦い」は低所得者のラティンクス居住区も監視・取締りの対象とし、「移民との戦い」と連動して行われた。[6]

ロスアンジェルスのような多人種の空間において、警察暴力及び「貧困という暴力」と闘う運動をいかに推し進めることができるのだろうか。本章では二〇世紀前半のロスアンジェルスにおいて一人の黒人女性シャーロッタ・バスが居住区隔離にどのように挑み、人種の境界線を引き直したのかを考察する。バスは、アメリカ西部でもっとも古い黒人新聞のひとつ『カリフォルニア・イーグル』の編集者兼発行人を四〇年にわたり務めた。人種隔離、警察暴力、排外主義、性規範、軍国主義を問い、二〇世紀前半のロスアンジェルスにおける黒人自由闘争／黒人解放運動を牽引した。一九五二年には「黒人女性」として初めて副大統領候補に指名され、民主党内の進歩派が結成した進歩党より出馬している。二〇二〇年にインド出身の母とジャマイカ出身の父を持つカマラ・ハリス上院議員が「史上初の黒人女性副大統領候補」とされたが、それは二大政党のなかでの話であり、黒人女性として初めて副大統領候補となったのはバスであった。しかし、ロスアンジェルス史と黒人自由闘争の歴史においてきわめて重要な人物であるにもかかわらず、バスの思想と運動はいままでほとんど注目されてこなかった。

図１　シャーロッタ・バス（『カリフォルニア・イーグル』のオフィスにて）
出典）Charlotta Bass -- California Eagle Photograph Collection, 1880-1986, Southern California Library for Social Studies and Research.

バスの闘いを紐解くことで何が明らかになるのだろうか。

まず、バスの思想と運動はロスアンジェルスの黒人史において繰り返し語られてきた「黄金時代から暗黒時代へ」というナラティヴに再考を迫る。一九世紀末から二〇世紀初頭にかけて南部から移住した黒人にとってロスアンジェルスは「天使の街」として映った。南北戦争後、黒人は奴隷化された状態から解放され「自由」になったとはいえ、南部ではジム・クロウ制度と呼ばれる人種隔離制度が敷かれ、公民としての基本的な権利が剥奪されていた。そうしたジム・クロウ制度が根付く南部から遠く離れていることが黒人たちにロスアンジェルスへの移住を決意させる理由となった。黒人の移住者のなかには、奴隷制解体後も黒人を二級市民として扱う南部社会とは異なる世界がカリフォルニアには待っているはずだと期待した者が多数いた。また、黒人は「多人種社会ロスアンジェルス」を構成する有色人種の一集団に過ぎなかった。主として黒人と白人から成る社会とは異なり、ラティンクスやアジア系の人びとを含めて「多人種社会」であることも黒人の移住者にとっては魅力だった。[7] その「天国」としての特徴が黒人人口の増加、ゲットーの拡大とともに失われ、一九六五年のワッツ蜂起によって、ロスアンジェルスは人種不平等を象徴する街へと堕ちた、というのが「ブラック・ロスアンジェルス」の歴史を論じるにあたっての基本的な物語であった。[8]「黄金時代から暗黒時代へ」というこの単純化された「天国の喪失」パラダイムは、六五年のワッツ蜂起以前の黒人自由闘争の動きを見えにくくする。本稿ではバスが編み出した言説に焦点をあて、第二次世界大戦前後のロスアンジェルスにおいて、人種主義がいかに根を張り黒人や他の有色人種の人びとの日常生活を拘束したのか、そして人びとがいかに人種主義と対峙したのかを検討する。

第二に、バスの思想と運動は「長い黒人自由闘争」の歴史にも新たな光をあてるだろう。歴史家のジャックリーン・D・ホールらは長期的な視点にもとづき、運動の起点を少なくとも一九三〇年代後半まで溯り、人種差別との闘いを資本主義との闘いのなかに位置づけた共産党員の活動や、フランクリン・D・ローズヴェルト政権下で行われたニューディール政策を支えた左派の活動のなかに公民権運動の「始まり」を見いだすべきであると指摘した。[9] しかし、長い黒人自由闘争の歴史においてロスアンジェルスが注目されることは少なく、もしロスアンジェルスの事例が取り上げられる場合も、その多くは一九六五年のワッツ蜂起に言及するのみである。

バスに関する数少ない論考を記したレジーナ・フリアーはバスが黒人コミュニティのために起ちあがり、「人種平等のために闘った女性」であった点を強調する。(10) しかしフリアー自身が指摘するように、バスはロスアンジェルス史において黒人とメキシコ系をはじめとする他の有色人種の住民との連帯を模索し、追求した人物でもあった。本稿ではバスがいかにメキシコ系住民の排斥運動と闘い、「すべてのマイノリティ」に開かれた社会を目指したのかに注目したい。それは「多人種都市」における黒人自由闘争がどのような拡がりを持つものであったのかを考えることにもなるだろう。

第一節　「天使の街」における人種の境界

(一) 「ユートピア」?――ブラック・ロスアンジェルスの形成

ロスアンジェルス市における黒人住民の数は一八五〇年にはわずか一二人程度だったのが、一九二五年には一万五〇〇〇人を超え、市の人口の三%を占めるようになった。(11) 一九世紀末から大恐慌に至るまで、ロスアンジェルスにおける黒人の熟練・半熟練労働者の平均賃金は高く、住宅所有率も他の都市に比べて高かった。一九一〇年の数値を比較すると、ロスアンジェルスの場合三六・一%だが、ニューヨークでは二・四%、ニューオーリンズで一一%であり、ロスアンジェルスにおいていかに多くの黒人住民が住宅を所有していたかがわかる。一九二〇年代には、今日のリトル・トーキョーから南に向かって伸びるセントラル・アヴェニューがロスアンジェルスにおける黒人の生活の中心として栄えた。そこには教会、ジャズクラブ、ビジネス、黒人開業医による病院、そして黒人住民に住宅ローンを提供するために設立された「リバティ・セイヴィングズ・アンド・ローン」が存在し、賑わいを見せていた。セントラル・アヴェニュー周辺は、ロスアンジェルスに住む黒人たちの音楽・文学の発信地となった。[12]

しかし「天使の街」にも人種による境界線がはっきりと引かれていた。まず労働市場における差別が存在していた。大多数の黒人にとって、就くことができる仕事は鉄道のポーターや給仕人、家事労働者であり、工場で職を見つけたとしても清掃などの仕事が多かった。[13] 一九〇〇年から一九二〇年にかけて、働く女性の七割は家事労働、家庭やホテルでのメイド職、洗濯業に携わっていた。[14]

また人口が増えるにしたがって、居住区の境界線は強固なものとなった。[15] 居住区の形成に大きな影響を及ぼしたのが「制限約款」――住民同士、もしくは住民と不動者のあいだで結ばれた「望ましくない人びと」を地域に入れないという取り決め――である。白人中産階級の住民が各地で住宅所有者協会をつくり、契約を結んだ。不動産業者の団体も制限約款の締結を促し、住宅所有者協会の活動を下支えした。[16]

では「望ましくない人びと」は具体的にどのような人びとをさすのか。南カリフォルニア大学周辺を調べたベシー・マクレナハンの研究によれば、「外国人」、「一時的滞在者」、「下宿人」、「黒人と日本人」であった。[17] これらの人びとの「侵入」を防ぐため、制限約款によって地区全体を規制するという手段がとられた。こうした住民規制は公に認められた行為であった。一九一九年、カリフォルニア州最高裁は、「人種」を理由に住宅の販売を制限することは合法的ではないと論じながらも、「黒人」が住むことを規制する契約者の権利を認めた。さらに一九二六年、連邦最高裁は、制限約款があれば、制限の対象となっている人は土地を所有していてもそこには住めないというカリフォルニア州最高裁の判決を支持した。一九三三年には、フランクリン・D・ローズヴェルト政権のもとで、不況によって返済不可能となった既存の住宅ローンに対して再融資を行なう住宅所有者金融公社（ＨＯＬＣ）が設置され、さらに三四年には全国住宅法が制定され、新たに設置された連邦住宅局（ＦＨＡ）が住宅ローンの債務保証を行い住宅建設を進めたが、その際住宅地をＡからＤまで四段階で査定した。ここで、「外国人の侵入」や「危険な人種」が「洪水の恐れ」や「建築物の危険」と同様に扱われて、その地域の評価を下げる要素となった。このような裁判所の方針や連邦政府の政策が居住区隔離を制度化していったのである。ロスアンジェルスを含む多くの地で人種的、エスニック的に均質性を保つことがその土地の価値を保ってゆく重要な要件になった。

(二)「天使の街」へ移住したシャーロッタ・バス

カリフォルニア州最古の黒人新聞のひとつ『カリフォルニア・イーグル』の編集者・発行者を務めたシャーロッタ・アマンダ・スピアーズ(のちのバス)が「天使の街」ロスアンジェルスに降り立ったのは一九一〇年のことであった。生年を含めてバスの幼少期については不明なことが多い。PBS(公共放送サービス)の紹介記事やバスについて書かれた数少ない論考によれば、バスは一八七四年二月一四日にサウス・カロライナ州サムスターで一一人兄弟の六人目の子どもとして生まれ、のちにロードアイランドのリトル・コンプトンに移住した。[18] 地元の公立学校に通い、ブラウン大学と提携する女子大学(一九二八年にペンブルック・カレッジに名称を変更、七一年にブラウン大学に統合)で一セメスターを学び、コロンビア大学の通信課程やカリフォルニア大学ロスアンジェルス校でも学んだ。[19]

バスは一四歳のときに読んだエドワード・ベラミーの小説『かえりみれば』(一八八八年)に強い衝撃を受け、社会主義に関心を抱くようになったという。ジャーナリスト兼小説家のベラミーによるこの作品は、一八八七年に地下の密室で催眠術により眠りについた三〇歳の青年が目を覚ますとそこは紀元二〇〇〇年のボストンという理想都市であり、一八八〇年代に蔓延していた貧困、格差、不平等が解消され、暴力を伴うことなく幸福な社会が実現していたという設定であった。[20] この「ユートピア小説」は大ベストセラーとなり、アメリカ各地で「ベラミー・クラブ」が誕生するなど、熱狂的な愛読者を生み出した。また、哲学者のジョーン・デューイ、経済学者のソースタイン・ヴェブレン、社会主義者のユージン・デブスやノーマン・トマスをはじめ、多くの知識人を魅了し、その思想に影響を与えた。[21] バスは、『かえりみれば』には「貧しい黒人家族の生活からかけ離れた未来」が描かれていたと語る。地元の教会では全国黒人地位向上協会(NAACP)の会合が開かれ、「二級市民の地位にとうの昔にうんざりしていた」黒人たちが新しい世界を模索し始めていた[22]。ベラミーの本は、バスに、貧困と人種差別から解放されたより平等なもうひとつの社会を想起させ、ロスアンジェルスという「天使の街」の可能性を示したのだった。

バスはロスアンジェルスに到着後すぐ『アドヴォケート』（当初は『アウル（ふくろう）』と呼ばれ、のちに『イーグル』に変更した）で購読申込受付の仕事を始めた。この『アドヴォケート』は、一八七九年にテキサス州から移住したジョン・J・ネイモアが、同郷の黒人たちに「天使の街」の情報を知らせるために発行していた新聞である。ネイモアは「フレデリック・ダグラスが奴隷を解放の地へ導いたように、『天使の街』ロスアンジェルスへ黒人たちを導く」ことを目標に掲げた。しかし、レストランや宿泊施設、レクリエーション施設などの公共の場で黒人住民が蔑まれ、厭われるのを目にするなか、「黒人の自由を奪う者たち」と闘う決意をしたのだった[23]。

ネイモアはやがて体調を崩し、『イーグル』を発行しつづけることが困難となった。引継ぎ手が見つからないなか、一九一二年二月に病床のネイモアはバスを呼び出し、次のように伝えたという。「私は死につつある。しかし、『イーグル』には廃刊になってほしくない。あなたこそ私が信頼する人物だ。この新聞を発行しつづけると約束してくれるかい？」バスはそこに立ち、息が途絶えつつあるネイモアを見つめ、「心を静めて自分の気持ちと考えを必死に整理した」という。「いったいどうやって拒むことなど出来ようか？　しかしどう約束することができるのだろう？　彼に言葉を発する力はもう無くなったことがわかった。最期の言葉だったのだ。彼の目だけがこたえを求めていた。『最善を尽くします』と私は言った[24]」。

『イーグル』を発行しつづけてほしい、というネイモアの遺言に従い、バスは、自分の生活費を切り詰め、手持ちの資金を『イーグル』に注いだ。一日の食事が「牛乳とクラッカー」だけだった日々もあった。ある白人男性から資金提供のかわりに「妾」にならないかと言い寄られ、「下品な男め、出ていけ」と言い放ったこともあるという[25]。苦境に陥っていたバスを助けたのが、カンザス州トピーカで『プレインディーラー（実直な人）』の編集に携わっていたジャーナリストのジョゼフ・B・バスであった。ジョゼフと二人三脚で新聞の発行をつづけ、一九一三年に『カリ

図２ 『カリフォルニア・イーグル』の印刷所の前に立つシャーロッタ・バス、スタッフとともに
出典）Charlotta Bass -- California Eagle Photograph Collection, 1880-1986, Southern California Library for Social Studies and Research.

フォルニア・イーグル』へと名称を変更した。やがて二人は結婚し、公私にわたり支えあう関係となった[26]。

こうして、バスは一九一二年から五一年四月に最後のコラムを執筆するまで四〇年にわたり、『カリフォルニア・イーグル』の編集者件発行人として、「闘いの場」を得ることとなった。のちにロスアンジェルスの黒人新聞としてライバル紙になる『ロスアンジェルス・センティネル』の編集者を四〇年にわたり務めたジェシー・M・ブラウンはバスについて次のように語っている。「この誰にとっても親しみやすい人物——その主たる趣味は人びと（people）だという——は、闘いの場として、もっとも抑圧された人びとを支援する上での最高の武器——新聞を通して発言すること——を選んだのだ[27]」。夫のジョゼフが一九三四年に亡くなって以降は、たった一人の編集者として、自己破産寸前の状態に直面しながら、『カリフォルニア・イーグル』を支えつづけ、一九四〇年代のピーク時には一万七六〇〇部（市人口の四人に一人が購読していたことになる）を発行した[28]。

第二節　居住区隔離との闘い

(一)砦としての『カリフォルニア・イーグル』

バスを突き動かしていたのは、アメリカが黒人の人間性を認め、他のアメリカ人に保証する権利を黒人に認めない限り、世界の国々に対して、民主主義国家であると標榜することは出来ないという思いであった。[29]

バスが生涯にわたり闘った問題のひとつが居住区隔離であった。ジム・クロウ制度から逃れて「天使の街」へと移住した黒人たちは、自由であるはずの都市で、人種による境界線がはっきりと引かれていることを知った。黒人やメキシコ系などのマイノリティ住民を特定の居住区に押しとどめ、その境界線を越えて住宅を購入・賃貸した場合、脅迫し、暴行し、命を奪う――「ロスアンジェルスを白く保つ」ための暴力に満ち溢れていた。一九一九年から三三年にかけて、自らが購入した土地・建物への入居を求めて黒人住民が起こした訴訟は一五件にものぼった。裁判闘争の結果、徐々に入居可能な地区は広がったものの(三二年七月にはウェスト・アヴェニューとウェスタン・アヴェニューで、三三年一〇月にはオズワルド地区で、カリフォルニア州最高裁により入居が認められた)、サウス・セントラル地区のストリートはこうした人種の境界をめぐる苛烈な攻防の〈場〉となった。[30]

バスのもとには、自らが購入した土地・建物に入居出来ない事態に直面した住民たちが支援を求めて集まってきた。バスは一九二三年三月二四日にウェスト・サイド住宅所有者保護・改善協会を設置し、人びとの支援に奔走したが、先陣を切って制限約款と闘うバスの身は危険にさらされることもあった。都市史家のケネス・ジャクソンによれば、一九一五〜四四年のロスアンジェルスとロングビーチには、およそ一万八〇〇〇人のクー・クラックス・クラン(KKK)のメンバーがいたという。[31] KKKの活動を声高に批判する記事をつぎつぎと書くバスは脅迫電話を受けることが度々あった。「ここがあのニガーの新聞社か? こいつが『イーグル』というくず新聞を発行するニガーの女か?」印刷所で一人作業をしていた際、九名の男がこう呟きながら突如窓越しに現れたという。夫のジョゼフがバスの身を案じ、もしものときのためにと置いていった銃を慌てて手に取ったところ、この男たちは足早に立ち去ったという。[31]

居住空間をめぐる攻防は言説空間上でも巻き起こった。たとえば、サウス・セントラルの東に位置するメイウッド・ベル地区の新聞『サウスイースト・ヘラルド』は、一九四二年三月に「メイウッドを白人の居住区に保て」と題した一面記事を掲載した。この記事は「人種による居住区の制限は私たち一人ひとりにとって重要な問題である」と強調し、自らの資産を守るため、皆が一致団結して闘うよう呼び掛けた。そして、次のように警告した。「[黒人たちが]一度入居してしまえば、彼らを立ち退かせるにはあらゆる手段を講じなければならなくなるでしょう[33]」。白人居住区を是が非でも維持しよう、という試みはメイウッドのみならず、拡大しつつあった黒人居住区を取り巻く多くの地域で見られた。

(二) 今こそ「自由と平等の闘い」を――黒人の犠牲と愛国心

バスは、黒人住民がアメリカに対して、犠牲を厭わず、忠誠心をもって仕えてきたこと、戦争に協力してきたことを強調した。バスは語る。「アメリカを守るため、黒人たちは抗議の声をあげず、政府の呼びかけに応じありとあらゆる戦争に従事し、戦ってきたことを忘れたのですか」。メイウッドの市民には次のように呼び掛けた。「戦争時や犠牲を伴うときを除き白人優越主義を信じて疑わない肌の色の白いアメリカ人よ、黒人市民はかつても今も、心より大事にしてきた文明を生み出したアメリカ国家に忠誠を誓ってきたのです[34]」。

バスが黒人住民の愛国心を強調したのには理由があった。第二次大戦下において、バスは挙国一致体制が敷かれる今こそ、国民を分断してきた人種差別をなくすことができるかもしれないと考えていた。バスは戦場に送られた兵士のため、夜中に集まって靴下やセーターを編む女性たちに、この戦争において有色人種の人びとの役割はきわめて重要だと訴えた。その理由は、「今こそ、自由と平等の闘いがついに勝利をおさめると固く信じていたから」であった[35]。「アメリカニズムは人種や祖先の問題ではないし、これまでもそうではなかった」と語ったローズヴェルトのことば――「自由、民主主義の砦」としてのアメリカを信じ、その可能性にかけていたのだ。同時代の黒人の活動家やジャーナリストが訴えた「二重の勝利」キャンペーン（海外におけるファシズムへの勝利と国内での人種差別への勝利をめざす運動）をバスも掲げた。

黒人の犠牲と愛国心を強調する一方、居住区の人種統合に抗う人びとこそ、挙国一致体制を揺るがす「脅威」であると訴えた。「私が証明したいことはひとつです。黒人は激しい抑圧に直面したときも、アメリカ政府に忠誠を誓ってきました。本当の意味で危険な人びとは、特定の集団、ひとつの集団に対して憎しみの教義を広める人びとです。彼らこそ、われわれ政府の敵であり、平和を破壊する人びとなのです[36]」。ファシストとの闘いを最前線で担う黒人市民を抑圧する人びとは「われわれの民主主義の根幹を蝕む悪」である[37]。忠誠を誓ってきた黒人こそが真のアメリカ人であり、人びとを分断し、挙国一致体制を脅かす人種差別主義者こそが「非アメリカ的存在」であるとバスは訴えたのである。

第三節　愛国心が砕けるとき
――「ファシズムはわれわれの国アメリカで根を張り、花を咲かせ、勢いを増していた」

（一）「アメリカのヒトラー」

しかし、第二次大戦に勝利すれば、ファシズムに打ち勝てば、国内における自由と平等の闘いが勝利をおさめるはずだと信じていたバスはすぐに大きな失望を味わうことになった。第二次世界大戦は黒人たちの生活を大きく変えた。

一九四一年、黒人自由闘争の指導者であるA・フィリップ・ランドルフとバイヤード・ラスティンが中心となり、軍需産業における平等な雇用機会、軍隊における差別の禁止、ジム・クロウ制度の解体をローズヴェルト大統領に要求し、ワシントン行進計画を提案した。このワシントン行進計画をうけて、同年六月に政府機関および国防産業での人種差別を禁止し、監視機関の設置を定める行政命令（八八〇二号）がハリー・S・トルーマン大統領によって発布された。さらには戦時下の軍需産業の発達と労働力不足により、それまで主として白人男性の熟練工が独占してきた職に黒人が就くことが可能になった。また、南部における農業の機械化と農業労働者の需要の減少、そして第二次世界大戦の勃発と軍需産業における雇用の増大は、南部から北部への二千万人にのぼる大量の人口移動をもたらした。そのうち約四〇〇万人にのぼった黒人の移住者は、北部・西部の大都市に移住した。

しかし住宅不足に加えて、制限約款により居住区が限られたため、黒人たちが住処を見つけることはきわめて困難だった。バスは語る。「黒人兵士は、白人兵士とともに、ヨーロッパやアジアで勢いを増し民主主義を根絶しようとする独裁政権と戦いました。しかしアメリカに戻ったとき、住む家が無かったのです。住宅不足のなかで、黒人の帰還兵は、入居の申し込みを待つ長い列の一番最後で待つしかないことがわかりました(38)」。やっとの思いで入居先を見つけても、それが人種の境界線を越えようものなら、いつ何時身に危険が及ぶかわからなかった。家賃を支払い、家を購入しても、その我が家から退去を命じられた。バスの言葉を借りれば、「ヒトラーが負ければファシズムは母国でも海外でも消え去り、やっと平和が訪れると信じていたが、打ち砕いたと信じていたファシズムはわれわれの国アメリカで根を張り、花を咲かせ、勢いを増していた」のである(39)。

カリフォルニア大学ロスアンジェルス校で学び、一九四三年に陸軍に入隊したバスの甥ジョン・キンロックがバスに記した手紙にも、「アメリカのヒトラー」についての戸惑いと失望が描かれていた。「私から手紙をもらってとても驚いていることでしょうね。でも私がロスアンジェルスに滞在したあいだにして頂いたすべてのことに感謝の思いを伝えるため、手紙を書きたいと長いあいだ思っていたのです。私は今ミシシッピ州にいます。黒人にとっては最悪の州です。このキャンプで当初直面した経験はひどいもので、ここで起きていることを見つめれば、いったい何のために戦争をしているのだろうと思います。私に毎週新聞を送ってください。六週間で購読料がいくらになるかを教えてくださったらその金額を送ります。この歪んだ世界において、あなたが報いを得られるよう、祈っています。皆さんに愛と幸運がありますように」[40]。バスが『カリフォルニア・イーグル』をいずれ託すことができるかと期待していたこの最愛の甥は、一九四四年一二月から一九四五年一月にかけてアルデンヌ高地でナチス・ドイツ軍とアメリカ軍を主体とする連合軍とのあいだで行われた戦闘バルジの戦いで命を落とし、帰らぬ人となった[41]。

(二) ロウズ裁判をめぐる闘い

戦地で民主主義を守るために戦いながら、母国では自らの基本的な権利が奪われた状況にある――その矛盾があらためて露呈したのがロウズ裁判である。一九三六年、ロウズ一家とロフトン一家は、ワッツ地区のイースト92通りに土地を購入した。この地区は制限約款の対象区域であり、ロウズらがここに住むことは、白人住民にとって、黒人居住区の南側の境界をさらに南へ推し進めることを意味した。制限約款に反することを理由に退去を命じられた両家は、一九四二年八月五日に裁判所に訴えるものの敗訴した。ロフトン一家はその命令に従い立ち去ったが、ロウズ一家はとどまることを決意した[42]。

一九四三年一一月一七日に控訴審の裁判が開かれた。NAACPのロスアンジェルス支部長であったトーマス・L・グリフィスが弁護人を引き受け、制限約款の存在自体が違憲であると訴えたものの、ふたたび敗訴した。このときNAACPも友人も、皆口々にもう諦めるよう、すすめたという[43]。

控訴した際、ロウズ一家には、父（ヘンリー）、母（アナ）、二人の娘（ポーレットとドロレス）がいて、息子と娘婿は従軍中であった。控訴審後、四人は自宅に戻ることが出来ず、車中暮らしをつづけていた。ヘンリーがバスのもとを訪れた際、次のように語ったという。「どこにも行く場所がないのです。住む場所を見つけることが難しいのは、

図３　裁判に臨むロウズ一家（左から義理の息子のフィアーズ、娘のポーレット、アナ、ヘンリー）
出　典　）Charlotta Bass -- California Eagle Photograph Collection, 1880-1986, Southern California Library for Social Studies and Research.

あなたもご存知でしょう。とくに黒人にとっては。探しつづけたけれど、どこにも見つからないのです。気温は下がるし、妻のアナは調子が悪いし、私は自分の家に戻りたいのですが、アナは危険を冒すことを恐れています。どうしたらよいのでしょうか」。この相談を受けたとき、バスは「激しい怒りのようなもの」がこみあげて震えたという。

これらの人びとは自分自身の家から閉め出されているのだ！　自分で働いて購入した家から！　一二年も前に購入し、夢のマイ・ホームを築くため、こつこつとお金を貯めてきたのだ。誰も制限約款の存在なんて彼らに教えてくれなかった。そんな呪いがかかった物件であることを知らなかった。……いまや彼らは自分の家から出てゆくよう命じられた[44]。

「出てゆく？　なぜ出てゆくのですか？」と怒りをこめてバスは聞いたという。「自分の家に戻り、そこで暮らしてください。この許しがたい状況と最後まで闘います[45]」。ロウズ一家の訴えと、その訴えに動かされたバスの思いは他の人びとも突き動かすことになる。教会、労働組合を中心に支援の輪が拡がり、バスを委員長とする住宅保護委員会が結成された。一九四四年八月から四八年五月まで、『カリフォルニア・イーグル』のオフィスで毎週金曜日に会合が開かれることになった[46]。

一九四五年一一月末にあらためて退去を命じられるなか、それに抗ったロウズ一家は一二月一四日に収監を命じられた[47]。息子のアルフレッドや娘婿のアントン・フィアーズが戦地から戻った際、自分の親、兄弟、伴侶が刑務所のなかにいることを知った。彼らは、自分の家に住もうとしただけで刑務所に送られることを許すような「民主主義」を守るために、自分たちは戦わなければならなかったのかとバスに問うたという[48]。ロウズ一家の収監を受けて、サウス・セントラルでは大規模な抗議集会が開かれ、千名以上の住民が参加した。

『カリフォルニア・イーグル』のオフィスに集った教会関係者、組合員、活動家は次なる策を練った[49]。上級裁判所判事のアレン・W・アシュバーンのもとに駆け付け、ロウズ一家の解放を求めたが、アシュバーンは、裁判所には「民主主義」を貫き通す勇気が必要だと述べて、訴えを退けた（この場合の「民主主義」とは、ロウズ一家が自分の家にとどまる権利を認めることではなく、裁判所が下した「法律を遵守した」命令にただ従うことを意味していた）[50]。

状況が転換したのは約二年半後だった。セントルイスとデトロイトで係争中であった、制限約款の合憲性を問う裁判に対してシェリー対クレイマー最高裁判決（Shelley v. Kraemer）が下されたのは一九四八年五月三日だった。この画期的な判決により、憲法修正第一四条における法の下での平等な保護に反するものとして、制限約款に違憲判決が下された。この裁判を主席法律顧問として支えたのは、一九三〇年代初頭に『カリフォルニア・イーグル』で働き、バスとともに制限約款と闘い、バスの後に『カリフォルニア・イーグル』を引き継ぐことになるＮＡＡＣＰロスアンジェルス支部で働くローレン・ミラーであった[51]。

第四節　「すべてのマイノリティのための闘争」

（一）スリーピー・ラグーン事件とズート・スーツ暴動

バスは社説においても、演説においても、晩年に記した自伝においても、「私の人びと」という言葉を好んで用いた。

黒人に対する差別と闘い、人種平等をもとめて発言しつづけたことを考えれば、この「私の人びと」は主として黒人住民をさしていたと考えるのが自然かもしれない。しかし、バスは他の有色人種の人びと、とくにメキシコ系住民に対する差別とも向き合い、闘いつづけた。その背景には二つの思いがあった。

まず、制限約款は黒人だけを縛るものではない。アジア系、メキシコ系、先住民、ユダヤ系、イタリア系、黒人のすべての住民に影響を与えるものである。[52] さらに制限約款の問題にとどまらない。公民権はただの「謳い文句」ではなく、「政治的妥協の産物」でもない。それは「われわれの民主主義の土台」である。一人の人間の公民権が奪われることはこの土台が揺らぎ、「すべての人の公民権が失われること」を意味する。「一人の公民権をめぐる問題はすべての人に関わる」。だからこそ、制限約款との闘いは「すべてのマイノリティの闘争」である。[52] 人種差別をなくすためには、すべての人びとがともに起ち上がらなければならないと。

では、バスは大恐慌から第二次世界大戦にかけてメキシコ系住民に対する排斥感情の高まりにどのように対峙したのか。ラティンクス最大の集団であるメキシコ系の人口は、二〇世紀初頭に急増した。一九〇〇年代に至るまでのロスアンジェルス市におけるメキシコ系移民居住区の中心は、ダウンタウンの北東に位置するプラザ地区と呼ばれる場所であった。しかし、一九二八年に市庁舎が完成し、一九三五年には『ロスアンジェルス・タイムズ』の本社ビルが建設されるなど開発が進み、付近の家賃が値上がりしメキシコ系移民はしだいに開発業者の手が及ばないより東の地区(イースト・ロスアンジェルス)へと居住区を移した。[54]

大恐慌時、法的には「白人」であったはずのメキシコ系の人びとは「市民」の境界の外に押しやられていった。全労働者の四分の一以上が失業するなか、労働省が州政府や自治体と協力してメキシコ系労働者を本国へと送還する事業が行われた。その数は一九二九年から三九年にかけて全米で五〇万人近くにのぼり、たとえ市民権を持っていてもメキシコ系とみなされた人びとは移民帰化局に呼び出されて送還された。結果、ロスアンジェルスはメキシコ系住民の約三分の一の人口を失った。[55]

第二次世界大戦下の労働力不足を補うため、一九四二年には「ブラセロ・プログラム」(米国とメキシコ政府のあいだで締結された行政協定によって行われた、メキシコ人農業労働者導入政策)が始まった。このプログラムによりメキシコからの労働者が急増し、緊張が高まるなかで二つの事件が起きた。一九四二年に、スリーピー・ラグーンと呼ばれるイースト・ロスアンジェルスにあるプール施設でメキシコ系のホセ・ディアスの遺体が発見された。近くの家で誕生日パーティーを開いていたメキシコ系青年が尋問され、うち一七名のメキシコ系アメリカ人青年が証拠不十分なまま逮捕された。一三日間の拘留のあいだ、彼らは警察からの肉体的・精神的暴行を受け、有罪判決を受けた。このスリーピー・ラグーン事件は、弁護士で歴史家のマーク・A・ウェイツによれば「アメリカ史上、もっとも明白なかたちで正義がゆがめられた事例のひとつ」となった。[56] のちにスリーピー・ラグーン事件における警察の横暴を批判する活動家、弁護士、知識人が起ちあがり、控訴審が開かれた結果、警察の対応が偏見に満ちていたことが認められ、全員釈放された。

さらに、翌年の六月には、海軍の訓練校所属の白人青年が暴徒化し、ズート・スーツ服をまとったメキシコ系や黒人青年をつぎつぎと襲った事件(ズート・スーツ暴動)が起きた。ダウンタウンのすぐ北、チャヴェス・ラヴィーンは主としてメキシコ系労働者が暮らす街であったが、そこに白人のみの訓練校が建設されたことで、メキシコ系住民と、新たに流入してきた白人の兵士が隣接して暮らすことになった。両者の衝突が起こった際、南カリフォルニアに駐留する白人兵士が「支援」のために加わり、大規模な暴動となった。前年のスリーピー・ラグーン事件とその報道によって「メキシコ系ギャング」に対する危機感と偏見に駆り立てられた人びとは、白人兵士の暴行を非難するどころか、社会秩序を正す我らが英雄として支持した。この暴動は、スリーピー・ラグーン殺人事件と並び、メキシコ系住民への排斥感情の高まりを象徴する事件として、ロスアンジェルス史に刻まれることとなった。[57]

スリーピー・ラグーン事件においてロスアンジェルス市警察(LAPD)がメキシコ系青年をつぎつぎと逮捕した際、『ロスアンジェルス・イーヴニング・ヘラルド・アンド・エクスプレス』や『A・エグザミナー』といった地元新聞は「ギャング集団」であるこれらの青年を糾弾し、逮捕したＬＡＰＤを称える記事を発信した。とくに前者は事件の裁判について報じた際、逮捕された青年を「ならずもの」「チンピラ」「悪党」と呼び、メキシコ系の若者が街を席巻しつつある状況に警鐘を鳴らした(58)。

バスにとってスリーピー・ラグーン事件は、「自治体が全精力を動員し、ある人種集団のメンバー全員を中傷し、威嚇した事例」であった(59)。カリフォルニア州よりストリート・ギャングの取り締まりを命じられていたＬＡＰＤは、この事件を口実に、メキシコ系と黒人青年の大々的な取り調べを行い、六〇〇名以上の人びとを拘留した(60)。

また、バスは、事件についてセンセーショナルに書きたて、「人種憎悪」を煽り、発行部数を伸ばそうとした報道機関を厳しく批判した。ズート・スーツ暴動についても、『ヘラルド・エクスプレス』が、メキシコ系青年を「暴漢」として描き、悪意に満ちた、捻じ曲げた報道をしたと訴えた(61)。

バスは一九名の陪審員の一人として、スリーピー・ラグーン事件裁判に関わった。陪審員たちがつぎつぎとメキシコ系青年への非難を口にするのをはじめは黙って聞いていたが、途中から堪え切れなくなり、口火を切ったという。「今耳にした、メキシコ系アメリカ人市民に対する理不尽な攻撃は、他のマイノリティ集団に属する者の一人として、私という個人に対する攻撃だと受け止めます。あなたがメキシコ系の人びとに対して今おっしゃったことは私の人びとについて無意識に感じていることだと確信します(62)」。バスは「あなたの無知と偏見こそが恥ずかしいです」と訴えた。「あなた方が目を覚まさない限り、私たち皆が、あなたも私も――メキシコ系も、黒人も、アジア系も、ヨーロッパ系もアフリカ系も――真の兄弟愛へとつながる友愛に満ちた関係を築かない限り、私たちは敗北するのです(63)」。

（二）敵は「貧困と病、不平等と戦争である」――「民衆のための政治」

ロスアンジェルスにおいて人種・エスニック集団の境界を越えて、抑圧された人びとのために闘うことの重要性を訴えたバスであったが、のちにロスアンジェルスを越え、国境を越えて第三世界の人びととの連帯を模索するようになった。対外的には自由と民主主義を標榜しながら、国内では黒人を二級市民として扱うアメリカ社会の矛盾を追求するなかで、バスのまなざしは世界へと広がり、国内の人種差別と植民地主義の関係を問うようになった。第二次世界大戦後に独立したアジア・アフリカの諸国代表が一堂に会した一九五五年四月一八日のアジア・アフリカ会議（バンドン会議）については、「アジアやアフリカがバンドンで植民地主義の根絶と解放のための闘争、世界中で抑圧されているすべての人びとの平等について話し合いをしているとき、そのこだまは、わが国のアラバマ州モンゴメリーやミシシッピ州マネーに響き渡っていた」と語った。(64)アメリカで二級市民として扱われる人びとは、世界中で平和と友愛のために闘う人びとの一員である。アメリカ黒人は世界人口の大多数を占める、有色人種の一部であると。

黒人に対する差別との闘いから、差別に晒されるすべての人の権利獲得へと向かったバスは、政治家への転向を試みた。一九四五年には第七区よりロスアンジェルス市議会議員に出馬し落選したものの（ルター派の牧師であったカール・C・ラスムッセンが二七七三票差で選出された）、一九四八年には進歩党に加わり、カリフォルニア支部を結成した。五〇年には下院議員選に出馬し、元カリフォルニア州議員のサミュエル・ヨーティーに敗れた。一九五二年には黒人女性として初めて、進歩党の副大統領候補に指名された。(65)出馬にあたり第三政党である進歩党がなぜ必要なのかをバスは語ったが、そこにはバスのこれまでの軌跡が埋め込まれている。「共和党も民主党も主な論争点においては同じ立場でした。好戦的な姿勢、私の人びとの抑圧、マイノリティの人びとの差別、生活水準の切り下げ、労働時間の延長、組合や労働者の戦闘的なスピリットを粉々にする点において。だからこそ私の友人たち、あなたたちに伝えたいのです。もうひとつの政党を結成するときが来たのだと」(66)。アメリカが本当の意味で「すべての人に自由と正義を保証する」地となるまで、昼夜を問わず働く政党が必要であり、進歩党こそがその政党なのだと訴えた。(67)

バスは一九五二年三月三〇日に行った指名受諾演説で、副大統領候補となることは光栄であるが、「重責を感じる」と語った。しかし、自分の前には「何千人ものパイオニア」がいる。自由のため、女性の権利のため、「あちこちで平和と正義、平等のために最前線で闘っている人びと」が。(68)問われているのは人びとの側に立つのか、人びとと対峙する側に立つのかであるとバスは語った。ズート・スーツ暴動の際、警察のこん棒に恐れおののいていた青少年や児童を救い出したように、自分は「私の人びとに対する警察の残虐行為」と闘いつづけるのだと。戦争に費やされる六五〇億ドルの大金は「新しい命を育むため」――職を提供し、教育と雇用訓練を行い、希望を若者に与え、小作農を解放し、新しい病院・医療施設を建設するために――使いたい。もし人びとの側に立つのであれば、敵は「貧困と病、不平等と戦争」のはずである。すべての人びとにとってよりよい暮らし――恐怖からも戦争からも不寛容や差別からも解放された――のために闘うのみである。(69)

バスが落選し、政治家としてのキャリアを築くことが出来なかったのは、バスが「ユートピア」を追い求め過ぎたせいだろうか。それとも、自己破産に度々直面していたバスに選挙戦を勝ち抜くだけの資金力がそもそも不足していたためだろうか。ロスアンジェルス市議会議員に黒人男性が初めて選出されたのは一九六三年であり、黒人女性の場合は一九九一年であったことをふまえれば、黒人女性であるバスの前に立ちはだかる壁は厚く高いものだったかもしれない。(70)

バスの主張が同時代のロスアンジェルス、及びアメリカにおいて「過激」であると受け止められたことも政界への進出を阻んだ。アメリカ国内における反体制的、非アメリカ的活動を取締るために設置された下院非米活動委員会によって共産主義者の疑いをかけられたバスは、FBIの監視下に置かれた。(71) バス自身は自らが共産党員であることを表向きには否定したが、多くの人びとにとって彼女は共産主義者と映った。地元の『ロスアンジェルス・デイリー・ニュース』は、一九四八年八月二五日の記事でバスが共産党員の一員であると報じ、これに対して、バスは「真実ではない」とし、記事の撤回と訂正を求めている。(72) 五六年八月には、黒人女性の社交クラブにより除名と名誉会員の資格剥奪を言い渡された。その理由は、一九五一年に開かれたカリフォルニア州における非米活動報告書第六巻にバスの名前が記されており、「よきアメリカ市民たるにふさわしくない」繋がりや活動が散見されたためであった。(73)

バスは、自身を「社会的・政治的に蔑視される存在」とみなしたこの社交クラブに対して反論の手紙を送っていた。

赤狩りのなかで「法を順守し、アメリカに忠実な多くの市民——黒人も白人も——が政治的非難にさらされています。自らの地位を利用し、公共のためと称しながらすべてのアメリカ人の解放と正義を信じ発言する市民を罰する人によって」。バスを除名した社交クラブは、いまや黒人を抑圧する団体と同類の存在になったのだと厳しく批判した[74]。

バスは共産主義が脅威として語られる今こそ、国内に目を向けるべきだと語った。「メイソン＝ディクソン線（奴隷制度廃止以前に自由州と奴隷州の分界線とみなされた）の南では不正義が続く一方、北側のラジオや新聞は世界に向かってわれわれが世界でもっとも自由な国であるかのように伝えています——われわれの平穏と安全を脅かす唯一の脅威は共産主義であると。……私にとっての関心事は、ここわれわれの国でわれわれに何が起きているのか、なのです[75]」。

しかし、「共産主義者」の烙印を押されたバスに対するバッシングの高まりのなかで、『カリフォルニア・イーグル』は次第に読者を失い、一九五〇年には発行部数は一万部へと減少した。金銭的な行き詰まりと健康不安、「世界について知るため」、バスは『カリフォルニア・イーグル』を手放す決意を下した。一九五一年四月二六日に最後の社説を記した。「私は四〇年間、汗と涙を『カリフォルニア・イーグル』に流してきました。だからこそ、特別な想いがあります」と語っていたバスにとって、『カリフォルニア・イーグル』の売却は「生涯でもっとも辛いこと」のひとつであった[76]。

バスは自伝のなかで、落選しても『カリフォルニア・イーグル』を手放しても、「ロスアンジェルスとアメリカのふつうの人びとのために闘いつづける」ことに変わりはないと語った[77]。自らの生涯をかけた人種平等を求めた闘いに「勝利したわけではないし、その闘いが過去の遺物になったわけでもない[78]」。一九四八年五月に下された画期的な最高裁判決により、制限約款は違憲となったものの、居住区の境界を「侵犯」する黒人宅が銃撃され、爆破される事件が相次いだ。さらに、判決以降白人の郊外脱出が進んだ。「次から次へと新しくて巨大な郊外住宅が建設され、開発業者は必死に全居住者を白人のみにしようとしていました。そこには制限約款すら必要なかったのです[79]」。

バスは一九六九年四月一二日に生涯を終えた。生前の一九六〇年一〇月には、「命を守るために闘った女性」をたたえる晩餐会で栄誉賞を授与され、「外国生まれの人びとを守るロスアンジェルス委員会」からも称号を与えられた(80)。バスの死から八年を経た七七年四月に開かれた偲ぶ会では、「マイノリティの人びとに社会正義を実現するため」紙面で勇気をもって声をあげつづけたとの賛辞が呈された(81)。バスは「時代の象徴」であり、「権力を問うた人」であったと(82)。

おわりに

バスは、ロスアンジェルスという「天使の街」に張り巡らされた人種の境界と対峙し、言説空間上で「われわれ」と「他者」の境界を問い直しつづけた。四〇年にわたって『カリフォルニア・イーグル』を通じて人種差別と闘ったバスの活動は、ロスアンジェルスの黒人史において繰り返されてきた「天国の喪失」パラダイムではとらえることが出来ない。バスの歴史を紐解くことは、「天国」のイメージとは裏腹に一九六五年のワッツ蜂起のはるか以前からロスアンジェルスにおける根深い人種差別と闘う運動が強力に展開していたことを示すものである。バスは長年にわたりその礎であった。

バスの物語は、長い黒人自由闘争の拡がりを示す。それはメキシコ系住民に対する差別との闘いを含む、「すべてのマイノリティ」のための運動であった。バスにとって「私の人びと」とは、黒人住民のみならず、黒人のように社会のなかで周縁化され、メディアや警察権力によって不当に扱われ、二級市民の烙印をおされている住民——そして、そうした状況に異議申し立てをするためともに起ちあがる人びとを意味していた。二〇世紀半ばのロスアンジェルスにおいて、黒人自由闘争はメキシコ系移民の排斥と闘う運動と連動して展開した。

バスが黒人自由闘争のなかで未だに脇役に追いやられることが多い女性の活動家であったことも特筆に値する。

一九九〇年代後半以降、黒人自由闘争の歴史がヘテロセクシュアルでシスジェンダーの男性を中心に描かれつづけてきたことを批判し、黒人女性が草の根レベルで進めた運動や、黒人自由闘争と多様な性のあり方を求めた運動の交差性に注目する研究が登場した。[83]バスの歴史を紐解くことはより開かれた黒人自由闘争の歴史を描く試みと連なる。『カリフォルニア・イーグル』は廃刊となったが、『カリフォルニア・イーグル』が多くの黒人のジャーナリスト、知識人、活動家を育て、ロスアンジェルスにおける黒人自由闘争の磁場となった点は重要である。バスのまなざしは晩年ロスアンジェルスから世界へと向けられていた。「権力を問うた」バスの物語はロスアンジェルスの黒人史と長い黒人自由闘争の歴史に新たな視座をもたらすものである。

〈黒人自由闘争、労働運動、移民の権利擁護、女性解放運動と「知」〉
――社会研究調査のための南カリフォルニア図書館

黒人、ラティンクス（中南米系）の労働者が住民の大半を占めるサウス・セントラル・ロスアンジェルス地区（今日の公式名称はサウス・ロスアンジェルス）。シャーロッタ・バスの文書史料はここにある「社会研究調査のための南カリフォルニア図書館（Southern California Library for Social Studies and Research、SCLと略）」に眠る。

SCLは南カリフォルニアの社会運動に関心を寄せる国内外の研究者によく知られた存在だ。「人種主義、および他の抑圧的な制度に抗う闘争の歴史」を記録し、利用者に提供することを目的とする。黒人自由闘争、労働運動、移民の権利擁護、女性解放運動などに関連する約四〇〇のアーカイヴ史料、二万冊の書籍、一万点にのぼる各種団体のパンフレット、三千本の音声テープ、三千冊の雑誌、五〇〇本のビデオが所蔵されている。

社会研究調査のための南カリフォルニア図書館提供

この図書館を造ったのは労働組合の活動家であり、アメリカ共産党員でもあったエミール・フリードである。一九〇一年にニューヨークで生まれたフリードは、一九一〇年にロシア系移民の母、母と再婚した義父、妹とともにロスアンジェルスに移住した。地元の高校を卒業後、南カリフォルニア大学で学士号を取得し、電気技師や機械工として働いていたフリードは、組合活動で入手したパンフレットや文書を保存し始めた。赤狩りの時代、告発を恐れ共産党とのつながりを示す文書を破棄・焼却する人が増えるなか、フリードはその史料を譲り受け、自宅の車庫に保管した。組合に属する学校のロスアンジェルス支部が閉鎖されたとき、学校に併設されていた図書館の所蔵物を引き取り、ラ・ブレア通りと第9通りの交差する場所に小部屋を借りて図書室を開いた（一九六三年）。しかしすぐにこの小部屋では史料を収容しきれなくなり、現在地に移設することになった。

一九八〇年代初頭、フリードの後を継ぎ図書館の運営を担ったのはアーキビスト（史資料の記録管理を行う専門職員）のサラ・クーパーである。クーパーは膨大な史料や文献を整理し、ＳＣＬは研究者向けの文書館として国内外で高い評価を得た。しかし、サウス・セントラルという労働者階級の住民が暮らすコミュニティに位置しながら（そして図書館内の史料・文献は周縁化された人びとについてのものが大半を占めるにもかかわらず）、地元住民がほとんど利用しないという矛盾した状況が続いた。実際、二一世紀はじめまでＳＣＬの利用者の大半は白人の研究者が占めていたという。

三代目の館長となったアーキビストで活動家のユセフ・オモウェルは、図書館を地元住民や活動家に広く開放することを決意した。図書館の役員会メンバーが二〇〇五年に大きく入れ替わり、サウス・セントラルの活動家やSCLの史料に詳しい大学関係者が加わった。地元住民が集う会合、教育、文化事業を催し、「門戸を開く」ための試みを開始した。この結果、図書館の利用者は激増し、二〇〇三年に二〇〇名以下だったが、二〇〇七年には一万人以上にのぼったという。

今日SCLを訪れると、史料と格闘する研究者の横で、無料で提供されるお菓子をつまみに訪れる子どもや、誰でも利用可能なコンピューターを使うため立ち寄った地元住民に出会う。SCLは南カリフォルニアにおける社会運動についての貴重な史料の宝庫であり、「コミュニティの図書館」である。

註

（1）Richard Florida, *The New Urban Crisis: How Our Cities Are Increasing Inequality, Deepening Segregation, and Failing the Middle Class–and What We Can Do about It* (New York: Basic Books, 2017).

（2）John Iceland and Daniel H. Weinberg with Erika Steinmetz, "Racial and Ethnic Residential Segregation in the United States: 1980-2000," August 2002, accessed June 1, 2021, https://www.census.gov/content/dam/Census/library/publications/2002/dec/censr-3.pdf.

（3）Gregory Acs, Rolf Pendall, Mark Treskon, and Amy Khare, "The Cost of Segregation: National Trends and the Case of Chicago, 1990–2010," March 29, 2017, accessed June 1, 2021, https://www.urban.org/research/publication/cost-segregation/view/full_report.

（4）拙論「刑罰国家と『福祉』の解体―『投資―脱投資』が問うもの」『現代思想』第四八巻一三号（二〇二〇年一〇月臨時増刊号　総特集ブラック・ライヴズ・マター）、一二四―一三一頁；拙論「ブラック・ライヴズ・マター運動と岐路に立つアメリカ社会―一九九二年ロスアンジェルス蜂起から考える」『アメリカ太平洋研究』二一号（二〇二一年）七―一九頁。

（5）Manuel Pastor, Pierrette Hondagneu-Sotelo, Alejandro Sanchez-Lopez, Pamela Stephens, Vanessa Carter, and Walter Thompson-Hernandez, "Roots|Raíces: Latino Engagement, Place Identities, and Shared Futures in South Los Angeles," Los Angeles: USC Center for the Study of Immigrant Integration (CSII), October 2016, accessed June 1, 2021, https://dornsife.usc.edu/assets/sites/731/docs/RootsRaices_Full_Report_CSII_USC_Final2016_Web_Small.pdf.

（6）Alina Das, *No Justice in the Shadows: How America Criminalizes Immigrants* (New York: Bold Type Books, 2020).

（7）土屋和代「格差社会アメリカ―『多人種都市』ロスアンジェルスの歴史から」矢口祐人編『東大塾　現代アメリカ講義―トランプの

アメリカを読む』東京大学出版会、二〇二〇年、七三頁。

(8) 一九六五年八月一一日、アメリカ至上最大規模の蜂起がロスアンジェルスのワッツ地区で起こった。スピード違反の罪で二一歳の黒人男性マーケット・フライが兄、母とともに逮捕された際、警察に暴行を受けたことへの抗議に端を発し、八月一一日から一七日まで七日間にわたり起きた蜂起は、三四人の死者、一〇三二人の負傷者、三五九二人の逮捕者を出した。The Governor's Commission on the Los Angeles Riots [McCone Commission], "Violence in the City: An End or a Beginning?," 1965, in *The Los Angeles Riots: Mass Violence in America, comp*. Robert M. Fogelson (New York: Arno Press and the New York Times, 1969), sc, sc-15.

(9) たとえば、以下を参照。Martha Biondi, *To Stand and Fight: The Struggle for Civil Rights in Postwar New York City* (Cambridge, Mass.: Harvard University Press, 2003); Jacquelyn Dowd Hall, "The Long Civil Rights Movement and the Political Uses of the Past," *Journal of American History* (March 2005): 1233-63; Matthew J. Countryman, *Up South: Civil Rights and Black Power in Philadelphia* (Philadelphia: University of Pennsylvania Press, 2006); Glenda Elizabeth Gilmore, *Defying Dixie: The Radical Roots of Civil Rights, 1919-1950* (New York: W.W. Norton, 2008); Thomas J. Sugrue, *Sweet Land of Liberty: The Forgotten Struggle for Civil Rights in the North* (New York: Random House Trade Paperbacks, 2009); Kevin M. Kruse and Stephen Tuck, eds., *Fog of War: The Second World War and the Civil Rights Movement* (New York: Oxford University Press, 2012).

(10) Regina Freer, "L.A. Race Woman: Charlotta Bass and the Complexities of Black Political Development in Los Angeles," *American Quarterly* 56, no. 3 (2004): 607–32.

(11) U.S. Department of Commerce, Bureau of the Census, *Census of Population, 1950: Census Tract Statistics, Los Angeles, California*; Raphael J. Sonenshein, *Politics in Black and White: Race and Power in Los Angeles* (Princeton: Princeton University Press, 1993), 22.

(12) Douglas Flamming, *Bound for Freedom: Black Los Angeles in Jim Crow America* (Berkeley: University of California Press, 2005), 25, 84, 97; 松本悠子『創られるアメリカ国民と「他者」―「アメリカ化」時代のシティズンシップ』東京大学出版会、二〇〇七年、二七七頁; Kazuyo Tsuchiya, *Reinventing Citizenship: Black Los Angeles, Korean Kawasaki, and Community Participation* (Minnesota: University of Minnesota Press, 2014).

(13) Josh Sides, *L.A. City Limits: African American Los Angeles from the Great Depression to the Present* (Berkeley: University of California Press, 2003), 26.

(14) Flamming, *Bound for Freedom*, 71.

(15) Bunch, "A Past Not Necessarily Prologue: The African American in Los Angeles," in *20th Century Los Angeles: Power, Promotion, and Social Conflict*, ed. Norman M. Klein and Martin J. Schiesl (Claremont, California: Regina Books, 1990), 101-30; Susan Anderson, "A City Called Heaven: Black Enchantment and Despair in Los Angeles," in *The City: Los Angeles and Urban Theory at the End of the Twentieth Century*, ed. Allen J. Scott and

Edward W. Soja (Berkeley: University of California Press, 1996), 336-64.

(16) Andrea Gibbons, *City of Segregation: One Hundred Years of Struggle for Housing in Los Angeles* (London: Verso, 2018), 25.

(17) Bessie Averne McClenahan, *The Changing Urban Neighborhood: From Neighbor to Nigh-dweller, A Sociological Study* (Los Angeles: University of Southern California, 1929), 23; 松本『創られるアメリカ国民と「他者」』、一六四頁。

(18) Freer, "L.A. Race Woman."

(19) Ibid.; Jessie Mae Brown, "A True Leader – Charlotta A. Bass," n.d., Folder "Bass, C.A. – Biographical Notes," Additional Box 1, Charlotta A. Bass Papers, Southern California Library for Social Studies and Research, Los Angeles (hereafter Bass Papers).

(20) エドワード・ベラミー、中里明彦訳「かえりみれば—二〇〇〇年より一八八七年」『アメリカ古典文庫七　エドワード・ベラミー』研究社、一九七五年。

(21) 本間長世「ベラミー『かえりみれば』の現代性」『アメリカ古典文庫七　エドワード・ベラミー』、三頁。

(22) "How Are Heroes of the People Made? How Do They Differ from Those about Them?," n.d., Folder 10, Box 2, Bass Papers.

(23) "Early History of the Negro Press in California," n.d., Folder "Bass C.A. – Articles and Speeches, Undated," Additional Box 1, Bass Papers.

(24) "How Are Heroes of the People Made? How Do They Differ from Those about Them?"

(25) Charlotta A. Bass, *Forty Years: Memoirs from the Pages of A Newspaper* (Los Angeles: Charlotta A. Bass, 1960), 30, 32.

(26) Jacqueline Leavitt, "Charlotta A. Bass, *The California Eagle*, and Black Settlement in Los Angeles," in *Urban Planning and the African American Community: In the Shadows*, eds., June Manning Thomas and Marsha Ritzdorf (Thousand Oaks, CA: Sage Pub., 1997), 170.

(27) Jessie Mae Brown, "A True Leader – Charlotta A. Bass," n.d., "Bass, C.A. – Biographical Notes," Folder "Bass, C.A. – Biographical Notes," Additional Box 1, Bass Papers.

(28) "Early History of the Negro Press in California"; Freer, "L.A. Race Woman," 609.

(29) "A Conundrum: Whither? A Puzzling Dichotomy of Interests," *Courier Correspondence*, Pittsburgh Courier Publishing Company, February 19, 1960.

(30) Bass, *Forty Years*, 99, 101; Gibbons, *City of Segregation*, 27-40.

(31) Ibid., 31; Kenneth T. Jackson, *The Ku Klux Klan in the City, 1915-1930* (New York: Oxford University Press, 1967).

(32) "Negro History Week's Chairman is Mrs. Charlotta Bass…," February 12, 1961, Folder 11, Box 2, Bass Papers.

(33) "Maywood Bell Editor Hopes to Keep out 'Undesirables,'" *California Eagle*, March 26, 1942; "Sidewalk," *California Eagle*, April 9, 1942; Bass, *Forty Years*, 103.

(34) Ibid., 104.

（35）“The Colored Majority of the World in the March,” n.d., Folder “Bass C.A. – Articles and Speeches, Undated,” Additional Box 1, Bass Papers.
（36）Charlotta A. Bass, “The Sidewalk,” Folder “Bass, C.A. – Articles and Editorials, 1940s,” Additional Box 1, Bass Papers.
（37）“Mrs. Bass Discussion for Panel of Writers’ Congress,” October 2, 1943, Folder “Bass, C.A. – Speeches, 1940s,” Additional Box 1, Bass Papers.
（38）“Negro Press,” n.d., Folder “Bass, C.A. – Speeches, 1950s (Excluding 1952 Progressive Campaign), Additional Box 1, Bass Papers.
（39）“The Colored Majority of the World in the March.”
（40）Ellis E. Spears to Aunt, May 10, 1943, Folder “Bass, C.A. – Letters to, 1940s,” Additional Box 1, Bass Papers.
（41）James Phillip Jeter, “Rough Flying: The California Eagle (1879-1965),” presented to the 12th Annual Conference of the American Journalism Historians Association, Salt Lake City, Utah, October 7, 1993, 8-9.
（42）“Lofton, Laws Told They Must Vacate,” *California Eagle*, August 27, 1942.
（43）Bass, *Forty Years*, 109.
（44）Ibid.
（45）Ibid.
（46）“Citizens Urged to Fight Laws Case Verdict,” *California Eagle*, November 29, 1945; Gibbons, *City of Segregation*, 55.
（47）“Laws Family Ordered to Quit Home,” *California Eagle*, November 22, 1945.
（48）Bass, *Forty Years*, 110; “Family: Experience of Laws Reflects History of Black L.A.,” *Los Angeles Times*, August 22, 1982.
（49）“Mass Meeting Sunday Will Protest Racist Covenants,” *California Eagle*, December 20, 1945. 一九四五年末には、フォンタナ地区のランダル通りに土地を購入し、家を構えたショート一家（父のオデイ、母のヘレン、子どものキャロル、バリー）が、近隣住民から立ち退きを迫られるものの断固して拒絶した結果、放火され、一家全員が焼死するという痛ましい事件が起きた。Bass, *Forty Years*, 136.
（50）“Judge Refuses to Free Negroes in Restriction Case,” *Los Angeles Times*, December 18, 1945.
（51）Gibbons, *City of Segregation*, 63.
（52）Bass, *Forty Years*, 95.
（53）“Speech for October 26, 1959,” n.d., Folder “Bass, C.A. – Speeches, 1950s (Excluding 1952 Progressive Campaign), Additional Box 1, Bass Papers.
（54）Ricardo Romo, *East Los Angeles: History of A Barrio* (Austin: University of Texas Press, 1983); Rodolfo F. Acuña, *A Community under Siege: A Chronicle of Chicanos East of the Los Angeles River, 1945-1975* (Los Angeles: Chicano Studies Research Center, University of California at Los Angeles, 1984), 9-10; George J. Sánchez, *Becoming Mexican American: Ethnicity, Culture, and Identity in Chicano Los Angeles, 1900-1945* (New York: Oxford University Press, 1993), 71-73; Martin Valadez Torres, “Indispensable Migrants: Mexican Workers and the Making of Twentieth-Century Los Angeles,” in *Latino Los*

Angeles: Transformations, Communities, and Activism, ed. Enrique C. Ochoa and Gilda L. Ochoa (Tucson: University of Arizona Press, 2005), 24-25; Stephanie Lewthwaite, *Race, Place, and Reform in Mexican Los Angeles: A Transnational Perspective, 1890-1940* (Tucson: University of Arizona Press, 2009), 21.

(55) Torres, "Indispensable Migrants," 28-29; Shana *Bernstein, Bridges of Reform: Interracial Civil Rights Activism in Twentieth-Century Los Angeles* (Oxford: Oxford University Press, 2011), 30-31; Natalia Molina, *How Race Is Made in America: Immigration, Citizenship, and the Historical Power of Racial Scripts* (Berkeley: University of California Press, 2014).

(56) Mark A. Weitz, *The Sleepy Lagoon Murder Case: Race Discrimination and Mexican-American Rights* (Lawrence, Kan.: University Press of Kansas, 2010), 4.

(57) Eduardo Obregón Pagán, *Murder at the Sleepy Lagoon: Zoot Suits, Race, and Riot in Wartime L.A.* (Chapel Hill : University of North Carolina Press, 2003), 145-46.

(58) Ibid., 91-92.

(59) Bass, *Forty Years*, 124.

(60) Pagán, *Murder at the Sleepy Lagoon*, 3.

(61) "Negro Press."

(62) "The 1943 First Negro to Serve on County Grand Jury," n.d., Folder "Bass, C.A. – Grand Jury, 1943," Folder "Bass, C.A. – Grand Jury, 1943," Additional Box 1, Bass Papers.

(63) Bass, *Forty Years*, 127.

(64) Charlotta A. Bass, "What Socialism Means to Me," n.d., Folder "Bass, C.A. – Speeches, 1950s (Excluding 1952 Progressive Campaign), Additional Box 1, Bass Papers.

(65) Jeter, "Rough Flying," 48; Leavitt, "Charlotta A. Bass, *The California Eagle*, and Black Settlement in Los Angeles," 169.

(66) "My Friends in California," n.d., Folder "Bass – Progressive Party, 1952 – Speeches," Additional Box 1, Bass Papers.

(67) Ibid.

(68) "Mrs. Charlotta Bass Acceptance Speech, as Vice Presidential Candidate of the Progressive Party," March 30, 1952, Folder "Bass, C.A. – Progressive Party Campaign 1952 – Speech Fragments," Additional Box 1, Bass Papers.

(69) Bass, *Forty Years*, 148-50.

(70) 一九六三年にギルバート・W・リンゼイが前任者のエドワード・R・ロイバルの後を継ぐかたちで市議会議員に任命され、同年の選挙でビリー・G・ミルズ、（のちにロスアンジェルス市長となる）トーマス・ブラッドレーが選出された。一九九一年にはリタ・ウォルターズが黒人女性として初めて市議会議員に選出された。

（71）Leavitt, "Charlotta A. Bass, *The California Eagle*, and Black Settlement in Los Angeles," 169.

（72）Memo, Charlotta Bass to the Daily News, a Corporation, and to Manchester Boddy, Publisher and Eidtor-in-chief, August 31, 1498 [sic], Folder "Bass, C.A. – Letters to, 1940s," Additional Box 1, Bass Papers.

（73）Marion H. Jackson, National President for the Executive Board, Iota Phi Lambda Sorority, to Charlotta Bass, August 14, 1956, Folder 14, Box 2, Bass Papers.

（74）Bass, *Forty Years*, 182-3.

（75）Bass, "What Socialism Means to Me."

（76）Bass, *Forty Years*, 177; Leavitt, "Charlotta A. Bass, *The California Eagle*, and Black Settlement in Los Angeles," 169.

（77）Bass, *Forty Years*, 175.

（78）Ibid., 197.

（79）Ibid., 113; Gibbons, *City of Segregation*, 70-71.

（80）"This Certifies that Miss Charlotta Bass is a Gold Certificate Member…," April 1959, Folder "Personal Papers, Certificates," Additional Box 1, Bass Papers; "People's Award Presented at the Banquet Honoring "Women in the Fight for Life"," October 9, 1960, Folder "Personal Papers, Certificates," Additional Box 1, Bass Papers.

（81）"Charlotta A. Bass Memorial Service," n.d, Folder 18, Box 2, Bass Papers; "Because Her Friends Remember," n.d., Folder 18, Box 2, Bass Papers.

（82）Robert C. Reedburg, "ODE to Charlotta," n.d., Folder 18, Box 2, Bass Papers.

（83）Belinda Robnett, *How Long? How Long?: African American Women in the Struggle for Civil Rights* (New York: Oxford University Press, 1999); Bettye Collier-Thomas and V.P. Franklin, eds., *Sisters in the Struggle: African American Women in the Civil Rights-Black Power Movement* (New York: New York University Press, 2001); Barbara Ransby, *Ella Baker and the Black Freedom Movement: A Radical Democratic Vision* (Chapel Hill: University of North Carolina Press, 2003); John D'Emilio, *Lost Prophet: The Life and Times of Bayard Rustin* (Chicago: University of Chicago Press, 2004); Peter J. Ling and Sharon Monteith, eds., *Gender and the Civil Rights Movement* (New Brunswick, N.J.: Rutgers University Press, 2004); Christina Greene, *Our Separate Ways: Women and the Black Freedom Movement in Durham, North Carolina* (Chapel Hill: University of North Carolina Press, 2005); Davis W. Houck and David E. Dixon, eds., *Women and the Civil Rights Movement, 1954-1965* (Jackson: University Press of Mississippi, 2009); Dayo F. Gore, Jeanne Theoharis, and Komozi Woodard, eds., *Want to Start a Revolution?: Radical Women in the Black Freedom*

Struggle (New York: New York University Press, 2009); Lisa Levenstein, *A Movement Without Marches: African American Women and the Politics of Poverty in Postwar Philadelphia* (Chapel Hill: University of North California Press, 2009); Jeanne Theoharis, *The Rebellious Life of Mrs. Rosa Parks* (Boston: Beacon Press, 2013); Crystal R. Sanders, *A Chance for Change: Head Start and Mississippi's Black Freedom Struggle* (Chapel Hill: University of North Carolina Press, 2016); Rosalind Rosenberg, *Jane Crow: The Life of Pauli Murray* (New York: Oxford University Press, 2017); 拙論「生存権・保証所得・ブラックフェミニズム―アメリカの福祉権運動と〈一九六八〉」『思想』一一二九号（二〇一八年五月）、一〇五―一二九頁。

第二部　黒人の闘争と連携する人びと

第四章　カトリック教徒による人種平等を求める闘い

――マーガレット・〝ペギー〟・ローチを事例として―

佐藤千登勢

はじめに

アメリカで一九五〇年代半ばから六〇年代にかけて行われた公民権運動において、キリスト教が重要な役割を果たしたことは、これまで多くの研究によって論じられてきた。バプティスト派の牧師であるマーティン・ルーサー・キング・ジュニアが一九五七年に南部キリスト教指導者会議（ＳＣＬＣ）を結成し、人種隔離制度の撤廃に向けた活動を主導したことや、黒人たちの精神的な拠り所である教会が、活動のための人的なネットワークを作り出したこと、すべての人間は神の前に平等であるという聖書の教えに従って、プロテスタント諸派やユダヤ教の白人信者のなかから公民権運動に加わる者が多数出てきたことなどは、そうした研究の中心的なテーマとされてきた。

だが、キリスト教のなかでもカトリック教徒による人種平等を求める闘いについては、これまで十分な関心が払われてきたとは言い難い。公民権運動の舞台であった南部では、ルイジアナ州を除いてカトリックの信者数が非常に少なかったため、カトリック教徒による活動は、主として北部の大都市で展開された。なかでも、世紀転換期に東欧・南欧諸国から多くのカトリックの移民が到来し、地域のコミュニティが教区と密接に関係しながら発展したシカゴは、カトリック教徒による社会活動、いわゆるカトリック・アクションの中心地となり、その一環として、人種差別の撤廃を求める活動が第二次世界大戦前から綿々とつづけられていた。

シカゴは、二つの大戦を機に人口構成の劇的な変化を経験した。一九一〇年代から四〇年代前半までに数十万人の黒人が南部諸州から移住し、シカゴのサウスサイドとウエストサイドには黒人が住民の大多数を占める居住地が形成された。白人のカトリック教徒が築いてきた教区に黒人の移住者が流入するなかで、黒人の「隣人」と向き合い、改宗を勧め、融合的なコミュニティを形成しようとする活動が始められ、一九三〇年代以降、シカゴのカトリック・アクションにおいて重要な位置を占めるようになった。

本章では、シカゴ出身の白人のカトリックの平信徒で、異人種間平等主義を掲げて活動したマーガレット・〝ペギー〟・ローチ（一九二七～二〇〇六年）を取り上げ、彼女の半生を振り返りながら、一九六〇年代末まで行われたカトリック教徒による人種平等を求める闘いの特徴と変容を、信仰と人種・ジェンダーという観点から検討していく。

シカゴにおける白人カトリック教徒による人種差別の撤廃を求める活動については、ジョン・T・マックグリービーやスティーブン・M・アヴェラによる研究がある。マックグリービーは、シカゴを含めた北部都市において、戦前から一九六〇年代半ばまでに教区で行われた「人種問題」への取り組みを考察している。アヴェラは、カトリックの聖職者がシカゴにおいて、人種平等に向けてどのような活動をしてきたのかを明らかにしている。いずれの研究も、カトリック教会の聖職者とカトリック教徒が設立した組織の活動を中心に見ており、平信徒の個人のレベルでの意識や行動に注目したものではない(1)。

また、カレン・J・ジョンソンは、シカゴのカトリック教徒によって戦前から一九六〇年代半ばまで行われた異人種間の正義を求める闘いを通時的に論じている。ジョンソンの研究は、白人の平信徒による活動を「長い公民権運動」という視点から考察しているが、一九六四年公民権法の成立までを主に扱っており、一九六〇年代後半に白人のカトリック教徒がどのように活動へのスタンスを変えていったのかという点は考察の対象外になっている(2)。

ローチに関しては、ニコラス・A・パトリッカによる未刊行の伝記があるが、人種平等を求める彼女の思想や行動の変遷を公民権運動史の観点から論じたものではない(3)。本章では、シカゴのロヨラ大学にある女性とリーダーシップ文書館に所蔵されているローチの個人文書を用いて、戦前から一九六〇年代末までにシカゴとワシントンで彼女が携わった活動について明らかにし、それをカトリック教徒による人種平等を求める活動の歴史の中に位置づけていく。

本章の構成は以下の通りである。第一節では、カトリック・アクションが興隆したシカゴで生まれ育ったローチが、「人種問題」に目覚めるまでの経緯を論じる。第二節では、白人のカトリック教徒による人種平等を求める活動において重要な概念であった異人種間平等主義について、カトリック異人種間会議（ＣＩＣ）へのローチの関わりに焦点を当てながら検討する。第三節では、一九六二年にワシントンの全国カトリック女性協議会（ＮＣＣＷ）に職を得たローチが、第二バチカン公会議で出された回勅の影響を受けながら、カトリックの女性として公民権運動に参加したことを論じる。第四節では、一九六〇年代後半に再びシカゴへ戻ったローチが黒人の住宅問題に取り組むなかで、契約購入者連盟（ＣＢＬ）で行った活動について考察し、彼女の人種平等を求める活動の帰結を見る。

第一節　シカゴにおけるカトリック・アクションの伝統

マーガレット・〝ペギー〟・ローチは、一九二七年五月十六日にシカゴでアイルランド系の家庭に生まれた。両親はともに敬虔なカトリック教徒であり、ローチは五人兄弟の次女として育った。[4] 一家は、一九三〇年代前半にシカゴのノースサイドにあるロジャーズ・パークへ転居した。そこは、ドイツ系の住民が多く住んでいる地域であり、地元のカトリック教会の信者も大半がドイツ系だった。教会の神父は、引っ越してきたばかりの一家に対して、ここではなく、アイルランド系の信者が多い別のカトリック教会に通った方がよいのではないかと助言した。だが、ローチの母は、その提案を一蹴し、毎週日曜日に子どもたちを連れてこの教会のミサに参列した。その頃まだローチは幼かったが、母が神父に毅然とした態度をとったことに子ども心にも感心し、人種やエスニシティの違いにとらわれることなく、平等な扱いを求めることが大切であると母が身をもって教えてくれたと後年、回顧している。[5]

ローチが生まれ育った戦前のシカゴでは、さまざまな社会活動がカトリック教徒によって行なわれていた。こうした活動はカトリック・アクションと総称されている。その起源は、一八六七年にイタリアで平信徒が始めた教会を支援する活動にあり、教皇ピウス十一世が一九二二年に出した回勅「ウビ・アルカノ・デイ・コンシリオ」（キリストの王国におけるキリストの平和について）によって、「位階制度の使徒職への信徒の参与」と定義された。[6] カトリック・

アクションは、カトリック教会において、聖職者に協力する平信徒の役割の重要性が認識されていくなかで出現した活動であり、平信徒による宣教や社会福祉、教育、出版事業などを中心に、地域社会に根差した自主的な奉仕として継承されていった。(7)

その後、カトリック・アクションは全世界へと広がり、各国で独自の展開を遂げた。アメリカでも一九三〇年代以降、北部の大都市を中心に多岐にわたる活動が行われるようになり、カトリック人口がもっとも多かったシカゴは、その中心地となった。(8)シカゴのカトリック教徒は、十九世紀半ばまでは、ドイツ系とアイルランド系の移民とその子孫が大半を占めていたが、世紀転換期になると東欧・南欧諸国出身のいわゆる「新移民」の到来がピークを迎え、貧しい労働者として社会の底辺で生活しながら、カトリック教会を中心に緊密なコミュニティを形成した。(9)

ローチが育った一九三〇年代から四〇年代のシカゴでは、カトリックの聖職者の大半はアイルランド系で占められ、「新移民」の信者は二世・三世の時代に入っていた。当時、シカゴ大司教を務めていたジョージ・マンダラインは、エスニック・グループ別に分かれていたカトリック教会を廃止し、本来の地理的な教区制に基づいた「アメリカの教会」を作る方針をとった。彼は、教区の学校で、移民の母語ではなく英語で教育することも求め、出自にこだわるのではなく、同じカトリック教徒として教区でともに暮らし、信仰を深めることの重要性を説いた。エスニック・コミュニティの指導層を中心に、こうしたマンダラインの方針に抵抗する者も少なからずいたが、この変革はある程度まで受け入れられ、徐々にではあるがカトリック教会の「アメリカ化」が進んだ。(10)

ローチは、第二次世界大戦中の一九四三年に、ロジャーズ・パークでベネディクト修道会が運営する聖スコラスティカ高校に進学し、在学中にカトリック・アクションに出会った。その頃、シカゴでは労働者や学生など、若いカトリック教徒を中心的な担い手とする団体がいくつも誕生していた。(11)ローチが加わったのは、シカゴ学生カトリック・アクション（ＣＩＳＣＡ）という団体であり、シカゴ大司教区にあるカトリック系の高校に通う生徒が集い、イエズス会のマーティン・カラバイン神父の下で、カトリック・アクションの理論を学び、その実践を試みていた。(12)

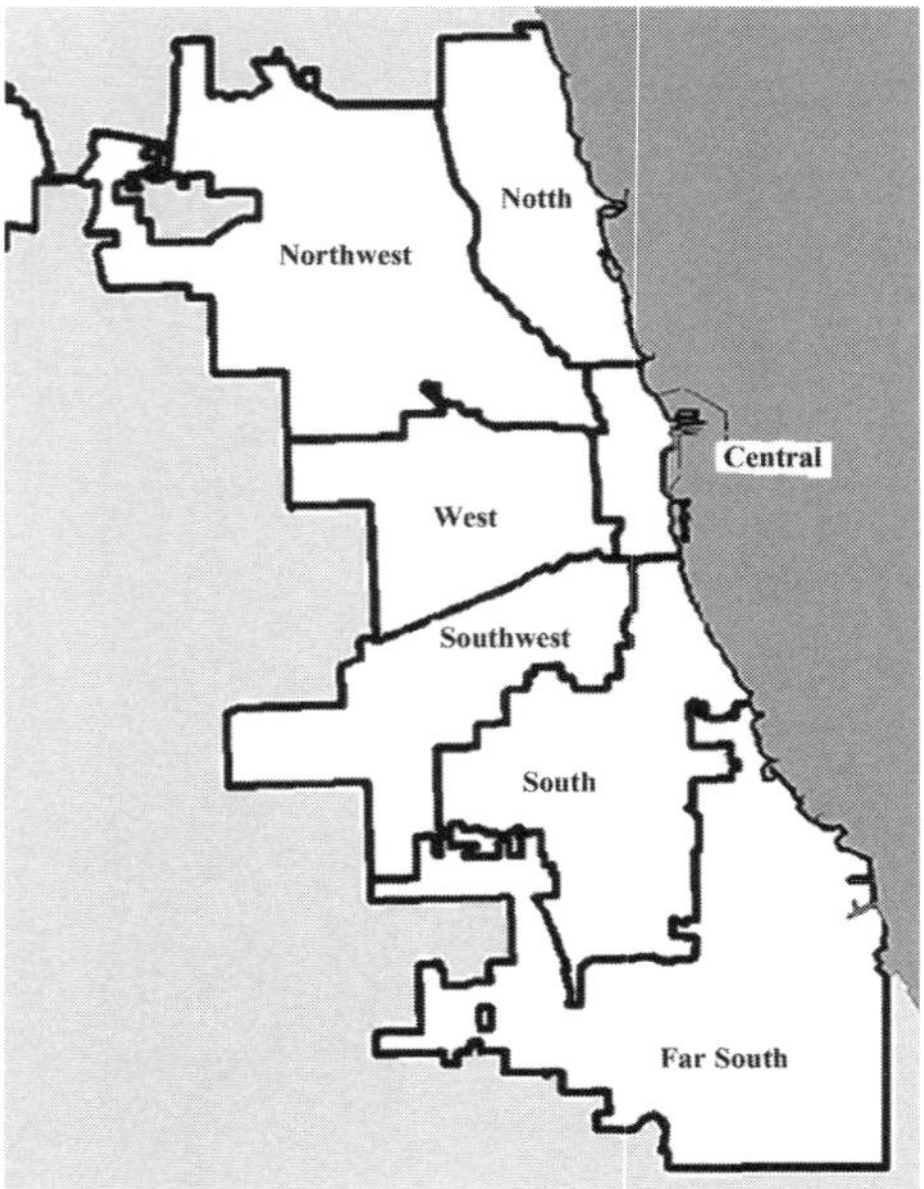

シカゴ市の地域区分
(https://www.chicago.gov/city/en/depts/dcd/supp_info/view_tif_districtmap)

その頃、シカゴでは黒人の人口が急増していた。二つの大戦を契機に南部の貧しい農村での生活に見切りをつけた黒人が北部の大都市へ移住し、シカゴはその最大の目的地となった。聖職者会議が出した「シカゴ大教区のカトリック教会と黒人」という報告書によると、一九四〇年に二七万八千人であったシカゴの黒人人口は、一九五〇年に四九万二千人（人口の約十四％）へと急増している。市内への黒人の流入が急速に進み、最初はサウスサイドが、その後はウエストサイドを含めた地域が、黒人が住民の大半を占める「ブラック・ベルト」へと変貌した。(13)

ローチは高校生の頃、生まれて初めて人種差別の問題を知ったと回顧している。

　私が「人種問題」とよばれているものに最初に目覚めたのは、ＣＩＳＣＡの活動を通してでした。でも、その頃、私たちはみな人種別に分離された社会で暮らしていたので、「人種問題」について学んでも、黒人の生徒と接する機会はほとんどありませんでした。(14)

ローチは、アイルランド系の中産階級の家庭で育っており、当時居住していたロジャーズ・パークにも、通っていた高校にも黒人はいなかった。そうした環境で暮らしていたローチは、「人種問題」への取り組みの第一歩として、フレンドシップ・ハウスの活動に参加するようになった。フレンドシップ・ハウスは、人種間の平等を唱えた、カトリックの著名な活動家であるキャサリン・ド・ヒュイック・ドハーティによって、一九三〇年代前半にトロントで創設された施設だった。その後、ドハーティは一九三八年にニューヨークのハーレムに、一九四二年にシカゴのサウスサイドにフレンドシップ・ハウスを開設した。(15)

開設直後のシカゴのフレンドシップ・ハウスは、黒人のための成人教育や白人と黒人が自宅を訪問し合うプログラム、黒人の母親のための託児サービスなどを行ない、カトリックの若い白人女性がボランティアとして活動に参加していた。ローチの母親は、フレンドシップ・ハウスが治安の悪い地域にあるという理由で、娘がそこへひとりで行くことを許さなかったため、ローチは、ドハーティが金曜日の夜に自宅で開く黒人と白人のミーティングに参加した。そこでの経験を通して、隣人愛を実践して、社会の底辺で暮らす黒人を救済することで、自らの信仰を深めたいと思うようになった。(16)

第二次世界大戦後、シカゴ市内のカトリック教会は、信者数の減少とそれに伴う財政状況の悪化に見舞われた。その理由は、ウエストサイドやサウスサイドを中心に黒人の居住者が増えると、それを嫌って多数の白人が郊外へ転居したことにあった。市内の白人人口は、一九五〇年から十年間で十%以上減少したが、その多くが「新移民」の子どもや孫であり、カトリック教徒だった。それに対し、新たに流入した黒人の大多数はプロテスタントであり、カトリック教徒の比率は六%程度にすぎなかった。(17)

一方、祖父母や親の代から慣れ親しんできた教会に通い、教区で生活するために、シカゴ市内にとどまる白人も少なからずいた。マックグリービーによると、戦後も住民の五十%以上、場所によっては七十%以上が白人のカトリック教徒である地域が、シカゴの北西部と南西部には存在していたという。そうした白人のなかには、人種や宗教が違っても、教区に住んでいるすべての人に奉仕しなければならないというカトリックの教えを実践しようとする人々がおり、同じ教区に住む「隣人」として黒人を受け入れていこうという考え方があった。(18)

このような状況の下で、日常生活のさまざまな場面で、黒人と友好的な関係を築いていくための取り組みが一部の白人のカトリック教徒によって進められた。なかでも、「人種問題」への理解を深めるための啓発・教育活動が盛んに行なわれ、白人と黒人が家庭を互いに訪問して、家族ぐるみで交際したり、黒人の子どもを教区学校へ通わせるように勧めたり、日曜学校や成人学校へ黒人の参加を促すような活動が実践された。

とくに黒人家庭の教育に対するニーズは大きく、教区学校への通学を勧める取り組みは成果を生んだ。シカゴへ転居してきた黒人のなかには、地元の公立学校の教育の質が良くないと考えている者が多くおり、自分たちの期待に見合うような教育を子どもに受けさせたいと望んでいた。そうした黒人の親にとって、カトリック教会が運営する教区学校はたいへん魅力的だった。シカゴでは、ブレスト・サクラメントなどの女子修道会の修道女たちが、教区学校で教鞭をとっており、宗教的な教育を通じて規律や道徳を教えることによって、ゲットーの劣悪な環境から黒人の子どもたちを守った。教区学校に通う黒人生徒は、カトリックの教理問答（カテキズム）を学び、日曜学校に参加した。子どもの親も、毎週、カトリックの教義を学ぶ夜の集会に出席した。カトリック教会による教育への評価が黒人のあいだで高まるにつれて、シカゴで教区小学校に通う黒人の子どもの数は、一九五〇年の五七八〇人から五九年には一万三七三〇人へと増加した(19)。こうして、白人のカトリック教徒が郊外へ転居したことで生徒数が減少していた教区学校は、徐々に生徒数を取り戻していった。

教区学校に加えて、カトリックの病院や救済施設なども次第に黒人に門戸を開いた。教会は、それによって黒人をカトリックに改宗させて信者を増やし、教区の財政的な基盤を固めることを最終的に目指していた(20)。このような取り組みの結果、シカゴの黒人カトリック教徒の数は、一九五〇年の二万三四六二人から一九五九年秋には四万九千人へと増加し、年間のカトリックへの改宗者の半数以上が黒人で占められるようになった(21)。

ローチは高校を卒業すると、シカゴにあるカトリック系の女子大であるマンダライン・カレッジに進学してジャーナリズムを専攻した。卒業後は、シカゴ大教区のカトリック女性協議会の事務局に勤務した後、マンダライン・カレッジの同窓会の事務局で働いた。ローチは、仕事の傍らウエストサイドにあるマリヤック・ハウスというカトリックのセツルメントで、困窮している黒人の生活を支援するボランティアをしたり、ジョン・A・ライアン・フォーラムの活動に参加したりすることで、「人種問題」への理解を深めていった。(22)これらの活動を通じてローチは一九五八年、三十一歳のときに自分の使命に目覚めたと回顧している。「貧困と豊かさという人間が直面しているジレンマ、孤独、苦しみに直面した」ことで、カトリック教徒として生涯をかけて、そうした問題に取り組んでいきたいと思うようになったという。(23)

第二節　異人種間平等主義への傾倒

ローチは一九六一年、三十四歳のときにシカゴのカトリック異人種間会議（ＣＩＣ）の事務局に勤務することになった。(24)この時期のローチの人種に対する考え方を理解するには、ＣＩＣという組織とそれが提唱した異人種間平等主義について検討しておかなければならない。ＣＩＣは、イエズス会士のジョン・ラファージが、一九三四年にニューヨークで創設した組織であり、その会則には、「異なる人種の人々が精神的な結束を実現し、それぞれが慈善と正義という神の教えを実践する」ことが目的として掲げられていた。(25)ラファージは、人種差別は罪であり、精神的にも道徳的にも許されるものでないと説き、それを社会正義というより大きな問題と結びつけるような活動の必要性を主張した。(26)彼は、カトリックの教義に基づいて異人種間の理解を深めることは、アメリカの国家的な理念である生命、自由、幸福の追求につながると考えており、民主主義的な社会の発展に寄与するとみていた。(27)

その後、第二次世界大戦を経て、北部の大都市を中心に各地でＣＩＣが設立されるようになり、シカゴでも一九四八年にＣＩＣが結成された。ラファージによると、ＣＩＣの担い手は、次のようなカトリック信徒でなければならなかった。

［異人種間平等主義の実践は］それぞれの人種のもっとも有能な人々による、もっとも利他的な協同でなければならない。その目的は、わが国において黒人が置かれている地位を高め、教育を普及させ、地上に神の王国を広めることにある。(28)

ＣＩＣは、白人の黒人に対する「態度」を変えることによって、異人種間の平等を実現することを目指しており、会員に配布されたQ＆A形式のパンフレットには、次のようなことが書かれていた。黒人が初めて白人のコミュニティに引っ越して来ることになった場合、白人の住人たちはどのように振る舞うべきかという問いに対して、まず、住人に信頼されている教区のリーダーが、「異人種間の正義」を説き、「キリスト教的な方法」で、黒人を隣人として受け入れるように人々を説得する。黒人による犯罪が多く、黒人が転居して来ると近隣の治安が悪化するのではないかと懸念する者には、黒人に問題があるのではなく、彼らを蝕む貧困や家族とコミュニティを取り巻く劣悪な環境が犯罪を生み出していることを理解させる。人種の境界線を越えて白人が黒人に「慈悲と慈善」を与え、「社会正義、人間としての尊厳、強い道徳心」を培うことによって、白人は黒人の良き隣人になることができるのだとしている。(29)

また、白人のカトリック教徒には、アイルランド系や東欧・南欧系の移民の子孫が多いことから、アメリカ社会における移民と黒人の立場の違いを理解して、黒人を受け入れるように説いた。なぜ、移民はそれほど政府の支援を受けなくても貧困から抜け出すことができたのに、黒人は社会の底辺から脱することができないのかと考えている白人に対して、ＣＩＣのパンフレットは次のように説明している。黒人は長い間、政府から抑圧され、法的な権利を行使することができない状況に置かれてきた。奴隷制の下では家族の形成が奨励されなかったため、黒人家族が安定した絆を持つことができるようになってから、まだ二世代しかたっていない。それに対し、移民はアメリカに来てからも、カトリック教会から多くの支援を受けることができ、貧しい家庭の息子でも聖職者になることができた。黒人は南部では教会との結びつきが弱く、移民のような恩恵をこれまで受けることができなかった。そうした違いを十分に理解したうえで、カトリック教徒として黒人に手を差し伸べるべきであるというのがCICの見解だった(30)。

このようにCICは、平信徒に「カトリックの神学的な悔悟に基づいて、黒人と白人の社会的な平等」を実現するために、まず自らを変革しキリストの愛を実践しなければならないと教え、キリストの神秘体を通して、「他者」である黒人のなかに「もう一人のキリスト」を見いだすことを求めた。だが、こうしたCICの方針には、大きな限界があった。まず、CICの指導層の人種差別に対する考え方は、総じて表層的なものだった。とくに人種隔離制度の下で、黒人が長年にわたり耐え忍んできた苦悩や怒り、屈辱への共感はなく、黒人に対するまなざしは、きわめて温情主義的だった。ラファージが求めていたのは、人種統合の即時実現ではなく、漸進主義的な改善だったが、それさえも、白人の「良心」に期待する所が大きく、性善説と楽観主義にもとづいていた。CICの異人種間平等主義は、ローマ教皇が出す回勅を、アメリカにおける人種差別の克服に応用する程度のものであり、それ以上の熱意には欠けていた(31)。

CICは創立後、長い間、一般的な関心を集めることはなかった。しかし、一九五四年のブラウン判決、一九五五年のモンゴメリー・バス・ボイコット事件、一九五七年のリトルロック高校事件などがメディアで報じられるようになると、徐々に会員数を増やし、カトリック教徒による人種差別撤廃への取り組みを主導する団体として知られるようになった(32)。

そうしたなかで一九五〇年代末には、各地のCICが個別に行っている活動を統括する必要性が議論されるようになった。一九五八年の夏に、シカゴのCICが中心となってロヨラ大学で全国大会が開催され、各地のCICの代表が集結した。この大会では、それまで地域でCICが実践してきた、白人と黒人の架橋となるような活動の意義を確認し、今後は各地のCICが相互に連携しながら活動を継続していくことが合意された(33)。基調演説では、ラファージが、聖職者の指導の下で平信徒が活動を進めていくことの重要性を説き、新たに五十以上のCICの支部を創設することを提案した。そして、南部で行われているキング牧師らの活動を称賛し、住宅、職場、学校における人種統合を実現することを決議として採択して閉会した。[34]

この会議に触発されて、カトリックの司祭たちも人種差別への関心を公にするようになった。一九五八年十一月に、「差別とキリスト教徒の良心」という声明がアメリカ合衆国司教の名の下に出され、「人種問題の根幹は宗教的で道徳的なものである」と明言した。[35] 聖職者のこのような発言は、カトリック界では異例のことであり、多くの平信徒が時代の変化を感じた。ローチも、この声明に感銘を受け、それを書き写した紙をファイルに入れて、いつも傍らに置いていたという。[36]

こうした機運に乗じて、翌年、全米各地のCICの連盟として、人種間の正義を求める全国カトリック会議（NCCIJ）がシカゴで設立された。NCCIJの代表には、マシュー・アーマンが就任した。[37] アーマンは、ミネソタ州出身の二十八歳の白人男性であり、シカゴでCISCAの機関紙の編集に携わった後、イリノイ州クック郡の公的扶助省でソーシャルワーカーとして働いた。そのときに貧しい黒人の生活に直接触れたことで「人種問題」に開眼し、シカゴのCICのスタッフに加わった。[38] アーマンが、全国のCICをNCCIJの下に統括したことで、カトリック教徒が公民権運動に関わっていくための組織的な基盤が築かれた。[39]

ローチがシカゴのCICで働き始めたのは、NCCIJが創設されてから二年後のことであり、ジョン・マクダーモットが事務局長を務めていた。マクダーモットは、のちにシカゴ・フリーダム・ムーブメント（CFM）でキング牧師らとともに活躍し、住宅差別の問題に取り組むことになる人物であるが、この頃は、CICの代表に就任するために、ソーシャルワーカーとして働いていたフィラデルフィアからシカゴへ来たばかりだった。マクダーモットは着任早々、啓蒙・教育的なCICのプログラムと直接行動は何も矛盾しないと公言し、シカゴの聖職者に働きかけながら、人種統合に向けた活動を率先した。[40]

ローチは、マクダーモットの下で直接行動に参加するようになった。この頃には、CICが提唱するような啓蒙・教育活動に限界を感じている白人のカトリック信者が少なからずおり、南部での公民権運動の進展に呼応する形で、より実践的な直接行動を通じて人種の平等を実現すべきだと考える者が増えつつあった。ローチもそのなかのひとりであり、黒人の法的・政治的な権利の獲得のみならず、経済的な機会を人種に関わりなく平等に保障するために声をあげ、行動しなければならないと思うようになっていた。

最初の実践は、ミシガン湖のレインボービーチの人種統合だった。ここは白人だけが利用できるビーチとされてきたが、一九六一年六月二十四日に地元の全国黒人地位向上協会（ＮＡＡＣＰ）の支部に所属する十五人の黒人が、ビーチで一時間半過ごした。七月二日に再び黒人たちがビーチを訪れると、今度は白人の群衆が彼らを取り囲み、ここから出て行くように命じた。それを受けてＮＡＡＣＰは、八日と九日に「ウェード・イン」（wade-in　大勢で湖に入って抗議活動をすること）を行うことを決めた。ＣＩＣは、プロテスタント諸派やユダヤ教の聖職者と協力して、「ウェード・イン」への支持を表明するとともに、地元警察にシカゴ市民である黒人の権利を守るように要請した。当日は、人種平等会議（ＣＯＲＥ）などの公民権団体が多くの黒人を組織してビーチへ行かせた。「ウェード・イン」は七月十五日にも行われ、この時は、マクダーモットがサウスサイドにある教区の若者に参加を呼びかけたため、多数のカトリック教徒がビーチに結集した。こうした活動が実を結び、レインボービーチは、人種を問わずだれでも利用できるようになった。[41]

この時期にローチのような白人の平信徒が、直接行動に踏み切ることができたのは、シカゴ大司教であるアルバート・グレゴリー・マイヤーの影響によるところが大きかった。マイヤーは、一九五八年に着任した当初はそれほど強く人種平等を主張していたわけではなかったが、シカゴで黒人が置かれている状況を知るにつれて、次第に人種差別の克服への思いを強くした。[42]マイヤーは、サウスサイドにあるカトリックの高校へ黒人生徒を入学させたり、教区病院で黒人患者を受け入れたり、イリノイ・カトリック女性クラブへ黒人女性を入会させるなど、カトリックの組織の人種統合を実現し、黒人差別を厳しく糾弾して座り込みやボイコットを行う、異色の大司教として知られるようになった。[43]

ローチはＣＩＣに勤務している間、郊外の住宅地への黒人の転居を支援する活動にも参加した。最初のケースは、一九六一年の十二月末にシカゴの南に位置するナイルズへ転居した黒人家族だった。ジョン・ヴィエラ夫妻はカトリック教徒であり、夫はイリノイ工科大学の大学院を出た電気技師で、朝鮮戦争をはさんで三年にわたり海軍の技術者として従軍した経験があった。妻は専業主婦で、二歳の女児がおり、二人目の子どもを妊娠中だった。夫妻はシカゴ市内のアパートに住んでいたが、子どもができて手狭になったため、不動産会社を通して郊外の住宅を探していた。しかし、差別的な扱いを受けて、希望する物件を購入することができなかった。

その後、ヴィエラ夫妻は、ホーム・インクという団体が、黒人に住宅を売りたい白人と、郊外の住宅地に住みたい黒人のマッチングをしていることを知り、そこを通じて、ナイルズの住宅を購入した。ＣＩＣは売買契約が成立した後、夫妻の転居に向けて支援を開始した。まず、地元の聖ジョン・ブレブフ教区のジョン・フラナガン神父に夫妻の受け入れを頼み、教区の白人信者たちに理解を求めた。さらにＣＩＣは、ナイルズの警察署と市長に協力を要請し、事前に黒人との売買契約が成立したことや、夫妻が転居してくることを近隣に知らせないように伝えた。地元の新聞社には黒人が転居したことを報道しないように頼み、不動産会社には、住宅の狼狽売り《パニック・セリング》を避けるように求めた。ヴィエラ夫妻が転居した直後に開かれた地区の会合には、黒人の転入に反対する白人が二百人ほど詰めかけたが、会合に臨席していた市長が、夫妻の転居は法に適ったことだと説き伏せて退散させた。(44) こうしたヴィエラ夫妻への支援は、ＣＩＣのモデルケースとなり、他の郊外の住宅地への黒人の転居の際に手本とされた。(45)

第三節　第二バチカン公会議とカトリックの女性

ローチは一九六二年の秋、三十五歳のときに人生の転機を迎えた。生まれ育ったシカゴを初めて離れて、全国カトリック女性協議会（ＮＣＣＷ）で働くためにワシントンへ行くことになったのである。ＮＣＣＷは、各地域で行われていた平信徒の女性によるカトリック・アクションを統括するために一九二〇年に設立された組織であり、一万三〇〇〇以上の団体が加盟していた。事務局長のマーガレット・ミレイの下で、ローチは社会活動を担当するポストに就いた。(46)

ＮＣＣＷは創設以来、カトリックの女性が実践しているさまざまな活動に関わってきたが、女性の家庭での役割を至上のものと見なし、避妊や人工妊娠中絶、離婚、自由恋愛に反対の立場をとり、カトリックの本質主義的なジェンダー観を受け入れてきた。また、カトリック教会の位階制の下で、聖職者の指導に従って平信徒の女性が行う活動を支援の対象としてきた。(47)ローチが着任した頃には、人種差別への取り組みが重要な課題となっていたが、カトリックの女性としての特性を生かしながら、黒人との関係を改善していくべきであるというのがＮＣＣＷの基本的なスタンスだった。すなわち、カトリックの女性は、主婦、母として、それぞれ教区で独自の人間関係を築いており、そうした交友を通して「人種問題」への関心を深め、黒人に対する差別をなくしていこうという考え方だった。(48)

ローチが着任後、まず取り組んだのも、こうしたＮＣＣＷの方針に沿った啓蒙的な活動だった。ローチは、「黒人はどうしてほしいのか？」というタイトルの寸劇のシナリオを書いて、カトリック教会が主催するイベントで自ら上演し、それを印刷して加盟団体に配布した。ローチのシナリオは、黒人女性が白人女性の役、白人女性が黒人女性の役を演じる形になっており、ロールプレーを通じて、双方の人種が互いの言い分や考え方を理解するためにコミュニケーションを図ることができるように作られていた。黒人を集団としてではなく個人として見ること、黒人ひとりひとりの権利を認めること、法律が変わっても、人々のモラルが変わらなければ人種差別はなくならないことを寸劇で訴えた。(49)

一方、一九六一年にジョン・Ｆ・ケネディがアメリカで初のカトリックの大統領に就任したことで、ＮＣＣＷは少しずつ変わり始めていた。同年末に設立された女性の地位に関する大統領委員会に、カトリックの女性を代表してミレイが委員に選ばれ、政権とのパイプを持つようになった。その後、ＮＣＣＷは一九六三年一月にケネディ大統領に招かれて、世界各国の代表と、人種差別をなくすために教会やシナゴーグが果たすべき役割について意見交換をする機会を与えられた。同年七月には、全国で指導的な立場にある三百人の女性がホワイトハウス会議に招かれ、ＮＣＣＷはローチを含めて十七人の代表を送った。カトリックの女性は保守的で、政治的な関心が低いという一般的なイメージを払拭すべく、ＮＣＣＷは人種差別の撤廃にも積極的に取り組んでいることをアピールした。[50]

こうしたＮＣＣＷの変化を決定的にしたのが、一九六二年から三年余にわたって開催された第二バチカン公会議だった。そこで一九六三年四月に教皇ヨハネ二十三世が回勅「パーチェム・イン・テリス」（地上の平和）を出したことが、アメリカのカトリック教徒の意識を教会の外へと向かわせる大きな契機になった。この回勅は、カトリック教徒だけでなく、すべての「善意の人々」に宛てられたものであり、教会を「現代化」して、社会が抱えている諸問題に積極的に関与することを奨励した。冷戦の下での核兵器の保持や軍備の拡張競争を終わらせなければならないことを説き、キリスト教的な人間理解が帰結する課題として、人権の尊重を謳った。「すべての人間には生きる権利がある。肉体的な尊厳を保つ権利、人としてふさわしい成長を遂げる権利、これらをみな有している」とする回勅の発令は、公民権法の制定に向けた活動が勢いづいていたアメリカで、カトリック信者の人種差別撤廃への関心を一気に高めた。[51]

加えて第二バチカン公会議では、すべてのキリスト教の一致を促進することも提唱された。これはいわゆるエキュメニズムの考え方であり、キリスト教の宗派を越えた協力を進めるものだった。さらに一九六五年には、信徒使徒職教令も出された。信徒使徒職とは、全ての一般信徒は、イエス・キリストから任命され、社会の福音のために派遣された使徒であるという見方であり、聖職者、修道者以外の一般信徒も、積極的に布教・奉仕などに参加するべきであるとされた。[52]第二バチカン公会議の影響を受けて、カトリック教徒は、自分たちの信仰を新たな言語で表現するようになった。それは、参加、対話、祈り、権利といったものであり、新しいカトリックのアイデンティティが生まれるきっかけになった[53]。これ以降、聖職者の権威に頼るのではなく、「神の民」である自分たちの判断に基づいて人種平等を実現するための活動に参加する信徒が増えた[54]。

こうしたなかで、NCCWも活動方針を転換した。代表のミレイは、第二バチカン公会議で出された回勅がカトリックの女性に与えた影響について、次のように述べている。

回勅は、女性のアイデンティティを、妻や母親という役割に限定する必要はもはやないのだと告げています。女性の全人格は、最高の状態にまで高められなければなりません。それによって、女性は家庭や教区にとどまらず、コミュニティや世界に唯一無二の貢献ができるようになるのです[55]。

ローチも回勅に感動して、以前にも増して社会的な活動に邁進するようになった。『BVM VISTA』誌のインタビューで、カトリックの女性の人種差別に対する意識を高めていかなければならないという思いを次のように述べている。

良心的で、真面目で、教育を受けているのに、人種差別について無知な女性がまだたくさんいます。彼女たちは、自分の家庭や教区、地域社会の出来事に深く関わっていますが、バーミングハムの暴動よりもミサの侍者への手当のほうに関心があるのです。暴動が起こったことを残念に思ってはいますが、それが自分たちの生活に関係していることを理解しようとはしないのです[56]。

しかし、ローチらがカトリックの女性として社会的な意識を高め、人種平等を求める活動に積極的に関わるようになる一方で、カトリック教会の指導層は、第二バチカン公会議後も女性に対する旧態依然とした態度をなかなか変えようとはしなかった。ミレイは、次のように述べている。回勅によって「女性たちは翼を与えられました。しかし、女性が羽ばたくのを快く思わない司教や司祭があまりにも多くいます」[57]。ローチのまわりにも、女性が活動の場を広げることをよく思わない聖職者が少なからずおり、ローチは、それにいたく落胆していた[58]。こうしたなかで、ローチのような平信徒の女性による活動は、カトリックのジェンダー観をめぐって、教会や聖職者と複雑な関係を持ちながら進められていった。

1963 年にワシントン行進に参加した時のローチ（中央）
（出典：Box 23, Folder 2, Margaret Roach Papers）

ローチがこの時期にワシントンで取り組んだのは、公民権法を連邦議会で成立させるための活動だった。ＮＣＣＷに加盟する女性団体に手紙を書いたり、直接訪問したりして、地元選出の連邦議会議員に働きかけて、法案を可決させようと呼びかけた[59]。カトリックの女性を動員して、ロビー活動を行うのと並行して、ローチはＮＣＣＷの代表として、ＣＯＲＥや学生非暴力調整委員会（ＳＮＣＣ）のメンバーとともに公民権指導者会議に出席した[60]。

一九六三年八月二十八日に行われたワシントン大行進には、特別列車でシカゴから二百五十人のＣＩＣの会員が参加し[61]、ローチは旧交を温めた。その頃、シカゴでは宗教と人種に関する全国会議が開催され、ＮＣＣＩＪが公民権法の制定に向けたデモへの積極的な参加を呼びかけていた。ＮＣＣＩＪは、プロテスタント諸派やユダヤ教の団体とともに、大行進の主催団体のひとつとなり、当日はワシントンの大司教であるパトリック・オボイルが祈りを捧げた後、キング牧師の「私には夢がある」演説の前にNCCIJ代表のアーマンが演説した。NCCIJが、このような場で公民権法案の成立を訴えたことは、第二バチカン公会議で提唱されたエキュメニズムを象徴する出来事になった。(62)

翌年、ローチは初めて南部を訪問し、黒人が置かれている状況を自分の目で見る機会を得た。彼女が参加したのはミシシッピで水曜日を（WIM）というプログラムであり、北部のさまざまな団体に所属している女性がミシシッピへ行き、南部の女性と交流する事業だった。WIMは、ドロシー・ハイトと彼女が代表を務める全米黒人女性会議（NCNW）によって始められ、一九六四年と六五年の二度にわたって北部の女性をミシシッピへ派遣した。人種、宗教、地域を越えた対話を通じて、北部の女性にミシシッピの現状を知ってもらうこと、フリーダム・スクールや黒人の有権者登録を進める活動を実際に見学して、その成果を北部の人々に伝えてもらうことが、その主たる目的だった。(63)

ローチは、北部に在住する白人女性三十二人、黒人女性十六人から成るグループの一員として、ミシシッピを訪れた。火曜日に飛行機でミシシッピへ向かい、水曜日に各地で地元の女性と交流し、木曜日に帰宅するという忙しいスケジュールだった。ローチは滞在中、ジャクソンとメリディアンでフリーダム・スクールを見学し、飛び入りでフランス語の授業をした。黒人の有権者登録を進めるボランティアとも交流し、夜はキングやラルフ・D・アバナシーら名だたる牧師たちの集会に参加した。(64)

ローチのミシシッピ滞在は、わずか三日間であり、南部社会で黒人が直面している問題を理解するには十分ではなかった。また、ローチが接したのは、白人も黒人も高学歴の中産階級の中年女性であり、ローチとそれほど変わらない暮らしをしている人々だった。しかし、ローチはWIMを通じて、公民権運動が南部の黒人たちの意識をどのように変えつつあるのかを初めて自分の目で確かめ、人種差別の撤廃を目指して危険を顧みずに日々戦っている南部の女性たちの勇気に触れることができたと述べている。WIMはローチに、カトリックの女性として、これから自分が何をすべきか、改めて考え直すきっかけを与えた。(65)

第四節　教区への回帰――契約購入者連盟

ローチは、母親が病に倒れたため、一九六六年にNCCWの職を辞してシカゴへ戻った。母親の看病をしながら、かねてから親交があったアーマンに誘われてNCCIJの本部で働くことになった。(66)

四年ぶりに戻ったシカゴは、大きく様変わりしていた。ローチが帰郷した年の夏には、キング牧師が率いるSCLCとシカゴのコミュニティ組織調整協議会（CCCO）を中心にシカゴ・フリーダム・ムーブメント（CFM）が開始され、シカゴは北部における公民権運動の拠点になっていた。CFMは、シカゴで暮らす黒人の生活に直結する諸問題――雇用、教育、医療・保健、犯罪、地域開発など――に取り組むことを表明していたが、なかでも力を注いだのは黒人の住宅問題だった。CFMはまず、シカゴの黒人が住んでいるスラムをなくして住環境を向上させることを目指し、その後、「住宅開放」（オープン・ハウジング）、すなわち住宅地における人種統合の実現へと運動の焦点を移した。実質的な活動期間は二年ほどだったが、住宅の販売や賃貸における人種差別を禁止し、白人の住宅地に黒人が居住できるようにすることを目標に掲げ、さまざまな活動を展開した。(67)

CFMの活動家たちは、住民が白人で占められているシカゴ市内や郊外で、「住宅開放」を掲げてデモを行い、住宅地の人種統合を求めた。シカゴのCICのメンバーも、それが経済的正義を実現するものだとしてCFMに加わった。シカゴへ戻ったローチもCICの仲間とともに、デモに参加するようになった。

シカゴのカトリックの平信徒がCFMの活動に参加するようになったのは、ジョン・J・イーガン神父の影響によるところが大きかった。イーガンは当時、シカゴ大教区の都市問題局の局長を務めており、プロテスタント諸派とユダヤ教の指導者と協力しながら、シカゴ都市問題宗教間協議会を設立して、黒人の住宅問題に取り組んでいた。彼は、シカゴ市の住宅計画協議会のメンバーでもあり、市政とのつながりも強かった。カトリック教会は教区を基盤にして、住宅地での活動に信者を動員することができるため、市政と黒人のあいだに立つ「第三勢力」となり、問題に立ち向かうべきだと考えていた。それぞれの教区でコミュニティ開発チームを組織して、「近隣の再生と人間的な社会的再開発」を進めていくことを提唱し、カトリック教徒は、そうしたプログラムを主導する存在にならなければならないと主張していた。[68]

しかし、一九六六年の七月半ばから八月半ばにかけて、シカゴ郊外の住宅地でCFMが行った一連のデモは、カトリック教徒がこの問題に取り組むことの難しさを露呈した。CFMは、白人の住宅地にある不動産会社の前でデモを行い、住宅の売買において黒人を差別的に扱っていることに抗議した。八月五日にゲージパークで行われたデモでは、CFM側の参加者約六百人がシュプレヒコールをあげていると、そこに四千人以上の白人暴徒が現れて、彼らに石やビン、爆竹を投げつけた。暴徒の多くは、祖父母や親の代からこの地域に住みつづけてきたアイルランド系、イタリア系、ポーランド系の住民であり、その大半がカトリック教徒だった。彼らは、自分たちのコミュニティが、「住宅開放」を求める急進的な活動家によって「破壊」され、「浸食」されることを恐れていた。多数の警察官が現場に駆けつけ、デモの参加者を保護したが、白人暴徒は攻撃を止めなかった。彼らは、「殺してやる」と叫びながらキング牧師らに襲いかかり、事態の収拾は困難を極めた。[69]キングは、「今までの私の人生でこれほどの敵意と憎悪を見せつけられたことはなかった。セルマでもこんなにひどい目には遭わなかった」と述懐している。[70]

この流血の惨事をきっかけに、CICのカトリック教徒と「住宅開放」に抵抗するカトリック教徒は激しく対立することになり、シカゴ大司教のジョン・P・コディは難しい立場に追いやられた。コディは平信徒に対する権威主義的な態度が批判されることもあったが、以前からCICを支援しており、カトリック教会とその関連施設での雇用契約に公平な雇用条項を入れたり、住宅や労働組合における人種平等を訴えたりしていた。[71]

だが、この事件の後、コディはCFMを支援するCICのカトリック教徒と白人暴徒となったカトリック教徒のあいだで板ばさみの状態に陥った。最終的にコディが行きついたのは、両者のあいだを取り持とうとする妥協案だった。彼は次のような言葉で、CFMに活動を一時中断して、ジョン・デイリー市長をはじめとするシカゴ市側と住宅地の人種統合に向けた交渉を開始するように求めた。

［シカゴで行われている］行進とデモは、新しい局面に入ったように思われます。［中略］現在の危機を公正にそして永続的に解決するために、市の当局者が不動産会社と公民権運動団体のあいだに立って、直ちに話し合いの場を持つことを祈ります。[72]

穏便に事態を収拾させようとするコディの態度は、ＣＦＭやＣＩＣにとって到底受け入れられるものではなかった。ＣＩＣは、コディの要請を「不公平で非現実的」であり、「何の申し立ても受け入れられていないのに、労働組合にストライキを止めろと言っているようなものだ」と非難した。[73]

ローチがこの問題に対して、どのような立場をとっていたのかを直接示す史料はない。しかしこの頃、ローチはイーガンの下で、黒人の生活を支援するための活動に多くの時間を費やしていたことから、コディとは考えを異にしていたのではないかと思われる。イーガンは、一九六六年一月にプレゼンテーション教区の神父に任命されたが、それはコディが彼を教会の指導層に従わないトラブルメーカーと見なし、黒人が圧倒的に多い貧しい教区へ送り込んだためだといわれている。イーガンとの関係から、ローチはコディとは別の道を志向していたと考えるのが自然であろう。[74]

ローチは、一九六七年にアーマンとともに『教会と都市の人種危機』という書籍を編集するなど、ＮＣＣＩＪで有能な働きぶりを見せていたが[75]、翌年にはその職を辞して、イーガンが設立した契約購入者連盟（ＣＢＬ）の本部で働くことになった。[76]この頃ローチは、「住宅開放」に代わるような活動を求めていた。彼女は、長い間、白人が住みつづけてきた住宅地を直ちに人種統合することは非現実的であり、黒人たちを白人の住宅地へ転居させることよりも、今住んでいる場所で黒人の生活環境を向上させることのほうが重要だと考えるようになっていた。この年の四月にキング牧師が暗殺されたことも、彼女のそうした方向転換に影響を及ぼしていた。ローチは、「私たちが暮らしている町と国全体に正義をもたらすような活動が必要だという思いは、キング博士の悲劇的な死とそれに続く暴動によってさらに強まりました」と述べている。(77)

ＣＢＬの本部は、シカゴのウエストサイドに位置するローンデールにあり、この地域に住宅を持つ黒人と協力しながら、不動産会社に住宅購入時の不平等な売買契約を見直させるための活動を行っていた。イエズス会の若い神学生であるジャック・マクナマラらが、イーガンとともに働いており、ローチはそこに事務局の責任者として加わった。(78)自分の原点である教区をベースとした活動に戻り、黒人が自分たちのコミュニティでよりよい暮らしができるように現実的な支援をするために、ＣＢＬにスタッフとして加わる決断をしたのである。ローチはまた、イーガンというシカゴのカトリック教会の指導層からは疎んじられていた神父に従い、ＣＢＬの活動に専念することを選んだのであり、第二バチカン公会議で出された回勅の彼女なりの受け止め方をここに見ることができる。

シカゴのウエストサイドとサウスサイドでは、多くの住宅が、白人の持ち主から白人の投機家（その大半がユダヤ系だった）によって買い取られ、それを不動産会社が二〜三倍の価格で黒人に売却していた。黒人は、銀行で白人と同じ条件の住宅ローンを組むことができなかったため、販売者である不動産会社と特殊な契約を結んで住宅を購入することを余儀なくされていた。ＣＢＬの調査によると、ローンデールの住宅の八十五％以上がそうした形で取引されており、契約で家を購入した黒人は次のような制約を受けていた。まず、不動産の名義は、全額を払い終えるまで販売者のものとされた。たとえ一か月でも返済が滞ると、販売者は購入者を立ち退かせ、新しい顧客に家を売ることができた。その場合、購入者は頭金とそれまで支払った月々の返済のすべてを失うことになった。(79)

ローチがＣＢＬに参加した直接的な動機は、若い頃から懸命に働いて貯金をし、住宅を購入することで生活を向上させようとしていた黒人家族への同情だった。当時、ローチが親しくしていた黒人女性に、ルース・ウェルズという人物がいた。彼女は、ミシシッピの出身で、ジェームズ・〝アイラ〟・ウェルズと結婚し、一九五九年からシカゴの３Ｍ会社で働いていた。(80)夫妻は、三千ドルの頭金を払い、七％の利子で十五年のローンを組み、ウエストサイドにある二万三千ドルの家を契約で購入した。月々のローンの返済は一七五ドルだった。その家は、前の持ち主から一万三千五百ドルで不動産業者が購入したものだった。[81]

ルースは、契約購入者として自分が直面している問題を次のように語っていた。「月々の返済額が高いので、共働きをしなければなりません。二人とも仕事が忙しいので誰も面倒を見る人がいないまま、子どもたちは放置されていま す」[82]。ローチは、ルースのこうした言葉から、差別的な契約によって住宅を購入したことで、黒人女性が妻として母としての役割を果たせなくなっていることが問題であると見なしていた。ローチはこれに関連して、カトリックの女性として自分が他者のために果たすべき役割について、次のように述べている。

私にとってカトリックの女性であることの証は、家族や友達の輪を越えて人を助けることです。それによって、身近な人々と世界中の隣人の生活の質を豊かにすることができるのです。自分のビジョンと価値観、能力、技能を他者への奉仕に向けることができるような女性にならなければなりません。[83]

ＣＢＬは、プレゼンテーション教区のカトリック教会の地下にオフィスを構え、黒人の住宅購入者のためのミーティングを毎週水曜日の夜に開き、差別的な契約の実態について情報を交換した。ローチは他のメンバーとともに、近隣の家を一軒ずつ訪問し、住宅購入に関する問題を聞き取った。そこから得た情報にもとづいて、複雑な売買契約を解明し、それに関与している不動産業者や金融機関を割り出し、直接訪問して契約の再交渉を求めた。不動産業者がそれを拒むと、オフィスの前でピケを張り、チラシを配って、不当な取引をしている業者であることを訴えた。[84]

支払いストライキもＣＢＬの戦術のひとつだった。黒人の住宅購入者は、毎月、返済額分の小切手を自分宛てに書き、ＣＢＬのオフィスに持参した。ローチはその小切手を預かり、金庫に保管した。それらは、住宅の購入者に返済能力があるという証拠として使われた。このストライキは、何か月も続き、約五百世帯が参加した。こうした活動によって四百五十件の契約の再交渉が行われ、少なくとも総額七百万ドルの不当な返済を免れることができた。ＣＢＬは、一九六九年になると、ウエストサイドとサウスサイドで集団訴訟を起こし、不動産会社が差別的な契約によって莫大な利益をあげていることを訴えた。(85) シカゴで黒人の住宅購入者が直面している問題がメディアで大きく報道されると、他の都市でもＣＢＬに倣った組織が結成されるようになり、人種に関わらず同じ条件で住宅ローンを組み、返済できるように売買契約の見直しを求める活動が全国に広がっていった。(86)

おわりに

その後、ローチは一九七〇年にＣＢＬを退職し、インディアナ州にあるノートルダム大学のカトリック都市聖職者委員会でイーガンの秘書として勤務した。一九八三年にシカゴへ戻り、一九八七年からデポール大学のコミュニティ問題局で再びイーガンの下で働いた。ローチのような平信徒の白人女性が、教区を基盤にしたカトリック・アクションの伝統にもとづいて、長年にわたり異人種間のよりよい関係の構築に尽力してきたことは、人種平等を求める闘いが、広いすそ野をもった、善意の人々の活動の集合体であることを物語っている。

だが、これまで見てきたように、ＣＩＣに集った白人カトリック教徒の黒人へのまなざしや人種差別への理解には、多くの限界があった。ローチが若い頃に携わったフレンドシップ・ハウスの活動は、貧しい黒人女性への温情的な支援が中心であったし、ＷＩＭで交流した黒人女性は高学歴の中産階級の人々だった。ＣＢＬでの活動も、持ち家を購入できるような経済的余裕のある黒人家族が、契約の公平性を求めて戦ったものであった。ローチの活動は、そうした黒人たちに同情を寄せ、手を差し伸べたにすぎないと見ることもできる。

ローチらの活動の第一義的な動機が、自らの信仰を深めることにあり、黒人と対等な関係を築くという視点が弱かったことは否めない。それは、CICが掲げていた異人種間平等主義が、元来、白人の意識や態度を変えることによって、黒人との関係を改善していくことに重きを置いていたことと関係している。また、ローチは、ワシントンのNCCWで働くようになり、第二バチカン公会議で出された回勅の影響を受けながら、公民権運動に参加したが、そうした経験を通じて、カトリックの規範的なジェンダー観から解き放たれたわけではなかった。当時は、全米女性機構（NOW）が結成されるなど、いわゆる第二波フェミニズムが興隆し始めた時期であったが、「カトリックの女性」としてのローチの活動は、こうしたフェミニストたちの運動とは一線を画していた。(87)

このようにリベラルな白人のカトリック教徒による人種平等を求める闘いは、公民権運動が持つ多様な側面をあぶり出す、一つの意義深い活動ではあったが、当事者の人種観やジェンダー観には、さまざまな限界が見られた。カトリック信仰に基づいた「善意の行為」によって、人種差別を克服できるという見方はあまりにも楽観的で、ときに独善的であったことは、その後、ローチのような白人のカトリック教徒が黒人解放運動にほとんど関与することなく、再び自分たちの教区での活動に回帰していったことからも明らかである。

ローチがCBLで働いていた一九六八年九月から翌年の四月までのわずか一年足らずのあいだに、シカゴのリベラルな白人のカトリック教徒は新たな窮地に追い込まれた。それは、サウスサイドにあるセント・ドロシー教区の神父の任命をめぐる、コディ大司教と急進派の黒人カトリック教徒の対立に端を発するものだった。この教区の神父の異動にあたり、一部の黒人のカトリック教徒が、ジョージ・H・クレメンツを後任に据えるように求めた。しかし、コディはクレメンツが、あまりにも急進的であるという理由で任命を拒んだ。クレメンツは、ブラックパンサー党のイリノイ支部の初期の頃からのメンバーであり、ブラック・パワーを提唱する黒人活動家の一人だった。最終的にコディは、より穏健な黒人神父、ロリンズ・ランバートを任命したが、クレメンツの支持者たちは、それに強く反発し、黒人コミュニティのカトリック教会は黒人によってコントロールされるべきだと主張した。(88)

彼らは、ブラック・パワーの拠り所を第二バチカン公会議で出された回勅に求め、黒人信徒のための黒人カトリック教会を確立しようとした。[89] シカゴの黒人カトリック信徒のなかでも、ブラック・パワーを提唱したのはごく一部にすぎなかったが、CICはこれらの勢力との関係を断ち切った。[90] こうした騒動は、ローチのような白人のカトリック教徒を活動から遠ざけることになり、黒人とともに融和的なカトリック教会を作ろうという希望は打ち砕かれてしまった。シカゴのカトリック教会は、イーガンが提唱したような公民権運動の「第三勢力」としての役割をある程度まで果たしたが、急進派の黒人信徒が黒人ナショナリズムを掲げて進めようとしたカトリック教会の変革は、教会の指導層はもとより、ローチのようなリベラルな白人平信徒にも受け入れられることなく、彼らは別々の道を歩むことになった。

〈シカゴに見る女性の信仰と社会活動——女性とリーダーシップ文書館〉

女性とリーダーシップ文書館（Women and Leadership Archives：ＷＬＡ）は、シカゴにあるカトリック系のロヨラ大学の文書館のひとつとして一九九四年に設立された。かつてロヨラ大学のすぐ近くに聖母マリア慈善の姉妹（ＢＶＭ）によって一九三〇年に創立されたマンダライン・カレッジというカトリック系の女子大学があった。このカレッジは、カトリックの女性のための高等教育機関として高い評価を得ていたが、女子大の人気が低迷して経営が困難になり一九九一年にロヨラ大学に併合された。ＷＬＡは併合に際して、マンダライン・カレッジに所蔵されていた史料を引き継ぐ形で発足した。

カトリックの教育機関というと、保守的で女性の権利の擁護にはそれほど積極的ではないというイメージがある。ロヨラ大学は、そうした固定観念を払拭すべく、社会で指導的な役割を果たす女性を育成するためのプログラムに力を入れている。学内では、女性とリーダーシップのためのギャノン・センターを拠点に、女子学生の自己啓発を目的とした活動が行われており、WLAは、このセンターに附属する機関として運営されている。

WLAのコレクションは、マンダライン・カレッジを卒業して、社会で活躍した女性や同校で教鞭をとった修道女の個人文書やオーラル・ヒストリーの記録が中心になっている。加えて、シカゴならではの貴重な史料も数多く保存されている。シカゴは、一八八九年にジェーン・アダムズが、アメリカで初のセツルメントを設立した地として知られているが、WLAも、革新主義の時代に女性が従事したローカルな活動に関する文書を所蔵している。なかでも、一八七六年に創立され、犯罪に手を染めた女性や非行少年・少女の救済と更生に尽力したシカゴ女性クラブのコレクションは、たいへん充実しており、女性による貧困者への支援活動の詳細を知ることができる。

シカゴには、世紀転換期に東欧・南欧諸国から多くのカトリックの移民が到来していることから、移民女性が設立した団体の文書もWLAに所蔵されている。世紀転換期のシカゴで最も多かったのがポーランド人移民であり、コレクションには、アメリカポーランド人女性連盟や若きポーランド人女性の会といった団体の文書がある。こうした史料は、移民女性が社会改革の単なる客体であったわけではなく、自ら緊密なネットワークを築き、主体的な活動をしていたことを私たちに教えてくれる。

さらにWLAには、二〇世紀後半にカトリックの女性が行った活動に関する史料も多く保存されている。例えば、キリスト教の教派を越えて女性の活動を進めた合同教会女性部や、第二波フェミニズムの中でカトリックの女性の権利を求めたシカゴカトリック女性、ラディカルなフェミニストによる芸術活動やシカゴのレズビアン・コミュニティに関する史料などがある。

このようにWLAは、シカゴという中西部の大都市で、カトリックの女性が自らの信仰に基づいて繰り広げてきた社会的な活動の軌跡を記録し、保存する貴重な文書館となっている。

註

(1) John T. McGreevy, *Parish Boundaries: The Catholic Encounter with Race in the Twentieth-Century Urban North* (Chicago: University of Chicago Press, 2016); Steven M. Avella, *This Confident Church: Catholic Leadership and Life in Chicago, 1940-1965* (Notre Dame, IN: University of Notre Dame Press, 1992). 修道女によるシカゴでの人種平等を求める活動については、次の研究がある。Amy L. Koehlinger, *The New Nuns: Racial Justice and Religious Reform in the 1960s* (Cambridge: Harvard University Press, 2007); Suellen Hoy, *Good Hearts: Catholic Sisters in Chicago's Past* (Urbana: University of Illinois Press, 2006).

(2) Karen J. Johnson, *One in Christ: Chicago Catholics and the Quest for Interracial Justice* (Oxford: Oxford University Press, 2018).

(3) Nicholas A. Patricca, *One Woman's Journey, A Nation's Progress*, Center for Women and Leadership, Loyola University, Chicago.

(4) "Biography," Margaret (Peggy) Roach Papers, Women and Leadership Achieves, Loyola University, Chicago.

(5) Antonio Olivo, " Margaret Peggy C. Roach," *Chicago Tribune*, April 24, 2006.

(6) Gianfranco Poggy, *Catholic Action in Italy: The Sociology of a Sponsored Organization* (Redwood City, CA: Stanford University Press, 1967), 21-22; Pius XI, Ubi Arcano Dei Consilio, December 23, 1922 .

(7) Anthony J. Pogorelc, "Movement to Movement Transmission and the Role of Place: The Relationship between Catholic Action and Call to Action," *Sociology of Religion*, vol.72, no. 4 (2011): 417-418.

(8) アメリカで行われたカトリック・アクションの独自性については、次の論文が詳しい。山﨑由紀「極右を求めた社会改革——アメリカにおける第二世代カトリック・アクションの担い手たち」『敬和学園大学研究紀要』二三号（二〇一三年二月）。

(9) Charles Shanabruch, *Chicago's Catholics: The Evolution of an American Identity* (Notre Dame, IN: University of Notre Dame Press, 1981); Ellen Skerrett, Edward R. Kantowicz, and Steven M. Aveila, *Catholicism, Chicago Style* (Chicago: Loyola University Press, 1993); Edward R. Kantowicz, *Corporation Sole: Cardinal Mundelein and Chicago Catholicism* (Notre Dame, IN: University of Notre Dame Press, 1983).

(10) Kantowicz, 23.

(11) Louis J. Putz, "Reflections on Specialized Catholic Action," *U.S. Catholic Historian*, vol.9, no.4 (1990): 433-439; Irene Zotti, "The Young Christian Workers," *U.S. Catholic Historian*, vol.9, no. 4 (1990): 387-400; Irene Zotti, *A Time of Awakening: The Young Christian Worker Story in the United States, 1938 to 1970* (Chicago: Loyola University Press, 1991).

(12) Patricca, 56.

(13) Joseph G. Richards, "Growth and Spread of the Negro Population," in Clergy Conference, *The Catholic Church and the Negro in the Archdiocese of Chicago*, September, 1960, 3; Horace Cayton and St. Clair Drake, *Black Metropolis: A Study of Negro Life in a Northern City* (New York: Harcourt,

Brace, and Company, 1945): 12-13; Eileen McMahon, *"What Parish Are You From?": A Chicago Irish Community and Race Relations* (Lexington, KY: University of Kentucky Press, 1993). 竹中興慈『シカゴ黒人ゲトー成立の社会史』明石書店、一九九五年。武井寛「都市再開発の黒人コミュニティへの衝撃——二〇世紀中葉のシカゴ、ウエスト・サイド」『国際社会研究』二巻（二〇一一年一二月）。

（14）Pattricca, 56.

（15）Avella, 297-298.

（16）"The Worst Kept Secret in Chicago," Margaret Frisbie, *An Alley in Chicago: The Ministry of a City Priest* (Notre Dame Archives, 1991); Johnson, 119.

（17）McGreevy, 10.

（18）McGreevy, 11.

（19）Patrick T. Curran, "A Report on Our Program and Our Progress in the Negro Convert-Apostolate," in Clergy Conference, *The Catholic Church and the Negro in the Archdiocese of Chicago*, 1960, 15,19.

（20）Timothy B. Neary, "Black-Belt Catholic Space: African-American Parishes in Interwar Chicago," *U.S. Catholic Historian*, vol.18, no.4 (2000): 81-82; Curran, 12-13.

（21）Curran, 14. 一九二四年にシカゴ大司教のマンダラインは、聖モニカ教区をシカゴ初の黒人教区と定めた。その後、同教区は聖エリザベス教区に統合された。一般的に白人信徒は、自分たちの教区に黒人信徒を受け入れることを拒みはしなかったが、歓迎もしなかった。教会で白人信徒から差別的な扱いを受けたという理由で、多くの黒人信徒が黒人教区の教会へ通った。Kantowicz, 212-213; McMahon, 127.

（22）Patcicca, 59.

（23）"Peggy Roach, Her Apostolate Spans a Nation," *BVM VISTA* (June 1964), 3, Box 1, Folder 6, Roach Papers.

（24）Roach, "Biography."

（25）Avella, 291.

（26）ニューヨークでのＣＩＣの創設については、次に詳しい。Martin A. Zielinski, "Working for Interracial Justice: The Catholic Interracial Council of New York, 1934-1964," *U.S. Catholic Historian*, vol 7, no. 2/3 (1988).

（27）Robert A. Hecht, *An Unordinary Man: A Life of Father John LaFarge, S.J.* (Lanham, MD: The Scarecrow Press, Inc., 1996): 149.

（28）John LaFarge, S. J., "What Is Interracial?" *Interracial Review* (March 1933): 54.

（29）"Seven Common Questions and Answers Concerning Interracial Topic," n.d., Box 4, Folder 4, Roach Papers.

（30）Ibid.

（31）David W. Southern, *John LaFarge and the Limits of Catholic Interracialism, 1911-1963* (Baton Rouge, LA: Louisiana State University Press, 1996): 361, 363, 365, 366. ラファージは、反共主義を貫き、避妊や離婚についても頑なに反対していたため、リベラルな知識人の聖職者とはみなされていなかった。

（32）Avella, 294.

（33）Avella, 312-313.

（34）Zielinski, 250-251.

（35）The Bishops of the United States of America, “Racial Discrimination and the Christian Conscience,” November, 1958.

（36）Pattricca, 60.

（37）Avella, 295; Sister Margaret Ellen Traxler, “Catholics and Negroes,” *Phylon*, vol. 30, no. 4 (1969): 365-366: Zielinski, 251.

（38）Avella, 295.

（39）Avella, 295; Paul T. Murray, “From the Sidelines to the Front Lines: Matthew Ahmann Leads American Catholics into the Civil Rights Movement,” *Journal of the Illinois State Historical Society* (Spring 2014): 78-79.

（40）Avella, 296-297.

（41）Avella, 309-310

（42）Albert Meyer, “The Mantle of Leadership,” Clergy Conference, The Catholic Church and the Negro in the Archdiocese of Chicago, September 20-21, 1960,

（43）Avella, 289; Patricca, 5.

（44）John A, McDermott to Members of the Board and Women′s Board, “Report on CIC′s Service in Niles, Illinois,” January 12, 1962, Box 5, Folder 1, Roach Papers.

（45）John A. McDermott to Rev. John J. Flanagan, January 4, 1962, Box 5, Folder 1, Roach Papers.

（46）Roach, “Biography"; Mary J. Henold, “‘This is Our Challenge! We Will Pursue It’: The National Council of Catholic Women, the Feminist Movement, and the Second Vatican Council, 1960-1975,” in Jeremy Bonner, Christopher D. Denny, and Mary Beth Fraser Connolly, eds., *Empowering the People of God: Catholic Action Before and After Vatican II* (New York: Fordham University Press, 2014): 199-201.

（47）Mary J. Henold, “‘Woman-Go Forth!’: Catholic Women’s Organizations and their Clergy Advisors in the Era of the Emerging Laywoman,” *U.S. Catholic Historian*, vol.32, no.4 (Fall 2014).

（48）Dennis Clark to Margaret Mealey, May 22, 1962, Box 4, Folder 4, Roach Papers.

（49）NCCW, "What Does the Negro Really Want? : A Role-Playing Skit," Box 1, Folder 5, Roach Papers.

（50）Joseph McCarthy (President, NCCW), July 26, 1963, Box 1, Folder 6, Roach Papers.

（51）John XXIII, Pacem in Terris, April 11, 1963.

（52）Pope Paul VI, Decree on the Apostolate of the Laity, Apostolicam Actuositatem, Novermber 18, 1965 .

（53）Joseph P. Chinnici, "Ecumenism, Civil Rights, and the Second Vatican Council: The American Experience," *U.S. Catholic Historian*, vol.30, no.3 (Summer 2012): 49.

（54）Southern, 371.

（55）Quoted in Henold, 214.

（56）"Peggy Roach, Her Apostolate Spans a Nation," *BVM VISTA* (June 1964): 2, Box 1, Folder 6, Roach Papers.

（57）Quoted in Henold, 197.

（58）Patricca, 33-34.

（59）Johnson, 198-199.

（60）"List of Washington Representatives for Cooperating Organization," Leadership Conference on Civil Rights, Box 6, Folder 2, Roach Papers.

（61）Murray, 94.

（62）公民権法の成立に向けて活動している最中、ローチは、一九六三年一二月にＮＣＣＩＪの理事に就任した。Raymond M. Hilliard to Margaret C. Roach, December 18, 1963, Box 6, Folder 2, Roach Papers.

（63）ＷＩＭについては、次に詳しい。Debbie Z. Harwell, *Wednesdays in Mississippi: Proper Ladies Working for Radical Change, Freedom Summer 1964* (Jackson, MS: University Press of Mississippi, 2014).

（64）"Report-Wednesdays in Mississippi, Washington Team, July 21-23, 1964," Box 2, Folder 1, Roach Papers; Report by Hope Ackerman, WIMS Staff, Box 1, Folder 9, Roach Papers.

（65）Ibid.

（66）Roach, "Biography."

（67）シカゴ・フリーダム・ムーブメントについては、次を参照のこと。Alan B. Anderson, George W. Pickering, *Confronting the Color Line: The Broken Promise of the Civil Rights Movement in Chicago* (Athens, GA: University of Georgia Press, 1987); David J. Garrow, ed., *Chicago 1966: Open Housing Marches, Summit Negotiations, and Operation Breadbasket* (New York: Carlson Publisher, 1989). 藤永康政「シカゴ・フリーダム・ムー

ブメント——転換期のブラック・アメリカと〈人種〉の再構築」『歴史学研究』七五八号（二〇〇二年）、武井寛「シカゴ自由運動再考（下）——住宅解放運動から頂上合意へ」『岐阜聖徳学園大学紀要　外国語学部編』五七号（二〇一八年）。

（68）John J. Egan, "Housing and Community Action," *Social Digest*, vol. 9, nos. 5-6 (May-June 1966): 162-166.

（69）James R. Ralph, Jr., *Northern Protest: Martin Luther King, Jr., Chicago, and the Civil Rights Movement* (Cambridge: Harvard University Press, 1993): 102-103. 武井、二二一—二二二頁。

（70）Anderson and Pickering, 228.

（71）"Cody on Negro Rights," *Commonweal*, no. 490, August 5, 1966, Box 2, Folder 9, Roach Papers; Johnson, 215.

（72）"Cody Statement," Chicago Freedom Movement (https:// sites.middlebury.edu/chicagofreedommvement/cody-statement)

（73）Anderson and Pickering, 232; Garrow, ed., 69-70; Johnson, 213.

（74）Patricca, 40.

（75）Mathew Ahmann and Margaret Roach, eds., *The Church and the Urban Racial Crisis* (Techny, Ill: Devine Word Publications, 1967).

（76）Roach, "Biography."

（77）Patricca, 47.

（78）Patricca, 47-48; Satter, 35.

（79）Satter, 36; Jeffrey M. Fitzferald, "The History of the Contrac Buyers League, January 6, 1969," Box 4, Folder 6, Roach Papers.

（80）Ruth Wells, Biography, The History Makers (https:// www.thehistorymakers.org/biography/ruth-wells-38)

（81）Patricca, 48-52; John R. Macnamara, "How Real Estate Exploitation Helps Produce Ghettos," The Building Official, June 1968, Box 4, Folder 6, Roach Paper; Ron Dorfman, "Seminarian Fights Lawndale Gyps," *Chicago's American*, July 19, 1968, Box 4, Folder 6, Roach Paper.

（82）Peggy Roach, "Call to Action," *Mary Knoll Magazine* (January 1982): 27.

（83）Ibid., 26.

（84）Patricca, 52.

（85）Clark v. Universal Builders, Inc., Baker v. F & F Investment.

（86）Patricca, 55. CBLの活動の詳細については、次を参照のこと。James Alan McPherson, "'In My Father's House There Are Many Mansions And I' m Going to Get Me Some of Them Too, The Story of the Contract Buyers League," *Atlantic Monthly* (April 1972); Beryl Satter, *Family Properties: Race, Real Estate, and the Exploitation of Black Urban America* (New York: Henry Holt & Co., 2009).

（87）カトリックの平信徒の女性とフェミニズムの関係については、次を参照のこと。Mary j. Henold, *The Laywoman Project: Remaking*

Catholic Womanhood in the Vatican II Era (Chapel Hill: The University of North Carolina Press, 2020): Chapter 2.

（88）*Matthew J. Cressler, "Black Catholic Revolution," Chicago History* (Summer 2018): 11-13.

（89）Matthew J. Cressler, "Black Power, Vatican II, and the Emergence of Black Catholic Liturgies," *U.S. Catholic Historian*, vol. 32, no. 4 (Fall 2014); Matthew J. Cressler, *Authentically Black and Truly Catholic: The Rise of Black Catholicism in the Great Migration* (New York: New York University Press, 2017): Chapter 4.

（90）Johnson, 218-219.

第五章　ユダヤ人の公民権運動への参加とホロコースト
——マリオン・イングラムを中心に

北　美幸

はじめに

公民権運動の白人ボランティアに占めるユダヤ人の割合が高かったことは、よく知られた事実である。とくに、一九六四年のミシシッピ・フリーダム・サマー計画の最中にクー・クラックス・クランに殺害されたジェイムズ・チェイニー、アンドルー・グッドマン、マイケル・シュワーナーの三人の公民権活動家のうち、グッドマンとシュワーナーの二人がユダヤ人であったこと、あるいは、一九六五年三月のセルマーモンゴメリー間の行進でラビ（ユダヤ教の聖職者）であるアブラハム・ヘシェルがマーティン・ルーサー・キング牧師とともに先頭に並び立ったことは、当時のユダヤ人と黒人の連帯と友情を示すエピソードとして頻繁に語られる。また、全国黒人地位向上協会（ＮＡＡＣＰ）の専従となったジャック・グリーンバーグをはじめとして、公民権関連の訴訟での黒人側の弁護士には、圧倒的にユダヤ人が多かった。ユダヤ人は国全体の人口の二〜三％を占めるに過ぎないにもかかわらず、公民権運動に参加した白人ボランティアの半分から三分の二ほどをも占めていたとされている。(1)

従来、こうしたユダヤ人の公民権運動への献身の動機・理由としては、ユダヤ人と黒人は「奴隷」の境遇を経験したという歴史を共有していること、ユダヤ教の教義において「正義（ツェダカー）」が重んじられていること、ホロコーストを経験しそれを記憶していること、また、アメリカ合衆国内においても反ユダヤ主義があったことなどが挙げられてきた。(2)また、ロシア・東欧から移民してニューヨーク市等の北東部大都市に定着したユダヤ人は二〇世紀初頭に既製服産業の労働組合運動の中心となっていたことにより、社会運動全般がユダヤ人にとって身近なものであったことを指摘する研究もある。(3)

ユダヤ人たちの公民権運動参加の理由は重層的であると考えられるが、ヘシェル・ラビの例は広く知られている一方、概してユダヤ教の教義そのものは大きな理由・動機ではなかったと思われる。実際、参加者の最大部分を占める学生や若者世代に目を向けてみると、その多くは、シナゴーグ（ユダヤ教の寺院）に滅多に行かず、食べ物の決まりも守らず、また、自らがユダヤ教徒であるという意識が希薄な世俗的なユダヤ人であるか、あるいはもっとも戒律の緩やかな改革派に属していた(4)。たとえば、南部キリスト教指導者会議（ＳＣＬＣ）の活動家だったブルース・ハートフォードは、一九六五年前半にアラバマ州セルマで下宿していた敬虔なカトリック教徒の黒人の家庭の食卓で、頻繁に交わされる「なぜイエスを信じずにいられるのか」といった議論の際、イエス自身もユダヤ人ではないのかと発言したかったが、説明できる宗教的な知識がないため沈黙しているほかなかったという。実際、彼は、今日に至るまで他人の結婚式に出席するため以外にはシナゴーグに行ったことがないという(5)。

同様に、ホロコーストについても、従来の研究では大きな要素としては扱われてこなかった。ニュルンベルク裁判の後、アメリカ・ユダヤ人はナチ政権は完全に破壊されたものと考え、「大虐殺」についてよりも、イスラエルの独立と存続、マッカーシズムや原子爆弾、核開発について高い関心をもつ傾向があったという(6)。また、アメリカ社会への同化志向の強いユダヤ人のあいだでは、自らがユダヤ人であることやその歴史・文化を主張することを控える傾向もあった。とはいえ、ヨーロッパ同胞の三分の二にあたる六〇〇万人の命が奪われたホロコーストはユダヤ人たちの世界観や人間観を大きく変えた出来事であり、一九六〇年代の彼らの行動、とくに公民権運動の参加には大きく影響を与えているはずであると、近現代ドイツ史およびホロコースト史の研究者であるアニタ・グロスマンは指摘している(7)。

たしかに、先述のハートフォードが公民権運動に関わるようになったきっかけは、ロスアンジェルスに住んでいた一九六二年、住宅差別の廃止を求める人種平等会議（ＣＯＲＥ）のピケに対して卵を投げつけるアメリカ・ナチ党についてのニュース映画を観たことであるという(8)。また、母がホロコースト生還者であったことや、ハンナ・アーレントの本を読み、アウシュヴィッツに送られた親戚たちに思いを馳せ苦悶した経験を公民権運動参加の理由として挙げた者もいた(9)。

以上を踏まえると、ユダヤ人の公民権運動参加の理由として、ホロコーストは、これまで考えられてきたよりも大きな位置を占めると推測することができる。実際、一九七〇年代には、アメリカ・ユダヤ人のアイデンティティの中心を占めるものは、「ユダヤ教の信奉」ではなく「ホロコーストを記憶していること」になっていた。[10] アメリカ・ユダヤ人史家のジョナサン・サーナは、一九六〇年のアドルフ・アイヒマンの逮捕およびその後の裁判、そして一九六七年の六日戦争の勝利によって、その傾向は確固たるものになったと述べる。[11] さらに、同じくアメリカ・ユダヤ人史家のハシア・ダイナーは、それよりも前の一九五〇年代から既に、アメリカ・ユダヤ人のあいだではホロコーストは「決して忘れてはならないこと」として脈々と息づいており、公民権運動は六〇〇万人の追悼のプラットフォームとして機能したと主張している。[12]

そのように考えると、ホロコーストという共通経験・記憶を通じてのアメリカ・ユダヤ人というエスニック・アイデンティティが「街頭の直接行動」としての公民権運動が興隆する一九六〇年代初頭に形成されており、「ユダヤ教徒」としてよりも世俗者も含む「アメリカ・ユダヤ人」による運動への比類なき積極姿勢として表出したと推測することができる。その意味で、ホロコーストと公民権運動への参加の連関を探るために、ホロコースト生還者で公民権運動に参加した人がどれくらいいるのか、当人たちがユダヤ人であることと自らの行動の理由をどのように語っているのかを見てみることには意義があると思われる。

マリオン・イングラム（本人提供）

本稿では、収容所への強制移送が始まる前にアメリカに入国した人を中心としてホロコースト生還者のいくつかの事例を概観した後、一九四三年七月のハンブルク大空襲とその後の隠れ家生活を経て終戦を迎え、後にアメリカに移民したマリオン・イングラムの例をみることで、ユダヤ人の公民権運動参加の一側面を見ていきたい。また近年、公民権運動史研究においては、黒人男性を中心とした著名な指導者でない「名もなき」人々、「謳われざる」人々の貢献を改めて評価しようという動きが盛んである。そういった意味において、白人のユダヤ人で、女性で、外国で生まれ育った一運動員に焦点を当てることは、公民権運動の「多様な」側面を浮かび上がらせるであろう。(13)

第一節　ホロコースト生還者の公民権運動への参加

ホロコースト生還者というと、著書の邦語訳も出版されているヴィクトール・フランクルやエリ・ヴィーゼルのような強制収容所への集団移送を経験した人物を想像しがちである。(14) しかし、ホロコースト史およびユダヤ人史においては、一般的には、米国ホロコースト記念博物館が採用しているより広い定義が用いられる。それによると、ホロコースト生還者とは、「ユダヤ人、非ユダヤ人にかかわらず、一九三三年から一九四五年のあいだに、ナチスとその協力者の人種、宗教、民族、社会、政治的な政策により退去、迫害、差別を受けたすべての人」であり、強制収容所やゲットーでの生活を生き延びた人々のほか、ナチ政権の手がおよぶ前に海外に逃れた者や、非ユダヤ人の助けを借りて終戦まで身を潜めて生活していた者なども含まれるとされる。(15) アメリカには、ヒトラーが政権を掌握し反ユダヤ政策を開始して以降のドイツ（併合後のオーストリアを含む）から一三万三〇〇〇人、他の東ヨーロッパ諸国からも詳細な数は不明であるが、移民法による割当枠内でのユダヤ人が入国した。また、戦後にはおよそ八万三〇〇〇人のユダヤ難民が移住の目的をもってアメリカに入国した。(16) 二〇〇一年の時点でも、約一六万人の生還者が居住していたとされている。(17)

この広義のホロコーストの生還者が公民権運動に参加した事例は、どのくらいあるのだろうか。具体的人数を挙げることは困難であるが、右の定義に従えば、「はじめに」で述べたヘシェルはホロコースト生還者である。ヘシェルは一九〇七年、ポーランドのワルシャワで生まれ、ポーランド国内およびリトアニアでラビとなるための訓練を受けた後、一九二七年からはベルリン大学で哲学を学んだ。一九三八年一〇月にフランクフルトで突然ゲシュタポに逮捕された後、ドイツを追放されワルシャワに戻っていたが、一九三九年七月、第二次世界大戦勃発の直前にヴィザを取得し、ロンドンにしばらく滞在した後、一九四〇年三月にアメリカに入国した。ヘシェルは、家族を国外脱出させようとロンドンでも奔走したが、母と姉妹のうち二人は、ポーランドを出国できずじまいで命を失っている。[18]

ヘシェルは、初めてニューヨークの港に降り立ったときに黒人がひざまずいて白人の靴を磨いているのを見かけ、アメリカにおける人種差別の存在を知る。そして、奉職したオハイオ州シンシナティのヘブルー・ユニオン・カレッジで、大学食堂の給仕長であり地元の教会の助祭を務めていた黒人男性と親しくなったことで、黒人コミュニティについて、そして、黒人に対する差別についての理解を深めていった。[19] ただし、ヘシェルが本格的に人種差別に関して発言を始めたのは、かなり後になってからのことだった。一九六三年一月、シカゴで開催された「宗教と人種に関する全国会議」の基調講演で、ヘシェルは人種差別を厳しく批判した。この会議中にヘシェルは初めてキングと会い、奴隷となったイスラエル人のエジプトからの解放についての聖書的解釈や非暴力について話し合い、意気投合した。[20]

一九六五年三月のセルマ—モンゴメリーの行進では、七日の開始直後、州兵および警察がデモ隊に暴行を加え、大勢の怪我人が出た。「血の日曜日」と呼ばれたこの事件では、催涙ガスの煙の中を逃げ惑う人々に騎馬警官がムチを振り下ろした。奇しくも当日夜のABCテレビでは、ニュルンベルク裁判のドキュメンタリー番組が放映されていた。番組を中断してこの事件の臨時ニュースが伝えられたとき、ヘシェルは、「血の木曜日事件」として知られた一九三八年一一月の「クリスタルナハト（水晶の夜）」を連想したと述懐している。[21] 二日後、ヘシェルは八〇〇人の抗議者を引き連れてニューヨークのFBI本部前でピケを張り、セルマのデモ隊の保護を要請した。その後、行進のやり直しが決定すると、キングはヘシェルにアラバマに来るよう乞い、三月二一日、二人は行進の先頭に並び立ったのだった。[22]

また、一九六三年八月のワシントン大行進でキングの直前の順番にスピーチをしたヨアキム・プリンツ・ラビも、ホロコースト生還者であった。一九〇二年に現在のポーランドのシレジアで生まれたプリンツは、政権批判とシオニズムの唱道によりナチス・ドイツを追われ、一九三七年に家族でアメリカに移住していた。プリンツは、ニュージャージー州ニューアークのブネイ・アブラハム寺院のラビとしての務めの傍らシオニスト組織で役職を務め、全米各地でイスラエル建国に向けて講演をおこなった。そして、一九五八年にアメリカ・ユダヤ人会議の議長に就任すると、同年の年次総会にキングを基調講演者として招待し、一九六〇年にランチ・カウンターの人種統合を求めてのシット・イン（座り込み）が始まったときには、ニューヨーク市マンハッタンのウールワース店舗前でのピケをただちに組織した。[23]

ラビ以外では、ナチスの迫害を逃れてアメリカに来たユダヤ人研究者が黒人大学の教員になることも多かった。[24] これには無論、当時のアメリカ国内の大学では反ユダヤ主義が蔓延しており、ユダヤ人が職を得ることが著しく困難であったという事情もある。しかし、たとえば社会学者のエルンスト・ボリンスキーは、一九四七年から一九八三年に八一歳で亡くなるまでの長きにわたって、ミシシッピ州のトゥガルー・カレッジで教鞭を取った。ボリンスキーは公民権運動や人種統合に熱心で、一九五〇年代から近隣の白人大学の学生とトゥガルー・カレッジの学生をしばしば討論させた。また、彼が学内に設立した「社会科学研究室」および「社会科学研究会」は、学生を含む近隣の公民権運動家たちの実質的な活動場所となった。ボリンスキーは、在職中は構内の教員住宅に住み、現在は構内の墓地に眠っている。[25]

一方、シット・インやフリーダム・ライド（自由のための乗車運動）など、一九六〇年代に入ってから盛んになった大衆的直接行動への参加者は、大学生やそうでない場合でも二五歳以下が多く、ラビや大学教授といったホロコースト生還者とはやや年齢層が異なる。次節以降で述べるマリオン・イングラムは、フリーダム・サマー計画終了直後の一九六四年秋に学生非暴力調整委員会（ＳＮＣＣ）のボランティアとしてミシシッピに滞在した当時、二八歳であった。イングラムは既婚で子どももいたが、現地のボランティアの中では彼女が最年長であり、既婚や子持ちは非常に珍しかったという。[26]

その意味では、直接行動の参加者は、幼少期にアメリカに入国した者が多いと推測されるが、やや詳しい記録が残っている例を挙げてみたい。一九六一年からＣＯＲＥの主導のもとおこなわれたフリーダム・ライドには、一九三四年アントワープ生まれ、一九三六年ウィーン生まれといった者が参加しており、ホロコースト生還者であると推定される。この二名はそれぞれ一九四一年、一九四〇年にアメリカに入国している。[27]後者のアレックス・ウェイスは、四歳のときに家族とともにイタリアを経由してアメリカに入国し、サンフランシスコで育った。アラバマでフリーダム・ライダーたちが襲われたと知り憤慨し、見て見ない振りをしていた「善きドイツ人」にはなりたくないという思いから、サンフランシスコのＣＯＲＥの事務局の扉を叩いたという。[28]

絶滅政策が始まる前に入国したユダヤ人には都市部出身で中産階級に属した者が多かったのに対し、戦後にアメリカに入国した者は、戦争中はゲットーや収容所、あるいは身を潜めての生活など想像を絶する過酷な状況を経験し、戦後も難民キャンプでの不自由な生活を経たうえに、大部分が家族の中で生き残ったのは自分一人という状況であった。そのため、事例は多くないと思われるが、戦後にアメリカに移住した人物として、リトアニア生まれでシュトゥットホーフ強制収容所に移送された経験をもつジュディ・メイゼルという生還者の女性の例がある。彼女は、特定の組織には属していなかったが、ワシントン大行進に参加し、その後、当時住んでいたフィラデルフィア近郊の白人居住区に転居してきた黒人の家族が家を包囲されて孤立し、石や火炎瓶を投げ入れられている状況を見て、手作りの菓子を届けたという。[29]

これらの例から見えてくることは、ホロコースト生還者たちは、その経験を少なくとも単一のものとして公民権運動の参加の動機・理由として挙げてはいないということだ。ヘシェルの講演や説教は、ラビとしてあくまでも聖書にもとづいたものであったし、ウェイスも、「サンフランシスコのハーレムのようなところであるフィルモア地区」で育ち、子ども時代の級友や海軍に勤めたときの同僚に黒人が多くいたことを強調している。[30]また、メイゼルは、あくまで生還者として講演する際に、アメリカでの経験や自らの行動について触れるかたちで公民権運動に関わったことについて述べていた。年齢、職業、渡米時期などによって、生還者それぞれの人生においてホロコーストの占める位置は異なるのである。

しかし、いずれにせよ、展開された時代や場所、被害者の人数規模の異なるホロコーストとアメリカの黒人差別に共通点を見出した者は少なくなかったようである。これらの差別・迫害において、ユダヤ人と黒人はともに、雇用や教育、住居の権利に関する市民権を奪われたうえ、主流派の人々との異「人種」間結婚を禁止され、殴打され、投獄され、殺害されたのだ。これらを踏まえると、より詳細に、ホロコースト生還者が黒人差別のどのような点に自らの経験を重ね合わせたのかを見てみる必要があると思われるが、イングラムのように書籍というまとまったかたちで公民権運動への参加について出版あるいは公開されたものは、筆者の管見の限り、他には確認できなかった。

第二節　ホロコースト生還者マリオン・イングラムと公民権運動

以上のような意味で、現在、ワシントンDCに居住する文筆家・繊維芸術家のマリオン・イングラムは貴重な存在である。彼女は、収容所への移送は経験していないものの、隠れ家で身を潜め、第二次世界大戦のあいだをナチス・ドイツで過ごした。米国移住後は、個人的なアフリカ系アメリカ人との親交や地元でのデモや集会への参加にとどまらず、自ら南部に滞在し、有権者登録運動やフリーダム・スクールの運営をおこなった。本節では、彼女の記した回想録を中心に、インタビュー録、本稿筆者によるイングラム氏との会話や電子メールのやり取りなどによって、ホロコースト生還者の経験および公民権運動への参加の事例を見てみたい。

（一）ナチス・ドイツでの幼年期

モールヴァイデ公園に出頭するように命令を受けたとき、祖母は出頭を拒否した。祖母は私たちに去るように何度も言ったが、母と私は祖母と一緒に警察が彼女のアパートに到着するのを待った。［中略］ハンスと大叔母のエマの強制移送を目の当たりにし、祖母は激しい怒りにおそわれた。私たちの深い不安を見て祖母は、おそらく自分はハンスとエマが連れて行かれた場所に送られるので、たとえどんなに苛酷な状況であろうとも彼らと再会できるならばうれしいから、心配しなくても良いと言った。彼女は、自分はナチスに協力的にするつもりはないが、私たちには落ち着いて、警察に干渉しないようにと指示した。

警察が到着したとき、祖母は息子を返してくれるのであれば、彼らと一緒に行くと話した。黒いナチ親衛隊の制服を着た隊員は、彼女はハンスとすぐに再会できると話し、二人の兵士に彼女を抱え上げ、外に停めている車に乗せるように命令した。母は涙を流しながら、祖母の少しばかりの荷物を鞄に入れ終わるまで待ってくれるよう、親衛隊員に訴えた。私は祖母にしがみついていたが、祖母は私を落ち着かせようとして私の頭を静かになでた。二人の兵士が近づいてきたとき、私は近くにいるほうの兵士を拳で攻撃したが、祖母が私を引き戻した。車に乗せられる前に、彼女は素早く真珠のイヤリングを外して私に渡し、キスしてお誕生日おめでとうと言った。一人の兵士が私の手首をつかみ無理やりイヤリングを取ろうとしたが、親衛隊員は私を離すように命令した。「彼女の誕生日なんだって！」と、彼は小ばかにしたように言った。

私は「明日」と怒りながら彼の間違いを指摘した。「明日が私の誕生日です！」(31)

二〇一三年に出版された『戦渦の中で――ホロコースト生還者による苦難と希望の物語』は、マリオン・イングラムのドイツでの幼年時代を回想したものである。イングラムは一九三五年一一月、エアハルト・エルンスト・エミル・オストライヒャーとマルガレーテ・ジンガーの長女として、ハンブルクで生まれた。同年九月に制定されたニュルンベルク法により、ユダヤ人と非ユダヤ人の結婚の禁止をはじめとし、ユダヤ人迫害がいよいよ激しさを増し始めたときである。イングラムは、学校に通うことができず、ブランコなど公園の遊具も使用禁止であった。一九四一年一一月、ハンブルクのユダヤ人のミンスクへの移送が始まり、すぐに母方の祖母ローザ、叔父（母の弟）ハンス、大叔母（戦前に他界していた祖父の妹）エマが強制移送された。右に引用したのは、一一月一八日、イングラムの六歳の誕生日の前日に祖母が連行されたときの一場面である。ミンスクに強制移送された人々はただちに殺害されたらしい、あるいはミンスクに到着することなく移送車の中で殺害されたらしいという噂が、その後まもなくハンブルクの町に広まった。(32)

父親が非ユダヤ人でドイツ空軍に仕えていたこともあり、イングラムの家族はその後も市内で生活を続けることができていたが、一九四三年七月、とうとうイングラム、母、妹二人にも強制移送のため市内の公園に出頭するよう召喚状が届いた。すると母は、自宅アパートでガスを吸引して自殺を試みた。当時、出頭命令を受けたユダヤ人が自殺することは珍しくなく、母は、自分の死後、子どもたちがどうなったのか当局が深追いしないことを期待して、このような行動を取ったのだった。

翌朝、七歳のイングラムの介抱によって母は意識を取り戻すが、その日の夜のうちに第二次世界大戦中もっとも大規模な空襲のひとつであるハンブルク大空襲が始まった。ハンブルク大空襲は「ゴモラ作戦」とも呼ばれ、一九四三年七月二四日から八月二日にかけて、イギリス軍、アメリカ軍によって、住宅地区を含むハンブルク市街の徹底的な攻撃が一〇昼夜にわたって続けられたものである。とくに七月二七日の深夜から二八日未明にかけての大規模な空襲および同時に引き起こされた火事あらし（火災旋風）では、四万とも五万ともいわれる人々が死亡し、一〇〇万人以上が住まいを失った。イギリス政府は後にこれを「ドイツのヒロシマ」と呼んだという。(33)

空襲のあいだ、母娘は自宅アパートの防空壕や教会の建物内に避難しようとするもユダヤ人であるがゆえに追い出され、焼夷弾が間近に落ちてくる火の海を何時間も逃げ惑った。『戦渦の中で』では、黒焦げの死体、熱で溶けたアスファルトに足を取られ動けなくなった人々、身体に付着した燐が空気に触れて燃焼し火傷を負った人々、燃える梯子ごと炎の中に落ちていく消防士の様子などが、情景が思い浮かべられるかのように鮮明に描かれている。結局、七月二七日晩の空襲でハンブルクの町は壊滅状態になり、母娘は死亡したと想定され、収容所行きを免れることとなった。母娘は、町を逃げ出す人々に紛れて行き先も分からないままトラックに飛び乗り、まだ熱い灰の舞うハンブルクを脱出したのだった。(34)

その後、イングラムと母は、父の元共産党仲間の農場の小さな納屋で、終戦まで二年近く隠れ家生活を送ることとなった。『戦渦の中で』では、隣家の住人にさえ絶対に姿を見つかってはならないという緊張感、慢性的な飢え、冬の寒さ、イングラムに辛く当たる農場主の妻、嵐の夜に戻ってこない母を小屋で待つあいだの心細さ、孤高なフクロウの鳴き声、思わず踏み越えた農場の垣根の外で見た草木の輝きやポピーの花びらの美しさなどが、芸術家らしい丁寧な筆致で描写されている。結局、戦争が終わったとき、戦前には約一万七〇〇〇人いたハンブルクのユダヤ人は、ほとんどが殺害されるか逃亡するかしており、残ったのは一〇〇人ほどだったという。(35)

その意味で、イングラムの家族全員が生き残ったことは、奇跡に近かった。とはいえ、ホロコーストは別のかたちでこの家族を切り裂くことになった。戦前、イングラムの両親の絆は固く、非ユダヤ人である父は、再三にわたり母と離婚するようにナチ突撃隊員らに脅迫され、その場で死亡していてもおかしくなかったほどの暴行を受けたこともあったが、頑として拒んでいた。しかし、母の精神は、母親や弟、叔母の命を奪ったドイツに住み続けることに耐えられなかった。戦後しばらくのあいだ、両親は強制収容所や隠れ家生活から帰還した難民の手助けをしながら三人の消息を尋ねていたが、彼らの生存の望みが完全に絶たれると、母は父と離婚し、アメリカに移住する男性の妻としてドイツを出国したのだった。

(二) アメリカ到着後のイングラム

ホロコースト生還者である母親について記したイリーナ・パウエルは、生還者と「彼らの子たちのあいだの面倒で複雑なものになりやすい、緊張をはらんだ関係、互いのあいだの充たされない期待という関係は、今日ではよく知られた現象です」[36]という。パウエルの母は、パウエルがホロコーストを生き延びることは簡単ではなかったこと、そのために母がいかに大きな犠牲を払ってきたか認められることを強く求め、ときに怒りや失望のために「普通の生活」もままならなくなったという。[37]同じことが、イングラムと母のあいだにも起きていた。

母が渡米してほぼ一年後の一九五二年秋、一七歳になる直前のイングラムは学生ヴィザを取得し、渡米した。[38]ハンブルク大空襲の火事あらしの中、手を引き導いてくれた母をイングラムは崇拝していたが、母と彼女のあいだには、ドイツにいるときから心理的な距離感が生じていた。そして母娘がニューヨークで再会した後も、その距離感が解消されることはなかった。イングラムが渡米して約一年後に継父がロスアンジェルスで仕事を見つけたとき、母はイングラムを誘うことなく一番下の妹レナを含めた三人で引っ越していった。こうして彼女はニューヨークで「完全に一人」になった。アメリカに移住してからのイングラムが何を考え、どのように生きていったのかについては、二〇一五年に出版された回想録の後編『平和の下で――ホロコースト生還者によるアメリカの公民権のための闘い』に記されている。

間もなくイングラムは、ニューヨークには黒人の「ゲットー」があり、ハーレム以外の場所では住まいも仕事も見つけるのが難しいことに気づく。そして、親しくなった同僚ジョーンとイングラムは一緒に住むアパートを探したが、ことごとく断られた。エメット・ティル少年殺害事件のニュースがニューヨークでも話題になっていた頃だということであるから、おそらく一九五五年の晩夏から秋頃のことだと思われる。一件だけ見つかったアパートは、イングラム一人の名前で契約し、ジョーンは介護人として入居するのであれば可という条件だった。結局、二人は部屋を借りることを断念した。

その後、イングラムは知人のパーティで知り合ったダニエルと恋愛関係になり、生活をともにするようになる。ダニエルは、テネシー生まれのキリスト教徒であるが、白人至上主義的な南部の風土が性に合わず、故郷を離れてニューヨークで労働関係の出版社に勤めていた。二人が暮らしたグリニッジ・ヴィレッジは、急進的な芸術家や小説家たちが集まる場所であり、リベラルな土地柄、当時としてはハーレム以外では珍しく黒人に部屋を貸すアパートもあったため、イングラムはエスニック的に雑多な環境で一九五〇年代後半の数年間を過ごすことになる。その後、一九六〇年の初め、ダニエルの仕事の関係で二人はワシントンＤＣに転居した。

(三) ワシントンＤＣへの転居と公民権運動への参加

ワシントン大行進の案内テントで電話番をするイングラム（本人提供）

ワシントンＤＣで、イングラムはニューヨークとは比較にならない人種隔離や人種差別の深刻さに愕然とし、間もなくＣＯＲＥの会員となる。ジュリアス・ホブソンに率いられた当時のＣＯＲＥのワシントンＤＣ支部は他の組織と比べてもかなり闘争的で、彼のもとでイングラム夫妻は「男子禁制条項（マン・イン・ザ・ハウス・ルール）[39]」の撤廃運動、住宅差別の撤廃運動などに取り組んだ。また、回想ではほとんど言及されていないが、一九六一年五月には、ＣＯＲＥが主導したプログラムであるフリーダム・ライドの第一陣がワシントンＤＣを出発してニューオーリンズに向かっている。その他にもイングラムは、一九六三年八月のワシントン大行進では、案内係のボランティアとして役割を果たした。

この間、ＣＯＲＥが講演に招待した著名人を含め、公民権運動を支持する人々はしばしばイングラムの家に立ち寄り、夫妻の家は公民運動家たちのたまり場のようになった。一九六三年には、歌手で俳優、また公民権運動家でもあるハリー・ベラフォンテが連続公演のためにワシントンＤＣに滞在しているあいだ、毎晩のようにイングラムの家を訪れ、運動について語り合った。また、同年の冬には作家ジェイムズ・ボールドウィン、公民権活動家で文筆家のジャック・オデルらが夫妻の家を訪れ、運動の理想や人種差別の問題などについて夜通し語り合った。オデルは、共産党系の活動歴があるという理由で連邦政府から監視され、しばしば活動に制限を受けていたが、イングラムは、父が共産党員でありナチ政権に反対していた経緯があったことから、公民権活動家らにますます共感するようになっていった(40)。

イングラムにとっての公民権運動の最高の到達点は、一九六四年秋のミシシッピ行きである。それは、同年の八月末、イングラムが、ニュージャージー州アトランティックシティで開催された大統領候補者指名の民主党全国大会へのワシントンＤＣからの派遣団の世話をしたときに、ミシシッピの公民権運動家ファニー・ルー・ヘイマーと出会ったことがきっかけで始まった。この大会には、同年四月に結成されていたミシシッピ州の黒人たちを主体にした独立政党であるミシシッピ自由民主党が、白人だけからなるミシシッピ州代表団に異議を唱えて自らの議席を求め、代議員団を派遣していた。全国党大会に先立ちミシシッピ自由民主党の参加資格を審査する委員会で、代議員団副議長のヘイマーがミシシッピの黒人農民の窮状を訴え、「これがアメリカですか」と問いかけた(41)。

ヘイマーは二〇人きょうだいの末っ子として小作農の家に生まれ、六年間の初等教育しか受けていなかったが、持ち前の指導者としての素質から、若い活動家たちから「ミセス・ヘイマー」と呼ばれ、敬い親しまれていた。有権者登録を試みたために働いていた農場を追われ、暴行を受けたこともあった。ヘイマーの渾身の演説はテレビの全国ネットで放送され、視聴者の心に深く響き、注目を集めた。会場付近には、ミシシッピ自由民主党代議員団を支援する人々が全国各地から詰めかけ、野宿しながら大会の推移を見守っていた。

結局、ミシシッピ自由民主党代議員団には、正式のミシシッピ州代表としての全国党大会での議席は認められなかった。代わりに、投票権のない「一般席」二議席を与えるという妥協案を提示され、代議員団はそれを拒絶した。しかも、キングら公民権運動の「お偉方」は、副大統領候補ヒューバート・Ｈ・ハンフリーらと水面下で交渉し、妥協案を受け入れるように代議員団に迫ったのだった(42)。そのため、民主党と公民権運動の「お偉方」に対する二重の失意を感じながら、八月二八日未明、代議員団はミシシッピへの帰途に着いていた。

そのアトランティックシティからの帰りのバスで、偶然イングラムはヘイマーの隣の席に座ることになった。イングラムは、車内でヘイマーと心を開いて語り合い、ワシントンDCの近くでバスを降りる前に、今後も闘いを続けるヘイマーのいるミシシッピに行くことを約束したのだった。

近隣の黒人大学であるハワード大学の学生組織で一週間ほどのトレーニングを受けた後、九月中旬、イングラムはSNCCの現地運動員としてメキシコ湾岸のモスポイント市に赴いた。この時期、ミシシッピ自由民主党を支援してきたミシシッピ・フリーダム・サマー計画のボランティアたちが八月末に北部や西部に帰っていった後、一一月の選挙に向けて、黒人の政治参加に対する白人の抵抗はますます強くなり、州内の人種的緊張は高まっていた。イングラムと同地のスタッフは、些細な「スピード違反」で逮捕されるなどの妨害を受けながらも、有権者登録および有権者登録ができない人に対しては模擬選挙「自由のための投票」への投票を呼びかけた。「自由のための投票」とは、ミシシッピ州の公民権組織の連合体である連合組織評議会（COFO）による独自かつ非公式の投票で、ミシシッピの黒人たちが実際に有権者登録して公式の選挙で投票したらどうなるのかという潜在的な黒人票の力を示すためのものであった。

また、フリーダム・サマーの期間中には、フリーダム・スクールと呼ばれる黒人の子どもたちのための無料の学校がミシシッピ州内各地に設置されていたが、一〇月初め、イングラムはモスポイントの隣の市であるパスカグーラにフリーダム・スクールを設置し、一人で教え始めた。学校といっても、人目を引くこともない板張りの小さな小屋である。[43] しかし間もなく、何者かが学校の前庭に黒焦げの十字架を突き刺した。彼女はひるまずに横木に白ペンキで「自由《フリーダム》」と書き、毎日、生徒たちとともに十字架を学校の前庭に飾り直した。彼女の様子は地元の白人たちをさらに刺激したらしく、結局その後、学校には脅迫の電話がかかってくるようになり、放火されて閉校した。

地元の人々との心の通じ合う体験やフリーダム・スクールの子どもたちとの触れ合いを通じ、イングラムはミシシッピを去り難く感じていたが、結局、彼女のミシシッピ滞在はあっけなく終わることとなる。大統領選挙当日の一一月三日の夜、不意に手が空いたイングラムと運動員たちは、小腹を満たそうと近くのドラッグストアに出かける。そこでバナナ・スプリットを注文したところ、「ニガーには給仕しない」と断られたうえ、警察に通報され、逮捕される。イングラムは、免許証不携帯、治安妨害、逮捕への抵抗、スピート違反、不注意運転、飲酒運転等々の罪を着せられたうえ裁判でも有罪となるが、弁護士の取り計らいにより刑の執行を猶予され、逃げ帰るようにミシシッピを去ったのだった。

イングラムは、ワシントンDCに戻った後も、一九六五年三月のセルマーモンゴメリーの行進の保護を求める運動やDCの内政自治を求める運動、銃規制運動、一九七二年のシャーリー・チザムの大統領選挙戦の応援、マイノリティの雇用の拡大を求める運動、南アフリカ共和国への制裁を求める運動などに夫婦で取り組んだ。その後、イングラムは一九八五年から二〇〇七年までイタリアおよびドイツに住み、芸術作品の創作をおこなうとともにハンブルクの歴史文書館で史料を閲覧し、ドイツでの家族・親族の歴史をたどるとともに戦争中を振り返る回想録の執筆を本格的に開始した。アメリカに帰国後はふたたびワシントンDCに居住し、二〇一三年、ほぼ五〇年ぶりにミシシッピ州モスポイントを訪れた。現在も、投票者ID法やトランプ当選後の国内状況を憂慮し、二〇二〇年にはワシントンDCでのブラック・ライヴズ・マター関連のデモや集会にも参加している。

第三節　イングラムの意識の変化——怒りと憎しみから「愛」へ

以上のように、アメリカに移住してからのイングラムの行動を見ていると、他のアメリカ・ユダヤ人との付き合いについて描かれていないことに気づく。本人に尋ねたところ、回想録で言及していないのではなく、実際、彼女はアメリカではシナゴーグに通ったこともなく、とくに「ユダヤ人」として生活してこなかったということである。ユダヤ人の知人や友人はいるものの、ニューヨークでは芸術関係、ワシントンDCに転居してからは公民権運動で知り合った人たちであるということだ。また、公民権運動で知り合ったユダヤ人の中にホロコースト生還者はいないということである。[44]

戦後、ハンブルクの公立学校に通ったとき、同級生や元ナチ党員の教師から嫌がらせやいじめを受けていたイングラムは、アメリカに移住してしばらくのあいだ、「私であれ他の誰であれ、ユダヤ人かどうかなんてことを誰も気にしていない」[45]ニューヨークでの生活を楽しんだ。英語の訛りのために出身国を問われると、フランスで生まれてドイツに移り住んだとごまかしたり、はっきりと答えなかったりした。イングラムは、自分の国籍が好きではなく、自分や家族を殺そうとした人たちと一緒くたにされたくなかったからそのように答えていたと述べている。一九五〇年代のアメリカにおいては、大文字で始まる「ホロコースト」の呼び方はまだ定着しておらず、ナチ政権によるユダヤ人迫害および虐殺の詳細は一般市民には認識されていなかった。そのようななか、自らはドイツ国籍ではあるものの「大虐殺」の犠牲者の側であることを逐一説明する苦痛は小さくなかったと思われる。

また、イングラムは、ホロコーストを経験したことが公民権運動への参加の理由であると述べているものの、それはユダヤ人であることが理由とは言っていなかった。「私の最初のミシシッピへの旅はハンブルクで始まっていた」として、戦争と虐殺の経験を示唆しつつも、「ハンブルクで、私は［無神論者で非ユダヤ人の］父から何度も教え込まれた。私はナチスの時代を生き残ったのだから、人種差別に遭遇したときは必ずそれに反対するのが私の重大かつ［ユダヤ教徒であるという］宗教とは無関係の義務であると」[46]（傍点は引用者）と述べ、むしろ家族の思想的背景を強調している。

しかし、公民権運動への参加、とくにミシシッピ行きを通じて、イングラムはユダヤ人としての意識を高め、また、自らユダヤ人であると名乗るようになっていく。民主党全国大会会場からの帰りのバスの車内で、深夜、イングラムはヘイマーと語り合った。そのときのことをイングラムは以下のように綴っている。

ダニエルを除いて、前の晩に思い出したような子どもの頃の辛い体験について、私は他人に、とくに会ったばかりの人に話すことはほとんどなかった。同じ日の昼間、話を聞きつけた『ワシントン・ポスト』の記者の取材に柄にもなく応じたのだが、彼は思い出したくもない出来事についてたくさんの質問をしてきた。これらの新たに呼び起こされた記憶が私の中にまだ残っていて私自身もおどおどしていたのだが、暴力的な人種憎悪を経験してきた強い女性と一緒にいたことで心強く感じた。おそらくそのおかげで、私は子どものときにどのように感じていたか、大人として今どのように感じているかについて、心を開いて話すことができた。彼女は、遊歩道で起こった出来事について聞いたのだけど、詳しいことは知らないのと機転を利かせて言った。私はユダヤ人で、空襲のあいだ、母と私は防空壕や教会に入れてもらえなかったことがあるという話をしたとき、驚いた表情を見せなかった。後になって、私がバスに乗ってきたとき、花火で気が動転して倒れた人ではないかと思ったと言った。[47]

By Wally McNamee, Staff Photographer

NEW CITIZEN MARIONE INGRAM
. . . a survivor of persecution now fights it here

Death Camp Survivor Joins Rights Drive

Marione Ingram heard the the fireworks exploding at the Democratic National Convention last week and had difficulty convincing herself that she was not hearing the bombs she narrowly escaped in her native Germany during World War II.

"I was absolutely terrified," she said yesterday, "Of course I knew better, but I could hardly believe it wasn't really the bombs."

It is because of those wartime memories that she has become active in the civil rights struggle here. "I just can't get over the feeling that as long as anyone is being persecuted, it can happen to me again," she said.

Mrs. Ingram, who is 27 and the mother of a 3-year-old son, became a U.S. citizen two days ago. She became interested in the civil rights movement when she worked as a volunteer in the March on Washington a year ago.

She said that although things in this country are far from perfect, she is grateful that here at least she is permitted to protest what she calls "oppressive conditions" for Negroes.

花火の音を聞いてイングラムがハンブルク大空襲を思い出したと報じた新聞記事。見出しでは「強制収容所帰り」とされている。（*Washington Post*, August 30, 1964.）

前日の晩、イングラムはリンドン・ジョンソン大統領の誕生日を祝う打ち上げ花火の音と閃光によってハンブルク大空襲のフラッシュバックを起こし、気絶していた。ヘイマーと語り合い、彼女が「自分が死ぬかジム・クロウ制度がなくなるかのどちらかまで、ミシシッピで戦い続ける決心(48)」であることを知ったイングラムは、ミシシッピに行くことを約束する。そのとき感じた「行かなければならない」という使命感を、イングラムは以下のように表現する。

私がミシシッピに行くと約束したとき、彼女の言葉と私の言葉が私の身体の中で響き渡った。私が既に長いことその道筋を辿ってきていたことを私の身体は知っていたのだと思う(49)。

「ドイツでの経験があるからこそ、行かなければならない」というイングラムの決心は、固かった。強く反対する母に対しても、むしろ、自分がミシシッピに行くことで、ハンブルクにいるときから生じていた距離感が縮まることを期待していたという(50)。

約二ヶ月のミシシッピ滞在の期間を通じて、イングラムの頭の中にはつねにホロコーストがあった。それは、任地のモスポイントに到着した直後についての以下の記述からも窺える。

彼［ティルモン］は、スコットさん夫妻は公民権運動を強く支持している老夫婦で、私に家に泊まるよう名乗り出てくれたのだと教えてくれた。そして彼は、モスポイントに来た白人の公民権活動家で黒人の家族と一緒に寝泊まりするのは私が初めてだと付け加えた。
「ママ・スコットはすごく面倒見が良いのよ。彼女のごはんを食べたらこの骨にも肉がつくんじゃないかしら」とパーカーさんは言った。
疲れが吹き飛んでいくのを感じながら、私はフリーダム・サマー計画に参加した白人たちはどこに泊まっていたのかと尋ねた。ティルモンは、彼らはたいていモーテルかアパートを借りていたと言った。私はその老夫婦、とくにママ・スコットと一緒に暮らせるのだと思うと身体に喜びが満ちてくるのを感じた。その喜びは、祖母がもう一度私のところに帰ってきてくれたような気持ちとも言えるほどのもので、個人的には、私の祖母を連れ去ったナチスに勝利した気分だった。(51)

間もなく、有権者登録を呼びかける黒人教会での集会で、イングラムは「私は、ナチス・ドイツで生まれたユダヤ人で、自由を求めてアメリカにやってきたが、自由でない人がこの国にもたくさんいることを知った(52)」と、自らホロコースト生還者であることを明かしたのだった。

その後、イングラムは自ら「ミシシッピ病」と呼ぶいささか我を忘れたような感覚でモスポイントでの仕事に没頭する。それは、ホロコーストに対する怒りや犠牲者への義務感という自分の「過去」が、「心から湧き上がる愛情」に変換される体験であった(53)。彼女は、この体験を次のように語る。

毎朝、私は目の前にある難題にわくわくし、日々、一緒に住み、働いている人たちと仲良くなっていった。私は、彼らの人柄と同じくらい、彼らが切り抜けてきた危険ゆえに大好きだった。私は、彼らが白人《ミスター・チャーリー》の怒りを呼び起こしたときも冷静にしていること、脅迫や嘲りに直面しても断固として威厳を保っていること、手際良く申し立てをすること、対決の前、後、あるいは最中でさえユーモアを忘れないことを崇拝していた。しかし、何と言っても私は、強いところと同時に弱点も共有し、彼らの愛情の中に住まわせてくれる彼らの温かさと率直さが大好きだった。(54)

そして、「アメリカをあるべき姿に変えることができるのは、ミシシッピを通じてだけである」から、どうしても公民権運動家たちは成功しなくてはならないと夫に宛てた手紙で訴えた[55]。フリーダム・スクールの前庭に置かれた黒焦げの十字架を「自由の十字架」に換えたとき、イングラムは、自分が攻撃と憎しみのシンボルを愛と希望のそれに換えたと感じた[56]。

チェイニー、シュワーナー、グッドマンの殺人事件はモスポイントからさほど遠くない場所で起こっており、八月に遺体が見つかった後も殺人犯はまだ逮捕されていなかった。殺人犯が身近にいるかもしれないという緊張状態の中で、イングラムは、ユダヤ人がクー・クラックス・クランや白人市民会議の憎悪の対象であること、自分がユダヤ人であること、そして、自分がユダヤ人であることを地元白人たちは既に感知しているであろうことを意識する。しかしイングラムは、そのことに対し、「私は、かなり個人的なやり方で、ナチスを前にして無力で頼れる友人もいなかった人たちのために、今、戦っていた。それに、私にはたくさんの友達がいたし、私たちは皆、非暴力で闘っていた」と、身の危険を感じ恐れるというよりはむしろ、自分が行動を起こしていることに充実感を感じていた。それは、グリニッジ・ヴィレッジに住んでいたとき、初めて心を開いてハンブルクでの空襲の体験を語り尽くした相手である夫のダニエルの肩に寄りかかっているかのような、安らいだ気持ちだった[57]。

おわりに――「傍観せず、立ち上がれ」

このように、公民権運動への参加、とくにミシシッピに滞在しての有権者登録運動とフリーダム・スクール運営により、ホロコースト生還者のマリオン・イングラムはホロコーストの「犠牲者」から「人種的な不正義に対する反対運動の戦闘員[58]」に変貌を遂げた。彼女にとって「勇気と確信を持った非常に多くの人々と一緒に活動することはまたとない名誉であり、喜びでもあり[59]」、人々と連帯できたこと、差別や不正義に対して声を上げ、行動を起こせたことは、満足と誇りを強く感じさせるものであったことが窺われる。

一方、イングラムは「どこにいても気づいたら人種差別に反対する義務が自分にはあるのだとの固い信念とともに育ってきた。それは私たち家族の信条だったが、ヨーロッパでは、それに効果的に取り組むことができなかった[60]」。また、「非暴力的な抵抗は、私が子どもの頃に感じたどうすることもできない怒りに取って代わるものであった[61]」というように、ホロコーストに対して、抵抗を示したり声を上げたりすることはできなかったと述べている。

これはイングラムだけが感じていたことではなかった。ワルシャワ・ゲットーの蜂起などの例を除いて、ユダヤ人がナチスの反ユダヤ政策および絶滅政策に対してほとんど抵抗できず、指導者たちも声を上げることができなかったということは、ユダヤ人のあいだで広く認識されている。一九六〇年代初頭、ホロコースト史家ラウル・ヒルバーグおよび哲学者ハンナ・アーレントは、ヨーロッパのユダヤ人社会はドイツの絶滅策の現実から目を背け意図的に抵抗を避け、機械的に服従したとそれぞれの著作で述べ、さらに、ゲットー存続のためにユダヤ人の移送および絶滅政策に協力したユダヤ人共同体の指導部さえいたことを指摘した。とくに、アーレントの言説は、イスラエルでおこなわれたアイヒマン裁判の傍聴記というかたちで一九六三年に一般誌の『ニューヨーカー』に連載され、読者のユダヤ人たち――アメリカ・ユダヤ人社会のほぼ全体といってよい――の苦悩と激烈な怒りの嵐を巻き起こした[62]。

これらの指摘は、それまでユダヤ人たちが内に秘めていたホロコーストに関する苦しみを噴出させることになった。そして、その苦しみは、アメリカのユダヤ人は、ヨーロッパ・ユダヤ人の救出をもっと本格的に試みることができたのではなかったかという疑問ひいては非難を生じさせることになった。実際、戦時中には、アメリカ・ユダヤ人合同分配委員会などの難民支援団体がユダヤ人救出に奮闘していたものの、アメリカ・ユダヤ人社会全般としては、文明国であるドイツがそのような残虐な行為を犯すはずがない、あるいは、過去のポグロム[63]と同じように、ひたすら通り過ぎるのを待てば嵐は収まるはずだと楽観的に捉えていた。それどころかむしろ、政府による強硬な対応を求めるデモや集会をユダヤ人団体が主催すると、眠っていた国内の反ユダヤ主義を覚醒しかねないという心配の声も強かったのである。[64]このような、戦時中のユダヤ人の無関心と消極性を非難する声について、マサチューセッツ州のブランダイス大学の教授であった作家のマリー・シルキンは、以下のように述懐している。

六〇年代以降、公民権の抗議デモに参加した記憶のある学生たちが、アメリカのユダヤ人たちは何故あんなに臆病だったのかと、しばしば質問に来た。そして、問い詰められたものだった。一〇〇〇人の男、女、子どもを載せたドイツの「ユダヤ人」難民船であるセントルイス号が一九三九年に「フロリダ」沿岸を航行しつつ入港を求め、西半球のどの国も救済しようとしなかったとき、なぜ、われわれは通りに出て怒りの抗議をしなかったのか？　乗客を助けるために大西洋に飛び込まなかったのか？　なぜ、われわれは移民制限の解除を求めて連邦議会議事堂前で座り込みをしなかったのか？[65]

このような視点で、ホロコースト生還者の公民権運動への思いを見直してみると、差別・迫害・虐殺を傍観してはならない、そして、行動を起こすことが重要であるという強い気持ちが、共通するものとして窺われる。プリンツ・ラビは、ワシントン大行進でのスピーチにおいて、「ナチ政権下のベルリンでラビをしていた者として」もっとも恥ずかしく悲劇的なことは、偏狭や憎悪に対して沈黙・傍観することだと説いた。[66]ウェイスは、フリーダム・ライドに参加することを告げたとき、父に「殺されるぞ。これは黒人のことだ」と反対されたが、「これは、まさに父さんに起こったことだ。自分は傍観できない。悪を目撃して何もしなかったら、加担していることになる」と言って押し切ったという。[67]

ホロコースト以前から、アメリカ・ユダヤ人のあいだでは、奴隷の境遇を経験し、差別・偏見に長らく苦しんだ経験をもつ者として、黒人の窮状に手を差し伸べることは多かった。たとえば、NAACPには、ジョエルとアーサーのスピンガーン兄弟が一九〇九年の設立時から一九六六年まで会長職を引き継ぐなど、多数のユダヤ人が参加していた。また、同じ時期、シアーズ・ローバック社長のジュリアス・ローゼンウォルドは、ブッカー・T・ワシントンの自伝『奴隷より立ち上がりて』に感銘を受け、タスキーギ学院の理事をつとめた。彼は、その他にも黒人の学校教育や黒人のための娯楽施設、黒人のための医療のために多額の寄付をし、それらの学校はローゼンウォルド・スクールと呼ばれている(68)。

あるいは、二〇世紀初めには、ニューヨークで発行された『フォワード』などのイディッシュ語新聞は、黒人の窮状に同情を示しつつリンチを糾弾したほか、ユダヤ系衣料労働組合は、それまで認められていなかった黒人の労働者の組合加入を認めた(69)。また、一九三一年には、九人の黒人の若者が列車内で白人女性を強姦したとの濡れ衣を着せられ告訴される事件がアラバマ州スコッツボロで起こった。その際、いったんは死刑を宣告された少年たちのために奔走し、最終的に彼らの無罪を勝ち取ったのは、ニューヨーク出身のユダヤ人弁護士サミュエル・リーボウィッツであった(70)。

こういった、以前から存在していた他のマイノリティへの「共感」が、ホロコースト、とくにヨーロッパの同胞を救うために、当時、十分に手を尽くせなかったという思いによって、「共闘」——差別を傍観することなく、立ち上がって行動すること——に変化したのではないだろうか。二〇二一年四月八日のホロコースト記念日（ヨム・ハショア）、イングラムはオンライン講演をおこない、大学生を中心とした聴衆に語りかけた。

私が言いたいのは、決して沈黙するなということです。不正義がおこなわれているのを見聞きしたときにはいつも声を上げ、傍観しないことです。［中略］私のアドバイスは、決して沈黙しないこと、誰にも汚い言葉を使わせないこと、誰かが中国人だとか日本人だとかであるからといって、文句を言わせないことです。人間として、声を上げて下さい。［中略］若い人たちにとって、これは難しいことだと思います。私は若いとき、［黒人の同僚］ジョーンが大学を卒業しているのに会社のトイレ掃除の仕事をしなければならず、私がまるで火星から来たかのように［上司が私の抗議を］理解しないので、その会社を辞めました。

［中略］声を上げ、立ち上がり、闘って下さい。ただし、つねに非暴力で。決して、暴力、銃、握りこぶし、忌まわしい言葉を用いないで下さい。つねに敬意と寛容の気持ちを忘れないで下さい。(71)

以上のような意味で、公民権運動はユダヤ人にとって、身近な場所あるいはそうでなくてもアメリカ国内で「声を上げることができる」機会であり、失われた六〇〇万の命への思いを昇華させるものとなったのではないだろうか。(72)

〈ユダヤ人の視点からアメリカを見る――アメリカ・ユダヤ人文書館〉

アメリカ・ユダヤ人文書館は、創立者のアメリカ・ユダヤ人史学者の名を取って、正式名称をジェイコブ・レイダー・マーカス・アメリカ・ユダヤ人文書館といい、オハイオ州シンシナティの市街地から車で一五分ほどの小高い丘と鬱蒼とした森に囲まれた静かな郊外にある。周辺には、シンシナティ大学の研究所や、全米でも有名なシンシナティ動物園がある。一九四七年に設立され、アメリカを中心とした西洋のユダヤ人およびユダヤ人コミュニティの政治、経済、社会、文化、宗教に関する幅広い史料を収集・保存・利用できるようにしている。今日では、所蔵される史料は約一〇〇〇万ページ、八〇〇〇フィートにわたり、アメリカ・ユダヤ人史に関する最大の文書館となっている。

系譜学の史料も充実している。ユダヤ人たちにとって、特に欧州における自らの家系をたどることは自然であり、研究者やジャーナリストではない一般利用者たちが系譜（genealogy）を調べるためにしばしば文書館を訪れている。家族や親族、隣人の消息・ルーツを知りたいというケースのほかに、ホロコーストによって奪われた財産の補償の申請のために調査をすることもある。他のユダヤ関連の文書館、たとえばニューヨーク市にあるユダヤ歴史センターやニューヨーク公立図書館のユダヤ部門も同様のサービスをおこなっている。

アメリカ・ユダヤ人文書館外観（2019年8月筆者撮影）

アメリカ・ユダヤ人文書館は、ヘブルー・ユニオン・カレッジの敷地の中にある。アメリカ合衆国のユダヤ教には、大きな宗派として改革派、保守派、正統派があるが、同カレッジは、アイザック・メイヤー・ワイズ・ラビが一八七五年に創設した改革派のラビ養成学校である。アメリカ・ユダヤ人文書館はカレッジからは半ば独立した機関であるので、カレッジの図書館を兼ねているわけではなく、図書館は別の建物がある。とはいえ、このような事情もあり、同文書館では、アメリカ合衆国のユダヤ教改革派に関する史料やヘブルー・ユニオン・カレッジに関する史料、シンシナティ地域のユダヤ人コミュニティに関する史料がとくに充実している。また、マーカス初代館長は、約七五年間にわたって同カレッジの教授を務めた。

アメリカ・ユダヤ人文書館では、アメリカ・ユダヤ人史の研究所としての機能も充実しており、セミナーや学会を開催したり、雑誌『アメリカ・ユダヤ人文書館ジャーナル』をはじめとした種々の学術刊行物を発行したりといった活動がおこなわれている。また、同文書館では毎年、所蔵史料の調査を目的とした研究に対するフェローシップを給付している。フェローのほぼ半分は海外からの調査者であり、当然のことながら、非ユダヤ人の研究者も給付を受けることができる。

そのほか文書館では、二年に一度「アメリカ・ユダヤ人歴史ツアー」を催行し、五日間ほどかけて主に南部の都市を訪れている。現館長のゲイリー・ゾラ博士およびアメリカ・ユダヤ人史研究者、そして訪問先のラビらとともに、その地のユダヤ関係の博物館やシナゴーグなどを訪問し、ユダヤ人コミュニティの歴史を学ぶ機会となっている。「正義」や「この世の修復」を重んじる改革派らしく、ツアーには公民権運動関連の施設の見学・研修も含まれている。二〇一九年のテネシー州メンフィスのツアーでは、マーティン・ルーサー・キング牧師が暗殺されたロレイン・モーテル跡の公民権博物館を訪問し、南部のラビの公民権運動への献身についての講義もおこなわれた。

註

（1）Hedda Garza, *African Americans and Jewish Americans: A History of Struggle* (New York: Franklin Watts, 1995), 149.

（2）Debra L. Schultz, *Going South: Jewish Women in the Civil Rights Movement* (New York: New York University Press, 2001); Cheryl Lynn Greenberg, *Troubling the Waters: Black-Jewish Relations in the American Century* (Princeton, NJ: Princeton University Press, 2006); Marc Dollinger, *Quest for Inclusion: Jews and Liberalism in Modern America* (Princeton, NJ: Princeton University Press, 2000); Seth Forman, *Blacks in the Jewish Mind: A Crisis of Liberalism* (New York: New York University Press, 1998).

（3）Nancy L. Green, "Blacks, Jews, and the 'Natural Alliance': Labor Cohabitation and the ILGWU," *Jewish Social Studies*, vol.4, no.1 (Autumn 1997): 79-104.

（4）改革派は、アメリカにおいては早い時期から英語での説教を行い、シナゴーグ内での男女の席の隔離を廃止し、他宗教からの改宗を寛容に認めるなど、もっとも世俗的な性格が強い宗派である。

（5）Civil Rights Movement Archive, "Jews, Religion, and the Movement — A Discussion," February 2005, accessed October 10, 2020, https://www.crmvet.

org/disc/jews.htm.

（6）Anita Grossmann, "Shadows of War and Holocaust: Jews, German Jews, and the Sixties in the United States, Reflections and Memories," *Journal of Modern Jewish Studies*, vol.13, no.1 (March 2014): 99-100.

（7）Ibid.

（8）D.C. Everest Area Schools, *The Nation's Longest Struggle: Looking Back on the Modern Civil Rights Movement* (Weston, WI: D.C. Everest Area Schools Publications, 2013), 83; Civil Rights Movement Archive, "Jews, Religion, and the Movement."

（9）Civil Rights Movement Archive, "Jews, Religion, and the Movement"; Schultz, *Going South*, 181-190.

（10）Peter Novick, *The Holocaust in American Life* (New York: Houghton Mifflin, 1999), 7.

（11）Jonathan D. Sarna, *American Judaism: A History* (New Haven, Conn.: Yale University Press, 2004), 333-334.

（12）Hasia R. Diner, *We Remember with Reverence and Love: American Jews and the Myth of Silence after the Holocaust, 1945-1962* (New York: New York University Press, 2009), 1-17, 266-273.

（13）ミシシッピ・フリーダム・サマー計画を扱った以下の先行研究においても、イングラムの滞在したモスポイント等のメキシコ湾岸部についての記述や研究は欠けている。研究史に登場することのない「小さな市町村」での公民権運動の状況を知るための史料としても、イングラムの回想は価値があると思われる。Jon N. Hale, *The Freedom Schools: Student Activists in the Mississippi Civil Rights Movement* (New York: Columbia University Press, 2016); Len Holt, *The Summer That Didn't End: The Story of the Mississippi Civil Rights Project of 1964* (New York: Da Capo Press, 1992 [1965]); James P. Marshall, *Student Activism and Civil Rights in Mississippi: Protest Politics and the Struggle for Racial Justice, 1960-1965* (Baton Rouge: Louisiana State University Press, 2013); Doug McAdam, *Freedom Summer* (New York: Oxford University Press, 1988).

（14）それぞれ代表的なものとして、以下のような著作がある。ヴィクトール・フランクル（池田香代子訳）『夜と霧　新版』みすず書房、二〇〇二年／同（山田邦男・松田美佳訳）『それでも人生にイエスと言う』春秋社、一九九三年／エリ・ヴィーゼル（村上光彦訳）『夜　新版』みすず書房、二〇一〇年。

（15）United States Holocaust Memorial Museum, "Frequently Asked Questions," accessed June 15, 2020, https://www.ushmm.org/remember/resources-holocaust-survivors-victims/individual-research/registry-faq#11.

（16）Howard M. Sachar, *A History of the Jews in America* (New York: Vintage Books, 1992), 495, 559-562（滝川義人訳『アメリカに生きるユダヤ人の歴史・下巻——ナチズムの登場からソ連系ユダヤ人の受け入れまで』明石書店、二〇二〇年、六八、一七八〜一八三頁）。

（17）Ron Miller, Pearl Beck, and Berna Torr, "Jewish Survivors of the Holocaust Residing in the United States, Estimates & Projections: 2010-2030," Conference on Jewish Material Claims Against Germany, October 2009, accessed October 30, 2020, http://www.claimscon.org/wp-content/uploads/2011/10/Jewish-

Survivors-USA_v2-_3_25_14.pdf.

（18）Edward K. Kaplan, *Spiritual Radical: Abraham Joshua Heschel in America, 1940-1972* (New Haven: Yale University Press, 2007), 5.

（19）Ibid., 10.

（20）Ibid., 215-217.

（21）一九三八年一〇月末、パリのドイツ大使館の外交官がユダヤ人の青年に殺害された事件をきっかけに、ユダヤ人への暴力がオーストリアを含むドイツ全土で荒れ狂った。一一月九日から一〇日にかけての暴動でユダヤ人九〇人以上が殺害され、三万人以上が逮捕され、強制収容所に送られた。さらに、七五〇〇のユダヤ人商店が略奪にあい、二〇〇以上にのぼるシナゴーグが破壊された。シナゴーグのステンドグラスが路上のいたるところに散乱し、街灯の光で輝いたことから、「クリスタルナハト（水晶の夜）」と呼ばれる。

（22）Kaplan, *Spiritual Radical*, 220-225.

（23）Allan Nadler, "The Plot for America: Remembering Civil Rights Leader Joachim Prinz," *Tablet*, February 25, 2011, accessed October 30, 2020, https://www.tabletmag.com/sections/news/articles/the-plot-for-america.

（24）Gabrielle Simon Edgcomb, *From Swastika to Jim Crow: Refugee Scholars at Black Colleges* (Malabar, FL: Krieger, 1993). 同書の巻末には、南部の二〇大学で教鞭を取った六一人の難民の大学研究者のリストが掲載されている。

（25）Edgcomb, *From Swastika to Jim Crow*, 117-129; Maria Lowe, "An Unseen Hand: The Role of Sociology Professor Ernst Borinski in Mississippi's Struggle for Racial Integration in the 1950s and 1960s," *Leadership*, vol.4, no.1 (February 2008): 27-47.

（26）Marione Ingram, *The Hands of Peace: A Holocaust Survivor's Fight for Civil Rights* (New York: Skyhorse Publishing, 2015), 101（北美幸・袴田真理子・寺田由美・村岡美奈訳『平和の下で――ホロコースト生還者によるアメリカの公民権のための闘い』小鳥遊書房、二〇二〇年、一七四頁）。

（27）Eric Etheridge, *Breach of Peace: Portraits of the 1961 Mississippi Freedom Riders* (New York: Atlas & Co., 2008), 162, 195.

（28）"From the Holocaust to the Freedom Rides," Breach of Peace: Portraits of the 1961 Mississippi Freedom Riders, In Oral History, Riders on the Rides on May 7, 2011, accessed May 4, 2021, https://breachofpeace.com/blog/?p=405.

（29）Judy Meisel, accessed January 10, 2020, http://www.judymeisel.com/.

（30）Etheridge, *Breach of Peace*, 195.

（31）Marione Ingram, *The Hands of War: A Tale of Endurance and Hope, from a Survivor of the Holocaust* (New York: Skyhorse Publishing, 2013), 10-13（村岡美奈・北美幸・寺田由美訳『戦渦の中で――ホロコースト生還者による苦難と希望の物語』小鳥遊書房、二〇二〇年、三〇〜三二頁）。

（32）Ibid., 13-14（同書、三二〜三三頁）。

（33）Ruslan Budnik, "Firestorm Hell: Operation Gomorrah – 'Hiroshima' of Germany," War History Online, February 12, 2019, accessed January 6, 2021, https://www.warhistoryonline.com/instant-articles/operation-gomorrah.html.

（34）ハンブルク大空襲は、イングラムにとって第二次大戦中のもっとも壮絶な体験であった。イングラムはハンブルク大空襲についてのみ書き記したエッセイを、『戦渦の中で』を刊行する前の二〇〇六年に発表している。Marione Ingram, "Operation Gomorrah," *Granta: The Magazine of New Writing*, vol.96 (War Zones), Winter 2006, 79-94.

（35）Ingram, *The Hands of War*, 122（イングラム『戦渦の中で』一四八頁）。

（36）イレーナ・パウエル（河合秀和訳）『ホロコーストを生き抜く――母の伝記と娘の回想』彩流社、二〇一八年、一四頁。

（37）同書、一四〜一五頁。

（38）Transcript of the Oral History interview with Marione Ingram for the Oral History Collection of the Jewish Historical Society of Greater Washington, September 29, 2016, 8. 以下、Interview と略記する。

（39）貧困家庭であっても、一五歳以上の男性がいる家庭には一切の公的扶助をおこなわないという規定で、ケースワーカーが突然、夜間に受給者の家庭を訪れ、男性がいないかをチェックするというかたちで受給資格を審査した。ワシントンＤＣ以外にも、複数の州や市で実施されていた。

（40）Ingram, *The Hands of Peace*, 43, 73-75（イングラム『平和の下で』八八、一三四〜一三六頁）。

（41）Mamie E. Locke, "Is This America? Fannie Lou Hamer and the Mississippi Freedom Democratic Party," in *Women in the Civil Rights Movement: Trailblazers & Torchbearers, 1941-1965*, eds. Vicki L. Crawford, Jacqueline Anne Rouse, and Barbara Woods (Bloomington, IN: Indiana University Press, 1993), 27-37.

（42）トッド・ギトリン（疋田三良・向井俊二訳）『六〇年代アメリカ――希望と怒りの日々』彩流社、一九九三年、二一六〜二一八頁。

（43）Interview, 19.

（44）本稿筆者（北）とマリオン・イングラムの電子メールでの交信による、二〇二〇年六月二二日。

（45）Ingram, *The Hands of Peace*, 9（イングラム『平和の下で』三五頁）。

（46）Ibid.,（同右）。

（47）Ibid., 86（同書、一五四頁）。

（48）Ibid., 87（同書、一五五頁）。

（49）Ibid.,（同右）。

（50）Ibid., 90-91（同書、一五九～一六〇頁）。
（51）Ibid., 95-96（同書、一六七～一六八頁）。
（52）Ibid., 99（同書、一七一頁）。
（53）Ibid., 115-116（同書、一九三、一九五頁）。
（54）Ibid., 116（同書、一九五頁）。
（55）Ibid., 117（同書、一九五頁）。
（56）Interview, 18.
（57）Ingram, *The Hands of Peace*, 3-5, 122（イングラム『平和の下で』二六～二九、二〇四頁）.
（58）Ingram, *The Hands of War*, 184-185（イングラム『戦渦の中で』二二四～二二五頁）.
（59）Ibid.,（同右）。
（60）Ibid., 184（同書、二二四頁）。
（61）Ibid., 185（同書、二二五～二二六頁）。
（62）ラウル・ヒルバーグ（望田幸男・原田一美・井上茂子訳）『ヨーロッパ・ユダヤ人の絶滅　上・下』柏書房、一九九七年；Hannah Arendt, "Eichmann in Jerusalem – I-V," *The New Yorker*, February 16, February 23, March 2, March 9, and March 16, 1963; Hannah Arendt, *Eichmann in Jerusalem: A Report on the Banality of Evil* (London: Faber and Faber, 1963)（大久保和郎訳『エルサレムのアイヒマン――悪の陳腐さについての報告〔新版〕』みすず書房、二〇一七年）。
（63）帝政ロシア時代にしばしばおこなわれた、民衆によるユダヤ人への暴力的迫害。一九〇三年に始まるキシニョフのポグロムはとくに大規模なもので、ユダヤ人のアメリカ移住を加速させるとともにシオニズム運動を促進させることとなった。
（64）丸山直起『ホロコーストとアメリカ――ユダヤ人組織の支援活動と政府の難民政策』みすず書房、二〇一八年、三一六～三一九頁。
（65）Marie Syrkin, "What American Jews Did During the Holocaust," *Midstream*, October, 1982, 6. なお、シルキンは一九五〇年から一九六六年までブランダイス大学の教授を務めたが、「世俗的ユダヤ人大学」として設立された同大学の当時の学生は、八〇パーセント以上がユダヤ人であったと推定される。
（66）"Prinz's Speech at the Lincoln Memorial, August 28, 1963," in *Joachim Prinz, Rebellious Rabbi: An Autobiography–the German and Early American Years*, ed. Michael A. Meyer (Bloomington, IN: Indiana University Press, 2008), 261-262.
（67）"From the Holocaust to the Freedom Rides," Breach of Peace: Portraits of the 1961 Mississippi Freedom Riders, In Oral History, Riders on the Rides on May 7, 2011, accessed May 4, 2021, https://breachofpeace.com/blog/?p=405.

(68) Louis R. Harlan, "Booker T. Washington's Discovery of Jews," in, *Region, Race, and Reconstruction: Essays in Honor of C. Vamn Woodward*, eds. J. Morgan Kousser and James M. McPherson (New York: Oxford University Press, 1982), 271-273.

(69) Hasia Diner, *In the Almost Promised Land: American Jews and Blacks, 1915-1935* (Baltimore: Johns Hopkins University Press, 1995 [1977]), 28-88, 96; Jonathan Kaufman, *Broken Alliance: The Turbulent Times Between Blacks and Jews in America* (New York: Simon and Schster, 1995), 29.

(70) Murray Friedman, *What Went Wrong?: The Creation & Collapse of the Black-Jewish Alliance* (New York: Free Press, 1995), 63-66, 99-100.

(71) Springfield College, "Springfield College Hosts Virtual Lecture on Past and Present Fascism and Racism," April 8, 2021, accessed June 28, 2021, https://springfield.edu/news/springfield-college-hosts-virtual-lecture-past-and-present-fascism-and-racism.

(72) こういった差別への対抗姿勢は、「反ユダヤ主義への対抗」を超え、他者を攻撃・迫害するユダヤ人やイスラエルに向けられることさえある。二〇二一年五月のイスラエルとパレスチナ側の軍事衝突の際、全米各地で抗議デモが続いたが、イスラエル軍によるガザ地区の空爆を非難する人々の中にはユダヤ人の姿もあった（「軍事衝突　NYでも抗議活動——対イスラエル　ユダヤ系の姿も」『朝日新聞』二〇二一年五月二〇日、五頁）。また、イングラムを含む、本稿筆者がこれまでに交流した複数のユダヤ人公民権運動家がパレスチナ支持者であり、時にユダヤ人右派と対立することすらあることも付記しておきたい。Dorothy Zellner, Ira Grupper and Larry Rubin and Mark Levy, "Shame on Hillel for Shunning Civil Rights Veterans," *Forward*, March 20, 2015, accessed June 28, 2021, https://forward.com/opinion/217123/shame-on-hillel-for-shunning-civil-rights-veterans/.

第六章　警察暴力とマイノリティ間の連帯

――ハリー・ヘイのゲイ・アクティビズムと黒人自由闘争、一九三〇年代～一九六九年

兼子　歩

はじめに――クィア運動と黒人自由闘争のあいだ

一九七〇年八月、ブラックパンサー党のヒューイ・P・ニュートンは、カリフォルニア州バークレーのラジオ局KPFAの番組で「革命運動において、女性解放とゲイ解放には占めるべき地位がある」ことを訴えた。

同性愛者は非常に激しく、またひどく抑圧されてきました〔……〕。しかしわれわれは、同性愛者が人間であると理解しており、この国に存在し〔正しい〕性行為を法制化しようと試みるブルジョワ的心性とブルジョワ的裏切りによって、彼らが抑圧されているのだと理解しています。〔……〕私は同性愛者が、この時代に不人気な性的関係への欲望ゆえに嫌がらせを受けたり苦しめられたり残酷に扱われたりしてはならないと思います。

そしてニュートンは、「政治的意識」をもった「女性集団」および「同性愛者」との同盟を歓迎すると述べた[1]。それは、近年の研究が注目してきた、多様な社会運動が互いに連携し影響・啓発し合う大きなひとつの流れとしての一九六〇年代（「諸運動からなる運動」）を象徴する声明であった[2]。

ゲイ運動史研究の多くは、ゲイがマイノリティとしての集合的アイデンティティをどのように獲得したか、いかに組織的運動を立ち上げたのか、都市のゲイ住民はいかにコミュニティへと編成され、そして政治化したのかを探求してきた[3]。こうした研究は、第二次世界大戦後のアメリカ主流社会による排除や周縁化、そして警察などの公権力による取り締まりの標的となることを通じてマイノリティ集団としてのゲイ・アイデンティティが形成され、それに基づいて社会運動としてのゲイ運動が勃興した経緯を明らかにする。だが、研究の関心は主流社会とゲイのあいだの関係の展開に集中する傾向があり、他の周縁化された社会集団による権利運動や抵抗・解放闘争との歴史的関係には必ずしも十分な注目が向けられてこなかった。

しかし、第二次大戦期から一九六九年のストーンウォール蜂起とゲイ解放運動の登場にいたる同性愛者の組織的な運動を論じたジョン・デミリオの古典的研究はすでに、他の社会運動、とりわけ黒人自由闘争（Black Freedom Movement）の影響を指摘していた。デミリオによれば、第二次大戦後になると同性愛者の組織化が進められ、一九五〇年ロスアンジェルスで結成されたマタシン協会をはじめとして「ホモファイル」と呼ばれる運動の諸団体が結成される。ホモファイル運動団体は精神科医や科学者などの専門家を通じて、同性愛者が主流社会からリスペクタブルな存在として承認されることを目指していた。ホモファイルという言葉自体、同性愛（ホモセクシュアル）の性的含意を目立たなくするために創出された語である。だが、一九六〇年代半ば以降、特に公民権闘争に刺激を受けたゲイ活動家たちが、まず東海岸でアフリカ系アメリカ人と同様に同性愛者自身が「マイノリティ」として直接抗議行動を通じて変革を求めるよう運動を変質させる。西海岸では、サンフランシスコを中心に警察による嫌がらせとの対峙を経てゲイバーの世界とホモファイル組織運動の世界が融合し、ゲイのアイデンティティと人的結合を涵養するコミュニティが形成されていく。デミリオは、これらの流れが六〇年代末に、ブラックパワーやフェミニズムやカウンターカルチャーの影響を受けた若い世代によるラディカルなゲイ解放運動へと結実していったと論じている。(4)

近年、同時代のさまざまなマイノリティ運動や抵抗運動との相互関係の中にゲイ運動を位置づける研究が盛んになっている。たとえば、ホモファイル運動がゲイ解放運動として政治的に急進化していく過程で、ベトナム戦争および反戦運動が同性愛者にもたらしたインパクトの歴史的重要性が指摘され、同時に、七〇年代に入ると反戦運動をゲイ運動の本質的争点のひとつとすることの是非をめぐってゲイ運動内部に激しい対立が生じていったことが明らかにされていった。(5)

近年、ブラックパワー運動をジェンダーおよびセクシュアリティの観点から分析する研究が増加し、同時にゲイ解放運動とブラックパワーの複雑な関係にも光が当たるようになってきた。ブラックパンサー党は武装する戦闘的な黒人男性性をその象徴的なイメージとして打ち出し、またメディア表象などを通じてそのように記憶された。同党の「情報相」エルドリッジ・クリーヴァーの一九六八年の著書『氷の上の魂』に表れるような、性的な力による女性支配志向と同性愛嫌悪に基づいた男性性こそがブラックパワーの特質であるとみなされてきた。(6)だが、近年の研究は、ブラックパンサー党の女性活動家が果たしていた政治的役割の重要性を指摘し、また組織内の家父長主義やホモフォビアを批判し克服しようとする動きもみられたことを明らかにしている。(7)冒頭に引用したニュートンの言葉もまた、そうした動きの一環であった。

こうした議論は、ブラックパワーとゲイ解放の積極的な連携に注目する研究を活性化させた。たとえば、六〇年代のサンフランシスコ・ベイエリアではブラックパンサー党、性の解放を求める運動、同性愛権利運動のリーダーたちが友情を通じて互いに影響を与え合ったこと、そして彼らが各運動の解放のビジョンとして、家父長的要素を完全には克服できなかったものの、支配的な白人核家族規範とは異なる男性性を追求したことが指摘されている。あるいは、一九六九年から七〇年代初頭のベイエリアを舞台に、旧来的ホモファイル運動に対抗するゲイ解放運動とブラックパンサー党が、警察暴力への抵抗という共通項によって接近したことを明らかにする。やがてゲイ・レズビアン活動家はブラックパンサー党員のあいだにみられたホモフォビアやミソジニーに反発して袂を分ったが、その後もブラックパンサーのコミュニティ活動を参照し続けたという。(8)

これらの研究は、ゲイ運動が黒人自由闘争の影響を受け、連携を模索した背景として、同性愛者と黒人が当時のアメリカ社会において属性に基づいて排除・周縁化された社会的マイノリティ集団であったということ、特に警察による迫害の対象だったという相似性をゲイ運動が見出していたことを明らかにする。

ただし、こうした相似性には留保が付けられねばならない。相似性という議論には同性愛者と黒人がそれぞれ性的指向か人種という単一の属性によって規定されたマイノリティであるという仮定があり、そのことは性的指向と人種の双方によってマイノリティ性を規定される人びと、つまり黒人でありゲイである人びとの存在を不可視化する（その結果、規範的同性愛者＝白人、規範的黒人＝異性愛者であると仮定される）。それによって非白人ゲイ活動家を必然的にジレンマと重層的周縁化という状況に置いたことは無視できない。[9] 同様の問題が、先住民との共闘を模索したはずのゲイ活動家が内面化していたセトラー・コロニアリズムとしても指摘されている。[10]

以上の議論を踏まえて、本章では、白人ゲイ男性の活動家であり、マタシン協会の共同創設者だったハリー（ヘンリー）・ヘイを取り上げ、彼の黒人自由闘争との関係を論じる。ヘイはホモファイル運動の先駆者として知られているが、一九五〇年代はじめにマタシン協会内で路線対立が生じ、反共主義とリスペクタビリティを重視する派が勝利した結果、元共産党員でもあったヘイは五三年に協会を去った。それ以降の時代の同性愛運動史に関する研究では触れられることが少ないヘイであるが、マタシン協会を去ってからも彼はさまざまな活動に関与していた。

ヘイについては伝記研究が一冊存在するが、この伝記ではヘイと黒人自由闘争との関係にはほとんど言及されていない。[11] しかし実際には、彼のアイデンティティと活動において、黒人闘争との関係は少なからぬ重要性を持っていた。そして同性愛運動史の多くは黒人闘争の影響を受ける時期を六〇年代半ば以降とする研究が多いが、ヘイのアクティビズムにおいてはより早い時期からその影響が見られる。そして彼は警察への抗議を通じた黒人との共闘を、一九六九年のストーンウォール蜂起よりも早くから起こしていたのである。

第一節　ハリー・ヘイのアクティビストへの道

ハリー・ヘイは一九一二年にイギリスのサセックス州ワーシング（Worthing）で、鉱山技師の父と専業主婦の母のあいだに生まれた。幼少期に父の仕事の都合により家族でチリへ移住し、その後カリフォルニア州オレンジ郡、一九年にロスアンジェルスへと移住した。叩き上げの立身を遂げた父を、ヘイは非常に家父長的な男性であったと記憶している。とりわけ事故で一六年に片足を失ってからは、息子から「女々しさ（the sissy）を叩き出そうとして」ことさら厳しく当たるようになったという。[12] ヘイによれば、父は彼が花と音楽を愛するが戸外での遊びを愛好しない少年であったことが不満だったらしく、「父は常に私が正しい少年となることを気にかけており、私は彼に激しく抵抗しました」。[13] 父は「フットボール選手だったので、〔……〕私が自然にフットボール選手になるだろうと思っていましたが、私はなりませんでした。フットボールが嫌いだったので」。ハリー少年は、身体的な強靭さや攻撃性と競争を重んじる、二〇世紀転換期以降のアメリカで支配的になった〈男らしさ〉との齟齬を感じていた。[14]

ヘイは九歳のときに年上の少年との性的行為を通じて同性に対する欲望を抱いていることに気づいたが、自分が「同性愛者」であるという認識を得たのは一一歳のときに図書館でエドワード・カーペンターの一九一四年の著書『原始的民族における中間的諸類型（*Intermediate Types among Primitive Folk*）』を手にしたときだったという。同書の序文に登場した「同性愛（homosexual）」の語と出会うことで、ヘイは自分がこの言葉によって定義される存在であることを理解したという。彼は、同書と出会って「突如、自分のような人間がほかにもいるのだということ、〔……〕いつの日かそのような人に出会うことになると、夢想できるようになった」。ヘイは、その後ホイットマンの詩集『草の葉（*Leaves of Grass*）』に収録された「私自身についての歌（"Song of Myself"）」を読み、「彼もまた、私のことについて語っている」と感じるようになったと回想する。[15]

ヘイが高校時代の経験として印象的だったことのひとつに、人種をめぐる母親との対立があった。彼は一九二六年頃のことをこう回想している。

興味深いことに、私が惚れたのは美しいユダヤ系の少年や、ときには美しい黒人やチカーノの少年でした。当時の私の母親はエドワード朝的だったことを憶えています。学校の後、一緒に遊ぶために彼らを家に誘い、ガレージに行くか私の部屋で遊びました。お互いに触りあえるようなたぐいの遊びをしたのです。〔……〕しかし何度か彼らを家に呼んだあとで、母は私に、彼らにもう遊べないと伝えるよう言いました。彼らがユダヤ系や黒人やチカーノだったからです。私には受け入れることができず〔……〕母に全く同意できず、〔母が要求すること〕を憎んでもいました。[16]

母が息子の同性愛を疑ったのか、人種間交流を嫌ったのか、その両方だったのかは定かではないが、ヘイの言葉からわかるように、彼は非白人との交流を忌避せず、むしろ積極的に求めていた。ただし、ヘイが黒人やチカーノの少年に、主流社会の規範から疎外されたマイノリティとして自己との共通性を見出して共感したからなのか、それともかれらに人種エスニック的に異質な他者としての魅力を感じていたのかまでは、判別しがたい。

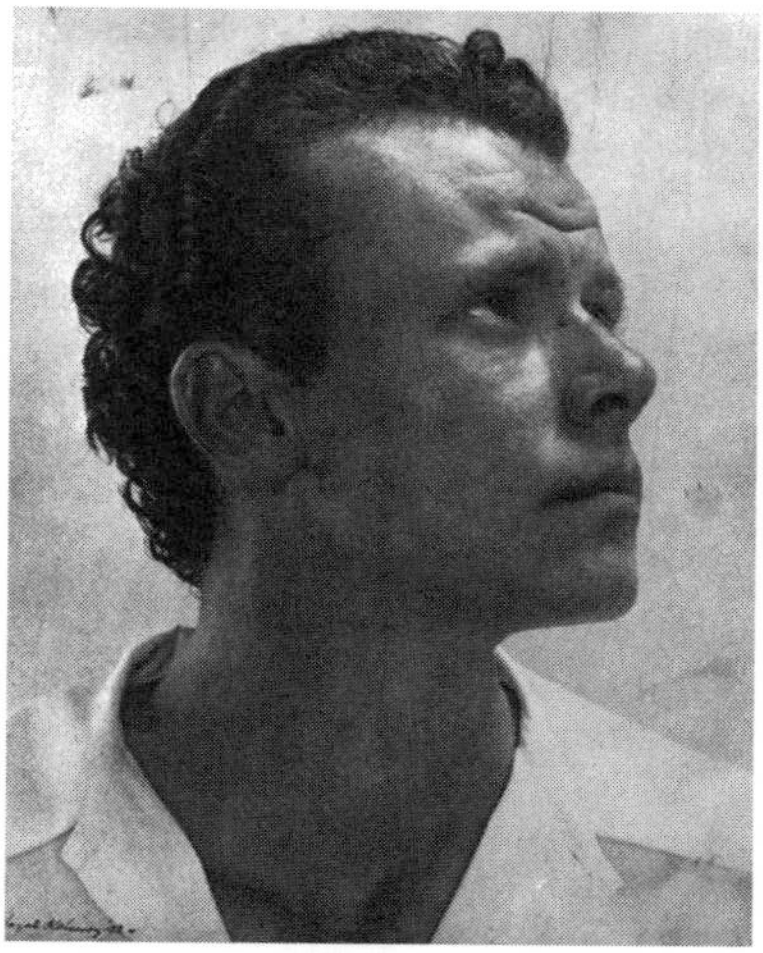

ハリー・ヘイ、1933年ごろ。
（ONE National Gay and Lesbian Archives より）

ヘイは高校で詩作や演劇に親しみ、スタンフォード大学に入学した。感染症での入院をきっかけに大学を中退したヘイは、一九三二年の秋にロスアンジェルスに戻り、ハリウッドを中心に俳優・歌手として活動し、また映画脚本の執筆にも携わった。彼は演劇で活躍しつつ、公演が終わるとハリウッド通りやパーシングスクエア、あるいはロスアンジェルスの黒人ゲットー地区にあたるセントラル・アベニューのスピークイージー（もぐり酒場）などで、地元の他の同性愛者との出会いを求めた。ヘイによればそうした場は「ゲイが入店してくつろぐことが許されていて、一緒にダンスすることもおおむね大丈夫だったのです。もちろん、他の客を過剰に困惑させないよう慎重にすれば、ということでしたが[17]」。禁酒法時代の大都市では、黒人ゲットー地区に集中したスピークイージーやナイトクラブは、白人と黒人が接触する空間であり、また性的マイノリティが参加可能な公的空間でもあった。[18] またこの時期のゲットーは、同性愛者やドラァグに対して、主流社会に比べると相対的に寛容であった[19]。

ヘイの活動家としてのキャリアを理解する上で、左翼運動との関係は無視できない。ヘイが少年時代の夏に親戚の農場で交流した農業労働者たちのなかに世界産業労働者組合（ＩＷＷ）の組合員がおり、彼らから影響を受けたヘイは社会主義に共鳴するようになった。のちに彼は、ハリウッドで知り合い恋人となった俳優ウィル・ギアに誘われてロスアンジェルスの共産党支部の活動に参加し、特に党が主宰する教育活動の講師を務めるなど積極的に関与するようになる[20]。

ヘイによれば、ギアは当時のハリウッドで「ラディカルな左翼」として有名であり、「失業者のためのラディカルなデモでの朗読」や「黒人コミュニティに関与する」活動に携わっていた。ギアは「いつも小冊子やリーフレットを持っていて、私はそうした文献を読み、率直にいえば、そうした内容に非常に興味を抱きました[21]」。当時、共産党はスコッツボロ・ボーイズの支援などを通じて積極的にレイシズムに反対する姿勢を示しており、階級闘争という共通目標のための人種間協調は共産党の公式の立場となっていた[22]。

ギアやその他の左翼の映画・演劇関係者との交流を通じて、ヘイはサッコ・ヴァンゼッティ事件や欧州におけるファシズムの台頭などについて学んだ。このころについて彼はこう回想する。

これが、自分と抑圧された人びとの関わりの始まりだと、私はすでに考え始めていました。私はウィル［・ギア］と議論を交わしました。私は、いつの日かこうした人びとがわれわれを助けてくれる日がくるのではないかと主張しました。われわれとはつまりゲイ・ピープルのことです。この時には［同性愛者という意味での］ゲイという言葉はまだなかったので、私たちは気まぐれな（temperamental）人びとという言葉を使っていましたが。こうした［抑圧された］人びとは、我々が正当な存在になること、我々が善き人間であると認められるようになることを助けてくれるのではないか、と。ウィルはいつも「そんな機会はない」と言い、私は「わからないよ、あ

りえると思う」と答えたものです。(23)

こうした経験を通じてヘイは、同性愛者は国家や主流社会による他の抑圧された集団と無関係な存在ではなく、同性愛者の闘争と他の被抑圧集団の闘争は連関する、という認識にいたっていた。ただ、このとき彼が、同性愛者が他のマイノリティ集団の権利運動や解放闘争に参加する必要があると考えていたかどうかまではわからない。

ともあれ、本格的な同性愛者権利運動を始動させる以前から、ヘイが多人種的な世界を経験してきたこと、そしてセクシュアリティ以外の社会的カテゴリーによって抑圧される社会集団の存在を、同性愛者の地位向上や権利獲得のための闘争との関係において意識していたことは確かである。ヘイが第二次大戦後のロスアンジェルスを中心としたカリフォルニア州でゲイの権利のための活動を展開するとき、黒人自由闘争との関係は彼にとって何を意味したのかを、次節で検討する。

第二節　マタシン協会と「マイノリティ」としてのたたかい

一九三八年にヘイは共産党員であったアニタ・プラッキー（Anita Platky）と結婚し、正式に共産党に入党した。共産党は人種平等主義を推し進めていたが、同性愛に対してはブルジョワ的頽廃としてこれを非難しており、ヘイは共産党の性文化に順応して異性愛者として振る舞った。第二次大戦期は家庭生活と党の活動を中心に過ごし、二人の娘にも恵まれたが、やがて自己のゲイ・アイデンティティを否定する苦痛に耐えかねて、五一年に同性愛者であることを党に対して告白して脱党し、また妻アニタとも離婚した。(24)

離婚と脱党の契機となったのは、一九五〇年にヘイがロスアンジェルスで数名の仲間とともに結成した「マタシ

マタシン協会の創設メンバーたち（1951 年）。左上がヘイ。
（Wikimedia Commons より）

ン協会」であった。ヘイ以外にも共産党員が創設メンバーとして参加し、同協会は伝統的な友愛結社（fraternity）と、共産党や「アルジェリア〔民族解放戦線〕的な形態の細胞組織構造」の地下組織を模倣した。ヘイはこの時期を「マッカーシズムの時代で、それが〔ストーンウォール以後との〕大きな違い」だったと回想している(25)。

発足時のマタシン協会は、同性愛者を社会的マイノリティ集団とする定義に立脚しており、当初からこの定義はかれらがアメリカにおける黒人の状況として認識していたものを参照していた。ヘイはマタシンの雛形として一九四八年に「平和と社会的尊厳のための国際バチェラー友愛会」という名の団体の創設案を作成していたが、その中で彼は同組織が「社会の両性具有マイノリティの保護と向上のためのサービスおよび福利組織」であると定義し、こう述べている。

> 我々は、会員が感情的にも知的にも、標準的なコミュニティの文明的道徳と倫理に合わせることを支援することによって、生理学的逸脱（科学的用語では退化）が心理的・社会的退化でもあるという、悪しき神話とタブーを打破することを目指す。〔既に認知されているマイノリティーズの中では、人びとはユダヤ系や黒人だから悪いのではなく、かれらを取り巻く政治的・経済的環境という外的な性質によるのである。我々は自分たちを理解し、その知識をコミュニティに対して示す努力をすべきである〕〔……〕感情的不適応と社会的不適応は軌を一にするが、それは神に与えられたものでも生得的でも絶対的なも

のでもない。それは人間によってつくられたのであり〔……〕、マジョリティこそがマイノリティをつくりだしたのだ。このマイノリティは心理的基盤に則り、常に流動的である。このマイノリティは、黒人マイノリティのような身体的レベルに基づかなくとも、存在するのである。(26)

ヘイは同性愛者・黒人・ユダヤ系をともに「マイノリティ」であると捉えていた。この時点では、ヘイは同性愛者を生物学的（「両性具有」）に規定されていると認識しており、また、同性愛者や黒人・ユダヤ系の状況を主流社会への「不適応」と捉えている。だが「不適応」の原因を同性愛者に内在的に求めず、主流社会の反同性愛という環境に求める立場をとっていた。

一九五一年にヘイが起草したマタシン協会の綱領によれば、協会の目的は同性愛者に「帰属しているという感覚」をもたらすこと、同性愛について教育・啓蒙すること、そして「同性愛マイノリティに向けられた差別的で抑圧的な法制度」を改革するための「政治的活動の領域」でのリーダーシップを提供することだという。そしてヘイは、こう記している。

マタシン協会は、その活動を通じて、我らが仲間としてのマイノリティーズ──つまり黒人、メキシコ人、ユダヤ人──に現れつつある文化と同様に、極めて倫理的な同性愛文化を生み出すことは、可能であり望ましいと考える。ひとたび同性愛者に対する無知と偏見が打破できれば、そして同性愛者自身が社会の中で尊厳ある、有益な役割を果たしうると感じられれば、同性愛者はよく適応した、健全で社会的に生産的な生活を送ることができると、マタシンは信じる。(27)

ヘイは同性愛者を抑圧されたマイノリティ集団と捉え、同じ被抑圧集団として黒人やメキシコ系への共感を抱いていた。だが同時に彼が、同性愛者（や黒人やメキシコ人）が主流社会の規範に合わせて自己を規律することを重視していたこともわかる。

しかし一九五二年、マタシンの新メンバーとなったデイル・ジェニングズがロスアンジェルス市警（ＬＡＰＤ）のおとり捜査によって逮捕されると、ヘイの力点は自己規律と主流社会への適応から、差別的待遇に対する抗議と抵抗へと変化していく。マタシン協会は「おとり捜査非合法化のための市民委員会」を結成し、チラシを作成・配布し、弁護費用のための寄付を募る活動を展開した。この委員会が配布した「匿名の戦いの呼びかけ」というチラシはこう訴えた。

怒れる匿名の有権者の団体であるわれわれ〔委員会〕は、総じてマイノリティーズに対してふるわれる警察暴力に関するわれらがコミュニティの反乱の精神に共感して、こう確信する。いまや、可能な限りの最も明確な形で、同性愛マイノリティに対する警察の特別な暴力がコミュニティ全体に対する脅威に他ならないということもまた、明らかにされるべき時だと。〔……〕暗黙のうちに同性愛者とは淫らで自堕落な人間であると仮定することは、全てのユダヤ人が詐欺師で、全てのメキシコ人が不潔で、全ての黒人が野獣的だと宣言するのに等しいことである。[28]

属性によって警察の標的とされることへの批判は、主流社会によるマイノリティとしての同性愛や黒人やメキシコ人に対するステレオタイプへの批判と結びついている。またこの言明には、同性愛者以外のマイノリティに対する警察暴力とステレオタイプ化への批判にも敷衍される可能性を示唆している。

しかしヘイが追求しようとした路線は、挫折を余儀なくされる。おとり操作への抗議が地元の同性愛者たちの注目を集めた結果、マタシン協会は会員数が増加したが、それによって一九五三年には協会の方針をめぐる内部対立が起こる。その結果、ヘイら創設時からの幹部は協会を去ることになった[29]。

対立の背景には、反同性愛が反共主義の高まりと結びつくという、冷戦期特有の事情があった。一九四〇年代末から五〇年代には、アメリカの安全保障にとって同性愛と共産主義が相互に密接な脅威とされ、両者を同一視さえする政治的言説が流通した。その結果、連邦省庁から共産主義者と同性愛者の職員が解雇されるようになった。共産党との関係があったヘイらを追放してマタシン協会の主導権を握った幹部は、協会を友愛結社的組織からより公に開かれた組織へと変えていった。それと同時にかれらは、同性愛と共産主義を連想させる言説に対抗することを重視し、同性愛者の地位向上のために反共主義を取り入れ、主流異性愛主義社会の中産階級的ジェンダー規範を体現することに力点を置く方向性を打ち出した。協会によってホモファイル運動推進のために五三年に創刊された雑誌『ＯＮＥ』や、その発行元として創設された「ＯＮＥインク」は、女性的な服装や振る舞いをして男性に欲望する男性——当時はスイッシュ（swish）と呼ばれた——を、同性愛者の地位向上を妨げる存在として非難した。五六年にはマタシン協会本部はサンフランシスコに移り、ヘイによれば同年の秋に「ロスアンジェルスのマタシン組織は存在を停止した[30]」。

一九五五年には下院非米活動委員会に召喚され証言を強いられる経験もしたヘイは、それ以降、ホモファイル運動と距離ができるようになる。ヘイは「その後ＯＮＥがすることについて、もう知らせが来ることがなくなりました」と述べており、彼自身、歴史の研究に没頭しながら私生活中心に五〇年代後半を過ごすようになる[31]。しかし一九六〇年代中葉から、再びアクティビズムに関与してゆく。

第三節　新たなアクティビズムにおける反戦運動との連携

一九六九年のストーンウォール蜂起はゲイ運動の画期であったとされる。ヘイもその重要性は否定しないが、しかし「一九六九年にストーンウォール事件が起きたときに全国に波及した理由の一部」は、「私たちが粉末導火線と呼ぶものを一九六〇年代のあいだに置いてきたから」[32]なのだと力説したように、六九年以降に興隆するゲイ解放運動の先駆的な形を、六〇年代中葉以降のヘイの活動に見出すことができる。しかも、ロスアンジェルスを中心としたカリフォルニア州におけるヘイの活動は、黒人自由闘争との連携を常に模索しながら展開し、その運動は警察暴力に対する抗議を軸としていたのである。

まず大きな動きがサンフランシスコで起こったことが、ヘイの新たな活動の契機となった。第二次大戦後に同市で増加したゲイバーに対して、一九五〇年代にはサンフランシスコ市警（ＳＦＰＤ）は賄賂をゲイバー経営者に要求することで存続を黙認していた。六〇年代になるとＳＦＰＤの腐敗への批判が高まるが、ゲイバーに対する警察の取り締まりはむしろ激化し、バー以外のさまざまな空間が同性愛者取り締まりの場と化していった[33]。

こうした動きに対して、同性愛者側はプロテスタント教会の牧師たちとの間に連携の可能性を見出した。戦後の主要都市ではニューディール期の人種差別的な住宅政策にも後押しされて白人住民の郊外化が進行し、これによって信徒の減少に悩む教会は、これまで排除してきた層の住民へのアウトリーチを開始するようになった[34]。サンフランシスコのテンダーロイン地区にあるグライド・メモリアル教会は、白人住民の郊外流出による信徒数減少の問題を克服するため、一九六三年にテキサス出身のアフリカ系アメリカ人説教師セシル・ウィリアムズを同教会の「都市センター（Urban Center）」所長に任用した。ウィリアムズらは地区の貧困層や性的マイノリティや薬物依存者などへのサービスを積極的に展開し、特に家族から追放されてホームレス化したゲイの少年たちを精力的に支援した。六四年にはグライド教会をはじめとする聖職者たちと同性愛活動家から構成される「宗教同性愛評議会（ＣＲＨ）」が結成された。ＣＲＨは同年の大晦日に同性愛者のためのダンスパーティを開催したが、警察の手入れにより、多数の同性愛者とＣＲＨの聖職者と顧問弁護士が逮捕された。聖職者と弁護士はこれを不当とし、六五年一月二日に記者会見を開いてＳＦＰＤを非難し、世論の注目を集めた（逮捕者のうち起訴された者は無罪となった[35]）。

ＣＲＨが同年六月に開催した会合に参加したロスアンジェルスおよび近郊からの聖職者たちとホモファイル団体の代表者たちが、同様の組織の結成をめざして議論を重ね、「南カリフォルニア宗教ホモファイル評議会（ＳＣＣＲＨ）」を発足させた。(36)ＳＣＣＲＨは主目的として「教会関係者とホモファイルのコミュニケーションと理解への道を開く」こと、「ホモファイルの霊的ニーズと社会的責任を満たす方法を調査・実践」すること、「セックスと道徳に関する一般コミュニティ内に好意的見解の流れを促す」ことを掲げ、そのための会合やイベントの開催、出版物の刊行、講師等の派遣、カウンセリング、他団体との交流を実施することを活動の柱とした。(37)

ヘイは一九六五年に、マタシンやＯＮＥインクとは別に社交団体「愛し合う仲間の会（ＣＬＣ）」を結成し、その代表としてＳＣＣＲＨに参加した。彼はＣＬＣの目的をこう語っている。同性愛者は「自己の存在理由を発見しなければならない」がゆえに、そして「己の同性愛者としての本質ゆえに、あるいはその本質を通じて、この世界においていかなる目的と意味をもっているのか」を知るための会であると。ゆえにＣＬＣは「人生の中心的課題、わけても同性愛者としての人生の経験に影響を及ぼす知識・経験・判断」を集約し、「同性愛者として生きるとは何を意味するか、同性愛者としてこの世界で活動し貢献するとは何かということを、明らかにし、説明し、自覚的な理解へと導く」ことを目標としていた。(38)ＣＬＣは、同性愛者が異性愛者との差異を確立するために、固有のアイデンティティと価値と社会への関与のスタイルを発見するための手段であった。

ヘイの回想によれば、ＳＣＣＲＨにはロスアンジェルスの複数の大学の聖職者、プロテスタント主要宗派教会の牧師、救世軍の説教師、カトリックの修道女などが参加した。彼の認識においてＳＣＣＲＨは、反戦運動と黒人自由闘争とゲイ運動の交錯を体現する団体であった。

〔会合には〕ＵＣＬＡから来たユニテリアンの大学牧師と、フレンズ奉仕団から来た人がいました。プロテスタント諸宗派のあいだでは、一九五〇年代半ばから六〇年代にかけて進められていた社会的実験と、コミュニティへのアウトリーチ活動が数多くありました。監督派のジェイムズ・パイク（James Pike）司祭は政府と民間生活におけるマッカーシズムの精力的な批判者へと転身しており、長老派のユージン・カーソン・ブレイク（Eugene Carson Blake）とともに、熱心な公民権の擁護者となっていました。ふたりは、黒人コミュニティから登場したマーティン・ルーサー・キングに応えるために、声をあげるだけでなく、行動も起こしていました。つまりSCRHと協働していた聖職者たちはみな、この構図の一部だったのです。[39]

SCRHとの共闘を通じた二つの抗議行動を通じて、ヘイと彼の仲間達の活動は急進的になっていった。一つ目は、一九六六年の軍隊記念日である五月二〇日に挙行された、モーターケイド（自動車によるデモ）による同性愛者としての反戦の訴えであった。

一九六六年二月、ヘイも出席したミズーリ州カンザスシティでの全国のホモファイル諸団体による会合は、団体間連携強化のための全国組織の立ち上げ――後に「北米ホモファイル組織会議（NACHO）」となる――と、きたる軍隊記念日に反戦活動を一斉におこなうことを決定した。ヘイはロスアンジェルスでモーターケイド反戦デモを思いつき、SCRHに参加していたホモファイル団体や聖職者たちに協力を求めた。ヘイは「キャンパスの若者たちはおそらくある種のパレードやその他の活動を五月二〇日に行うことを支持し、われわれは幅広い支持を得ることができ、そしてわれわれが反戦に基づいて行動するならば、間違いなく幅広い関心を得ることができるだろう[40]」と期待した。つまり、学生運動・反戦運動との連携による相互協力関係の促進をめざす試みであった。

ONEインクなどのホモファイル組織は参加を辞退した。聖職者たちは、当初はモーターケイド構想を称賛したが、かれらの多くは、言い訳をして結局参加しなかった。ヘイは当時の恋人ジョン・バーンサイドと、自動車を提供してくれた何人かの聖職者たちとともに、自動車の上に反戦メッセージを書いた箱を据え付けた車列を仕立て、五月二〇日にロスアンジェルス中心部で自動車デモを敢行した。集まった地元テレビ局や新聞社の記者たちを相手に会見を開き、その夜のテレビのニュースで報じられた。だが、記者たちが質問してきたのは暴力沙汰が起きたかどうかであり、「誰も流血していないなら、かれらは関心をもたないというわけだった」。しかし、ロスアンジェルスの複数の大学の「反戦・反徴兵グループ」が「我々の反徴兵の主張を報じるリーフレットを刊行してくれ」、「若い反戦派のヘテロたちが道沿いにいて、我々に歓声を送ってくれました」[41]。小規模ではあったが、同性愛活動家と学生反戦運動家の連帯がストリートで生まれたのである。

モータ―ケイドはヘイにとって、より対決的なアイデンティティを打ち出すようになる画期となった。「モータ―ケイドまでは、私たちのピケラインは嘆願でした。だが、〔モータ―ケイド以降〕は、要求であり、対決だったのです」[42]。一九六六年八月にはサンフランシスコでCRH主催による聖職者とホモファイル諸団体の全国会議が開催され、グライド・メモリアル教会の半地下室でのワークショップにヘイも出席した。この経験は、ヘイのマイノリティ集団としての意識を先鋭化させた。ワークショップに参加した聖職者たちは宗教活動においていかに同性愛者を考慮すべきかを議論していたが、ヘイは「彼らが保護者ぶろうとしているのだと気づきました。〔……〕彼らが例によって、マッチョな指導者(macho honcho)になってきたのです」。そこでヘイは立ち上がり、「あなた方は、我々に石を投げ、私たちを苦しめ、寺院から私たちを追い出し、あなた方の炎が私たちを焼いてきたのではないか」と、聖職者たちを批判した[43]。

ヘイはこの発言のすぐ後に、ひとりの黒人聖職者が「私はあなたの言いたいことがわかるよ」と述べ、立ち上がったことを記憶している。グライド教会のセシル・ウィリアムズだった。彼は同教会への赴任以来、警察暴力を黒人とゲイが直面する共通の問題として憂慮し、抗議のための組織化に尽力してきた活動家でもあった[44]。そこでヘイはウィリアムズにこう伝えたという。

次にあなたが「お前は孤独の谷を渡り始めた(“You’ve Got to Cross That Lonesome Valley”)」を歌うとき、私たちもそこにいるということを思い出してください。私たちはそれぞれが、私たち自身で谷を越えなければならない。だから、私たちが誰であるかも知ってください。あなたと同じ経験を、私たちもしてきたのです。

このやりとりをきっかけに、ウィリアムズとヘイたちの関係が発展していったという。ヘイの回想によれば、

私たちは、彼ら〔黒人〕の抑圧と我々の抑圧の間に相似的関係があることを理解し始めました。私たちはいまや、我々の抑圧や、我々の考え方、我々が一級市民になるために動くべき方向が、黒人のそれと非常に似ているという関係性を理解し始めたのです。これが、我々自身の教育と成長の始まりでもありました。(45)

マタシン協会の結成を構想していた時期にすでに生じていた、黒人と同性愛者が同様に被抑圧マイノリティ集団であるという認識は、こうして明確化した。次節に見るようにこの認識は、実際の黒人アクティビストとの交流を通じて、さらに先鋭化していった。そして警察暴力への抗議は、マイノリティ間の相似という認識をさらに超えた共通の闘争における連帯の試みを促す触媒となるのである。

第四節　警察暴力との対決が生み出すマイノリティ間連帯

ヘイの六〇年代アクティビズムにとっての第二の変化の契機となる抗議行動は、一九六六年の大晦日に「ブラックキャット（Black Cat）」「ニューフェイシズ（New Faces）」というロスアンジェルスの二つのゲイバーで開催されていたドラァグ・ダンスパーティに対するＬＡＰＤの手入れと、その警察の暴行に反対するデモであった。ヘイはこの事件

を衝撃的なものとして回想している。警官たちは二つのバーを「侵略し、手入れを実行し、そして多くの人びとを傷つけました」。客たちは「寒さが厳しい夜に放り出され、氷のように冷たい歩道に顔を押し付けられました。〔警官たち〕はかれらを捕らえて殴打し手錠をかけました[46]」。この事件はヘイと他の同性愛者たちが、警察暴力の脅威という経験を同性愛者と他のマイノリティ集団が共有していることを発見する契機となった。

　私たちの多くは、黒人、チカーノ、そしていまや〔……〕数千人のフラワーチルドレンに対して警察が行なっている凶悪な群衆統制のやり口が、無力だがいまだ不可視的で声をもたないゲイ・コミュニティに対しても試みられているのだと認識し始めたのです[47]。

そしてこの発見は、抑圧的な警察の暴力に対する抗議という共通目的を共有する他のマイノリティとの共闘の模索を促したのである。

一九六七年二月、ヘイの回想によれば「ゲイ、黒人、チカーノ、フラワーチルドレンは、怒りをお互いに共有し、ある夜に共同でデモンストレーションをおこなうことを決定しました」。この直接抗議行動はSCCRHの支援を受けたが、組織に内部対立をもたらし、何人かの聖職者の脱退を引き起こした。

　〔デモ〕はもはや、〔当局に対する〕敬意を払った嘆願ではなく〔……〕、警察暴力をやめるべきだという要求であり、違法な捜査や押収はやめるべきだという要求であり、警察によるおとり捜査や挑発はやめるべきだという要求だったのです。その夜、デモには一五〇人ほどがいて、その後の集会と拡声器による演説に、三～四〇〇人ほどの人びとが参加しました[48]。

警察暴力への抵抗の意志は、マイノリティ間を横断する政治活動へと展開した。ヘイはマイク・ハノンという人物が一九六八年六月の地区検察官選挙への出馬を決めたことを知る。「彼は徴兵逃れや非暴力的な徴兵反対運動や良心的徴兵忌避に関して、素晴らしい仕事をしてきた事務所の出身でした」[49]。ハノンはＬＡＰＤの白人警官でありながら六五年のセルマ行進への参加経験もあり、同年にロスアンジェルスで反戦抗議デモに参加して停職・左遷され、六六年に弁護士へと転じた人物である[50]。ヘイがハノンに接触し見解を尋ねたところ、彼がおとり捜査反対を公約に掲げて出馬する意向であると知った。ヘイとバーンサイドはハノンの選挙を支援するために「四つ股に分かれた市民委員会を構想」し、「黒人コミュニティから一〇人、女性解放運動から一〇人、チカーノ・コミュニティから一〇人、ゲイ・コミュニティから一〇人を集めました」[51]。

"What About Cops who Commit Crime in the Streets? I Will Not Allow these Crimes to go Unpunished
MIKE HANNON is Running for DISTRICT ATTORNEY
SEND CONTRIBUTIONS TO
HANNON CAMPAIGN HEADQUARTERS
Enclosed $ I Pledge
Name
Address City Zip

地下新聞『ロスアンジェルス・フリープレス (*Los Angeles Free Press*)』1968年3月29日号に掲載された、マイケル・ハノンの選挙広告。「ストリートで犯罪をおこなう警官をどう思いますか？ 私はそんな犯罪が罰されないことを許しません」。

ハノンを支援する委員会は地元の地下新聞『ロスアンジェルス・フリープレス』に広告を掲載した。六八年五月三一日付の同紙の広告は「あなたの肌の色は黒か茶か赤か、あるいは『白』ではない色ですか？　あなたは公然と戦争、不正義な法、貧困、偏見、憎悪に反対していますか？　あなたは服装、言論や芸術、私的な行為、合法的な集会の権利における選択の自由を主張しますか？　あなたは人びとが多様性を享受しながら自由に生きられる世界を欲しますか？」と呼びかけ、ハノンが当選すればその職責を使って警察を「平和の守護者にして人民の財産・人格・生き方の保護者」という本来の役割へと戻すと公約に掲げた。「黒人」「チカーノ」「ゲイ」「ヒップ」の各コミュニティ代表者が推薦人として名を連ね、「ゲイ」委員会の欄にはヘイとバーンサイド、そしてＯＮＥインクのドン・スレーターの名があった[52]。

ハノンは黒人や他のマイノリティに対する警察暴力を非難して、ロスアンジェルス郡を九地区に分けて各地区の住民代表からなる評議会を設置し警察に対する不服を受けつけるべきだと訴えた。選挙では現職の一四〇万票強に対してハノンは得票数四〇万強と惨敗であった。(53) だが、ヘイにとっては警察の暴力や嫌がらせを止めさせるという共通の利益のためにマイノリティ諸集団が協働できた経験こそが重要であった。彼はこう語る。

我々は黒人コミュニティからとても興味深い人々を得ることができました。たとえばマーガレット・ライトです。彼ら彼女らは、「マイク・ハノンを地区検察官に」の広告に、自分たちの名前がゲイたちの名前や有名な女性たちの名前と一緒に載ることをわかっていました。〔…〕かれらは、自分たちが黒人・チカーノ・先住民・ゲイピープルと一緒に載ること、このひとつの事柄について自分たちがみな一緒であり、ひとつの事柄のために協調するということも理解していました。(54)

この時期にはすでに、ヘイはブラックパンサー党に強い関心を抱いていた。一九六九年の春に、カリフォルニア州議会にアフリカ系アメリカ人のウィリー・ブラウン議員（民主党）が「同性の成人のあいだの同意に基づくセックスの合法化法案を提出」しており、ヘイは仲間たちと共に「ウィリー・ブラウンが〔法案〕をサクラメントの州議会に提出することを支持する請願活動」を展開していた。ヘイは、ロスアンジェルスで「ブラックパンサー運動に関わっていた人びとの助けを得て、黒人コミュニティじゅうで署名を配布しましたが、かれらはみな非常にフレンドリーで、協力的だったので、私は数百人分の署名を黒人コミュニティで集めることができました」と回想している。

ヘイはこのとき、「ブラックパンサー党が、人民ないしコミュニティによる警察の統制と呼んでいたものを発表する」会議を計画していることを知った。ヘイはその時のことを回想する。

私たちは、〔……その会議で〕SCCRHを代表してLAゲイコミュニティのために、そしてわたしたち自身のCLCの名において語りたいと思いました。私たちは、自分たちが労働し生活し、そして私たちが知られている地域の近くの黒人コミュニティにおいて、公にゲイでポジティブなライフスタイルを代表するために、そしてオークランドのコミュニティ会議に参加するために、忙しく活動してきました。(55)

警察暴力の是正への要求は、マイノリティとしての同性愛者に固有の生活様式ないし文化があり、それを私的な領域のみならず公的領域においても肯定的な価値として擁護することと結びついて意識されるようになった。

ヘイは一九六九年の夏には、マイノリティ集団としての黒人と同性愛者の相似性以上に、黒人性の肯定とゲイであることの肯定を結びつけて論じるようになる。七月末に執筆した演説の草稿において、ヘイはセシル・ウィリアムズとの対話でも言及したゴスペル・ソングの一節を引きながら論じる。

お前はその孤独の谷を渡り始めた
お前は自身のために渡り始めた
誰もお前のために渡ってはくれない
お前は自分のために渡り始めた

黒人とクィアは、奴隷制時代に生まれたこの霊歌の意味を、腹蔵から理解している。どちらにとってもこれは、今日に至るまで保護もなく、尊敬されるべき権威ももたず、慣習や伝統による導きもなく、宗教的・社会的助言者もなく、不屈の本能的な人間性のほかになんら優位性をもつことなく、自尊心と尊厳をもって陽の下に立つための道を見出さなければならないことを意味するのだ。

女性は、いかなる男性も自己を尊重する女性であることが何を意味し、どう感じられるのかを論じたり推測したりできない、ということを明らかにしつつある。女性は説明や弁明をされる必要がない。女性は実存している。実存しているのだ！

今日、黒人は、いかなる白人も自己を尊重する黒人であることが何を意味し、どう感じられるのかを論じたり推測したりできない、ということを明らかにしつつある。黒人は説明や弁明をされる必要がない。黒人は実存している。実存しているのだ！

私と愛する仲間たちは、いかなる異性愛者も、自己を尊重する同性愛者であることが何を意味しどう感じられるかを論じたり推測したりできない、ということを明らかにしつつある。デカルトを改めるなら、我は思い、感じる、ゆえに我ありなのだ！　三つのマイノリティがこのことを知ることは、内から我々を自由にすることであり、我々を社会的意識へと移行させることであり、きたるべき新しい世界における同盟者としての潜在的可能性を予言するものである。[56]

ここには、主流社会との相違を通じてマイノリティとしての同性愛者に積極的で肯定的な価値を定義するヘイの姿勢、そして彼が黒人と同性愛者の相似性を見出すことを通じて同性愛者アイデンティティ自体の肯定的な価値を擁護していること、そして両者の連携の必要性の認識を見出すことができるのである。

おわりに――反警察暴力による連帯の可能性と限界

ハリー・ヘイの四〇年代末～六〇年代末までの活動を、特に黒人自由闘争との関係で検討することで、いくつか指摘できる点がある。まず従来の研究では、同性愛者の運動が公民権運動・ブラックパワーの影響を受けて変容するのは六〇年代半ば以降とされてきたが、実際には黒人と同性愛者を社会的に抑圧された相似的なマイノリティ集団として定義し、権利運動を模索する動きはすでに四〇年代末に存在していた。ヘイの個人史において自己のアイデンティティ定義を人種マイノリティと同性愛者の相似性に求める試みは、さらに三〇年代にさかのぼりうる。

次に、従来の研究でも同性愛者に対する警察によるおとり捜査や暴力の経験は指摘されてきたが、六〇年代半ば以降のヘイの活動は、警察暴力が同性愛者に対する差別と抑圧のひとつの表れであるだけでなく、同性愛活動家に他のマイノリティ集団との連帯を追求することを促し、主流社会に対抗するアイデンティティの形成を促進する触媒でもあったということができる。

しかし、同性愛者と黒人（と女性）を並列させてその共通性を強調する論理は同時に、人種とジェンダーとセクシュアリティがアメリカ社会の中で同じように機能する属性であると仮定している。また、各マイノリティを単一のアイデンティティの要素で定義することを通じて、規範的な同性愛者像が――ヘイ自身がそうであったように――白人かつ男性であることも仮定されている。

だとすれば、現在にまで続く警察暴力に対して、この同性愛者と黒人の連帯の試みがどこまで有効あるいは持続的でありえたのかという問題がある。ヘイは、一九五〇年代から六〇年代のカリフォルニアの警察を「自分たちが地域の道徳的気風を代表しており〔……〕地域の道徳執行者であると感じていたのだ」[57]と回想しているが、その私的な行為によって性道徳の逸脱者とみなされていた同性愛者と、都市空間における存在そのものが犯罪的で治安に対する脅威であると歴史的にみなされてきた黒人では[58]、同じ警察によるマイノリティ迫害でも、理由が異なる。そのことは新自由主義的秩序が徐々に台頭する七〇年代以降に重要な帰結をもたらす。

一九六〇年代のＳＦＰＤに関するクリストファー・エイジーの研究は、この時期に警察の取り締まり方針が、風紀についてはは他者への損害の有無を重視する「危害原則」に基づいてクィアやヒッピー等への取り締まりが緩和され、取り締まりの力点が都市発展の阻害要因とみなされた治安への脅威へと移ったことを指摘する。「貧困との戦争」の変質を論じたエリザベス・ヒントンによれば、六〇年代後半には都市危機と黒人蜂起を媒介に黒人コミュニティの貧困を黒人自身に由来する社会病理とする認識が促され、貧困対策が強圧的な犯罪抑止政策と融合していった。ティモシー・ステュワート＝ウィンターによれば、七〇年代は多くの州が同性愛行為を禁じるソドミー法を撤廃する一方で、法執行機関が「麻薬との戦争」へと舵を切る過渡期であり、この時期にゲイ運動の主流が警察・刑事司法改革への関心を後退させたことは、新自由主義的政策と軌を一にして展開する八〇年代以降の監獄国家化と「新しいジム・クロウ」（ミシェル・アレグザンダー）への道を促す一因にもなったという[59]。また、九〇年代以降の主流ＬＧＢＴＱ組織が運動の資源を集中させていった「多様性」推進や同性婚運動は、しばしば新自由主義的秩序の再生産に寄与する形で展開されることもあった[60]。

したがって、ヘイたちが追求し、ある程度の実現を見たかたちでのマイノリティ間の共闘は、法執行機関が保護されるべき善良な市民のための秩序とそれに対する脅威の境界線を、人種・ジェンダー・セクシュアリティによって極めて狭く定義していた時期に、特有のものだったという可能性は無視できない。この点は今後さらに検討されるべきであろう。

ＬＧＢＴＱの歴史を刻む――ＯＮＥ全国ゲイ・レズビアン史料館

ロスアンジェルスのメトロ・エクスポ線「ＬＡＴＴＣ（ラトック）駅」を下車し、西に向かって歩くと、ダウンタウンに近い地区でも比較的閑静な街並みになり、一〇分ほどで生垣に囲まれた赤煉瓦の外観をもつ建物にた

ONE 全国ゲイ・レズビアン史料館の入口。（兼子撮影）

どり着く。ＬＧＢＴＱに関する史料を集積する全米でも最大規模の施設「ＯＮＥ全国ゲイ・レズビアン史料館（ONE National Gay and Lesbian Archives）」である。この史料館は「ＬＧＢＴＱ史料を収集・保存・利用可能にし、クィア史の新しい学術研究を推進するとともに公衆の関心を高める」（公式ウェブサイト）ことを目標として掲げている。

史料館の起源は、第二次大戦後のアメリカで登場した同性愛者の権利運動「ホモファイル運動」にある。ホモファイル運動は、一九五〇年にロスアンジェルスで結成された「マタシン協会」などの団体に端を発する、主に情報共有と教育・啓蒙活動を中心とした同性愛者の地位向上運動であった。マタシンの名は、協会創設者のひとりである活動家のハリー・ヘイによれば、イタリアの演劇における仮面を被った道化師キャラクター「マタッキノ（matacchino）」の名を冠した、中世フランスの独身男性たちの秘密結社にちなんで命名されたという。マタシン協会は発足以来、急速に会員数を増やし、主要各都市にマタシンの名を冠した組織が結成された。だが組織の拡大はその内部に路線をめぐる対立をもたらし、やがてヘイら創設メンバーが去ることになった。

マタシン協会が雑誌を刊行するために一九五三年に設置した新団体が、史料館の元になった「ＯＮＥインク」である。団体名はトマス・カーライルの言葉「神秘的なる兄弟愛の絆は、全ての男たちを一つにする」に由来する。ＯＮＥインクは創設以降、会員向け会報にとどまらず、「おもに科学的、歴史的、批判的な視点から同性愛を論じる雑誌を刊行・流通させる」ための一般向け雑誌『ONEマガジン』を毎月発行した。この雑誌は、ロスアンジェルスの一部のニューススタンドでも購入することができたという。ONEインクは、同性愛の学術的な研究・教育を目指して一九五六年に「ONEホモファイル研究所」を設置し、各種の学習会や研究集会などを定期的に開催した。ロスアンジェルスのマタシン協会の衰退や六七年の『ONEマガジン』廃刊の後も、ホモファイル研究所は活動を継続し、八一年には全米で最初のホモファイル研究に関する学位を授与する機関としての認証を得た。

ヘイの友人で、ホモファイル運動に初期から参加していた活動家ジム・ケプナーは、一九七五年にハリウッドで個人コレクションを「西部ゲイ史料室（Western Gay Archives）」と名付けて公開し、七九年には「全国ゲイ史料室（National Gay Archives）」と改めた。九四年に、ケプナーのコレクションはONE研究所が所蔵していた史料に統合された。二〇〇〇年に、南カリフォルニア大学（USC）からキャンパスの北側に同大が所有する物件を提供され、研究所は史料とともにこの物件に移転した。これが現在の史料館である。二〇〇四年に、団体名も現在のONE全国レズビアン・ゲイ史料館と改めた。二〇一〇年以降は、USC図書館の一部となっている。

この史料館は現在、ロスアンジェルスを中心とした地域のLGBTQ運動団体・活動家・文化に関する、およそ二〇〇万点の書籍、定期刊行物、パンフレット等の出版物、未刊行史料、写真、音声、映像史料などを所蔵している。アフリカ系アメリカ人やアジア系アメリカ人のLGBTQ団体の史料も多く収集しており、インターセクショナルなクィア史研究を探究する上でも有益な史料にアクセスできる。ホモファイル運動の関連史料など主要な所蔵史料を電子化するプロジェクトも進展している。

所蔵史料はUSC関係者以外の一般の研究者にも公開されており、USC図書館公式ウェブサイトでアカウントを作成すれば、訪問前にウェブ上で史料を予約して当日にすぐ閲覧することも可能である。また、史料館はインターネット上での情報発信も積極的に展開しており、さまざまなイベント等を開催し、ウェストハリウッドに設置されたギャラリーで各種の展示をおこなうなど、ＬＧＢＴＱに関する研究拠点であると同時に教育・啓蒙施設としての役割も担っている。

ＯＮＥ全国ゲイ・レズビアン史料館は、その来歴からも明らかなように、ＬＧＢＴＱの歴史に関する膨大な史料を管理・提供する施設であると同時に、戦後アメリカ史におけるクィアたちの歩みと闘いそのものでもある。今日ＬＧＢＴＱと呼ばれている人びとは、歴史の中に常に存在し、歴史を生き歴史を形成してきながら、長らく歴史叙述からは消去されてきた。その意味ではこの史料館は、史料の保管場所であるだけでなく、アメリカ史の叙述を変革しアメリカ理解そのものを刷新することをめざすクィアたちの運動の一環でもあるといえよう。

註

（1）“Huey Raps on Gay Lib,” *Berkeley Barb* (August 14-20, 1970): 7.

（2）Van Gosse, *The Movements of the New Left, 1950-1975: A Brief History with Documents* (London: Palgrave Macmillan, 2005). 油井大三郎編『越境する一九六〇年代――米国・日本・西欧の国際比較』彩流社、二〇一二年。西田慎・梅﨑透編『グローバル・ヒストリーとしての「一九六八年」――世界が揺れた転換点』ミネルヴァ書房、二〇一五年。

（3）Elizabeth A. Armstrong, *Forging Gay Identities: Organizing Sexuality in San Francisco, 1950-1994* (Chicago: University of Chicago Press, 2002); Nan Alamilla Boyd, *Wide Open Town: A History of Queer San Francisco to 1965* (Berkeley: University of California Press, 2003); C. Todd White, *Pre-Gay LA: A Social History of the Movement for Homosexual Rights* (Urbana: University of Illinois Press, 2009) など。特に出版文化を通じた同性愛者コミュニティ形成の歴史に関しては、Martin Meeker, *Contacts Desired: Gay and Lesbian Communications and Community, 1940s-1970s* (Chicago: University of Chicago Press, 2006).

（4）John D'Emilio, *Sexual Politics, Sexual Communities: The Making of a Homosexual Minority in the United States, 1940-1970*, second edition (Chicago: University of Chicago Press, 1998). 第1版は一九八三年。

（5）Justin David Suran, “Coming Out Against the War: Antimilitarism and the Politicization of Homosexuality in the Era of Vietnam,” *American*

Quarterly 53 (September 2001): 452-487. 高内悠貴「『従軍する権利』をめぐるダブルバインド――一九七〇年代アメリカ合衆国におけるゲイ解放運動とベトナム反戦運動」『ジェンダー&セクシュアリティ』第一〇号、二〇一五年、五～三一頁。

（6）Eldridge Cleaver, *Soul on Ice* (New York: Delta, 1968).〔武藤一羊訳『氷の上の魂』合同出版、一九六九年〕

（7）たとえば、以下を参照。Tracye A. Matthews, "'No One Ever Asks What a Man's Role in the Revolution Is': Gender Politics and Leadership in the Black Panther Party, 1966-71," Bettye Collier-Thomas and V. P. Franklin (eds.), *Sisters in the Struggle: African American Women in the Civil Rights-Black Power Movement* (New York: New York University Press, 2001), 230-56; Steve Estes, *I Am a Man! Race, Manhood, and the Civil Rights Movement* (Chapel Hill: University of North Carolina Press, 2005), chapter 7; Kimberly Springer, "Black Feminists Respond to Black Power Masculinism," Peniel E. Joseph (ed.), *The Black Power Movement: Rethinking the Civil Rights-Black Power Era* (London: Routledge, 2006), 105-18; and Ashley D. Farmer, *Remaking Black Power: How Black Women Transformed an Era* (Chapel Hill: University of North Carolina Press, 2017).

（8）Jared Leighton, "'All of Us Are Unapprehended Felons': Gay Liberation, the Black Panther Party, and Intercommunal Efforts Against Police Brutality in the Bay Area," *Journal of Social History* 52 (Spring 2019): 860-885; Andrew Lester, "'This Was My Utopia': Sexual Experimentation and Masculinity in the 1960s Bay Area Radical Left," *Journal of the History of Sexuality* 29 (September 2020): 364-387.

（9）Allan Bérubé, "How Gay Stays White and What Kind of White It Stays," Birgit Brander Rasmussen, Eric Klinenberg, Irene J. Nexica, and Matt Wray (eds.), *The Making and Unmaking of Whiteness* (Durham: Duke University Press, 2001); John D'Emilio, *Lost Prophet: The Life and Times of Bayard Rustin* (Chicago: University of Chicago Press, 2004); Kevin J. Mumford, *Not Straight, Not White: Black Gay Men from the March on Washington to the AIDS Crisis* (Chapel Hill: University of North Carolina Press, 2016). 兼子歩「統治の制度としての多様性――アメリカ同性愛者権利運動の歴史から考える」兼子歩・貴堂嘉之編『「ヘイト」の時代のアメリカ史――人種・民族・国籍を考える』彩流社、二〇一七年、七一―九四頁。

（10）高内悠貴「都市からの脱出――一九七〇年代のゲイ解放運動における入植者植民地主義の問題」『アメリカ研究』第四三号、二〇一九年、三七―五三頁。セトラー・コロニアリズムについては以下を参照。石山徳子「先住民族の大地――「移民の国」という幻想への抵抗」兼子・貴堂編『「ヘイト」の時代のアメリカ史』、四九―七〇頁。

（11）Stuart Timmons, *The Trouble with Harry Hay: Founder of the Modern Gay Movement*, updated edition (New York: White Crane Books, 2012).

（12）Timmons, *The Trouble with Harry Hay*, chapters 1-2. 引用はp.21より。

（13）Interview with Harry Hay, Tape II, Side One, October 28, 1981, Oral History Center, University of California, Los Angeles.

（14）Interview with Hay, Tape III, Side Two, November 3, 1981. 二〇世紀初頭のアメリカ中産階級における新たな支配的男性性規範については、以下を参照。E. Anthony Rotundo, *American Manhood: Transformations in Masculinity from the Revolution to the Modern Era* (New York: Basic Books,1993), chapter 10; Gail Bederman, *Manliness & Civilization: A Cultural History of Gender and Race in the United States, 1880-1917* (Chicago:

University of Chicago Press, 1995); John F. Kasson, *Houdini, Tarzan, and the Perfect Man: The White Male Body and the Challenge of Modernity in America* (New York: Hill and Wang, 2001); John Pettegrew, *Brutes in Suits: Male Sensibility in America, 1890-1920* (Baltimore: Johns Hopkins University Press, 2007). 兼子歩「『男らしさ』の再編成——セオドア・ローズヴェルトと『男らしさ』の変容」『北大史学』第三九号、一九九九年、一九一〜四七頁。

（15）Interview with Hay, Tape III, Side Two.

（16）Interview with Hay, Tape III, Side Two.

（17）Timmons, *The Trouble with Harry Hay*, chapters 3-4. 引用はp.69より。

（18）Kevin J. Mumford, *Interzones: Black/White Sex Districts in Chicago and New York in the Early Twentieth Century* (New York: Columbia University Press, 1997); Chad Heap, *Slumming: Sexual and Racial Encounters in American Nightlife, 1885-1940* (Chicago: University of Chicago Press, 2009).

（19）Eric Garber, "A Spectacle in Color: The Lesbian and Gay Subculture of Jazz Age Harlem," Martin Duberman et. al (eds.), *Hidden from History: Reclaiming the Gay & Lesbian Past* (New York: Penguin, 1989), 318-331; Allen Drexel, "Before Paris Burned: Race, Class, and Male Homosexuality on the Chicago's South Side, 1935-1960," Brett Beemyn (ed.), *Creating a Place for Ourselves: Lesbian, Gay, and Bisexual Community Histories* (London: Routledge, 1997), 119-144.

（20）Timmons, *The Trouble with Harry Hay*, 34-36, 70-77.

（21）Interview with Hay, Tape V, Side Two, November 17, 1981.

（22）兼子歩「戦間期アフリカ系アメリカ人、共産党と出会う——アメリカ史におけるブラック・ディアスポラと国際共産主義」小沢弘明・三宅芳夫編『異動と革命——ディアスポラたちの「世界史」』論創社、二〇一二年、六四—八〇頁。

（23）Interview with Hay, Tape VI, Side One, December 1, 1981.

（24）Timmons, *The Trouble with Harry Hay*, 106-149, 175-181.

（25）Interview with Hay, Tape IX, Side One, December 29, 1981. 男性文化として一九世紀に盛んだった友愛結社については、マーク・カーンズ『結社の時代——一九世紀アメリカの秘密儀礼』野崎嘉信訳、法政大学出版局、一九九三年。

（26）"Preliminary Concept of Bachelor's Anonymous or the International Bachelors Fraternal Order for Peace and Social Dignity," July 7, 1950, Folder 5, Box 2, Harry Hay Papers, San Francisco Public Library. ヘイ自身の手書きメモによれば、これは写しであり、原本は一九四八年八月一一日作成のものである。

（27）"The Mattachine Society Mission and Purpose," April, 1951, Folder 8, Box 2, Hay Papers.

（28）"An Anonymous Call for Arms from the Citizens' Committee to Outlaw Entrapment to the Community of Los Angeles," n.d. (1952), Folder 9, Box 2,

Hay Papers.

（29）Timmons, *The Trouble with Harry Hay*, 192-202; White, Pre-Gay LA, 44-47.

（30）Interview with Hay, Tape IX, Side One, December 29, 1981; D'Emilio, *Sexual Politics*, chapter 5; Timmons, *The Trouble with Harry Hay*, chapter 9; White, *Pre-Gay LA*, chapters 2-3; Craig M. Loftin, "Unacceptable Mannerisms: Gender Anxieties, Homosexual Activism, and Swish in the United States, 1945-1965," *Journal of Social History* 40 (Spring 2007): 577-96. 同性愛と共産主義を連想させてともに安全保障リスク視する戦後の政治文化と、連邦政府の同性愛者排除政策については、D'Emilio, *Sexual Politics*, chapters 2-3; David K. Johnson, *The Lavender Scare: The Cold War Persecution of Gays and Lesbians in the Federal Government* (Chicago: University of Chicago Press, 2006); Margot Canaday, *The Straight State: Sexuality and Citizenship in Twentieth-Century America* (Princeton: Princeton University Press, 2009), chapter 5 に詳しい。また、K. A. Cuordileone, *Manhood and American Political Culture in the Cold War* (London: Routledge, 2005) は、当時の激しい反共主義が〈男らしさ〉への不安への対応であったことを指摘しており、マタシンの新方針がこうした不安を刺激することを避ける戦略であったと理解できる。この新方針が公的にはリスペクタビリティを強調することで、迫害的な環境下でゲイ文化を守ることに貢献したとする評価は、Martin Meeker, "Behind the Mask of Respectability: Reconsidering the Mattachine Society and Male Homophile Practice," *Journal of the History of Sexuality* 10 (January 2001): 78-116.

（31）Timmons, *The Trouble with Harry Hay*, 204-238. 引用は p.212 より。

（32）Interview with Hay, Tape IX, Side One, December 29, 1981.

（33）Christopher Agee, "Gayola: Police Professionalization and the Politics of San Francisco's Gay Bars, 1950-1968," *Journal of the History of Sexuality* 15 (July 2006): 462-89.

（34）白人の都市脱出と郊外移住については、Eric Avila, *Popular Culture in the Age of White Flight: Fear and Fantasy in Suburban Los Angeles* (Berkeley: University of California Press, 2004). 教会のホモファイル活動家への接近、特にサンフランシスコの事例については、Heather R. White, *Reforming Sodom: Protestants and the Rise of Gay Rights* (Chapel Hill: University of North Carolina Press, 2015), 71-84.

（35）Randy Shaw, *The Tenderloin: Sex, Crime, and Resistance in the Heart of San Francisco* (San Francisco: Urban Reality Press, 2015), 118-123.

（36）*Concern: Newsletter of the Southern California Council on Religion and the Homophile* 1 (July 1966): 2, Box 2, Southern California Council on Religion and the Homophile Records, ONE National Gay and Lesbian Archives, University of Southern California.

（37）"Article of Incorporation," Box 1, SCCRH Records.

（38）"Circle of Loving Companions, October 1966," box 2, Harry Hay Papers, San Francisco Public Library.

（39）Interview with Hay, Tape X, Side One, January 22, 1982.

(40) Interview with Hay, Tape X, Side One, January 22, 1982.
(41) Interview with Hay, Tape X, Side One, January 22, 1982.
(42) Interview with Hay, Tape X, Side One, January 22, 1982.
(43) Interview with Hay, Tape X, Side One, January 22, 1982. 一九六〇年代後半にホモファイル運動家と連携した聖職者たちは、同性愛を罪とする立場とのジレンマに直面し、試行錯誤しながら、やがて同性愛者の同性愛者としての権利を擁護する立場へと変容していった。White, *Reforming Sodom*, 84-107. ホワイトはこの変化を聖職者たちのあいだの動きによって説明しているが、ヘイのこの発言のような、同性愛活動家との緊張をはらんだ討議が生み出した変化である可能性も検討すべきであろう。
(44) Cecil Williams, *I'm Alive! An Autobiography* (New York: Harper & Row, 1980), 94.
(45) Interview with Hay, Tape X, Side One, January 22, 1982.
(46) Interview with Hay, Tape X, Side One, January 22, 1982.
(47) Interview with Hay, Tape X, Side One, January 22, 1982.
(48) Interview with Hay, Tape X, Side One, January 22, 1982.
(49) Interview with Hay, Tape X, Side Two, January 22, 1982.
(50) Elaine Woo, "Michael Hannon Dies at 77; LAPD Officer Joined '60s Rights Protests," *Los Angeles Times*, October 28, 2014.
(51) Interview with Hay, Tape X, Side Two, January 22, 1982.
(52) *Los Angeles Free Press*, May 31, 1968.
(53) "Hannon: Police Must Face Justice," *Los Angeles Free Press*, May 10, 1968; "Hannon Loses with 410,555 Votes," *Los Angeles Free Press*, *June 7*, 1968.
(54) Interview with Hay, Tape X, Side Two, January 22, 1982.
(55) Interview with Hay, Tape X, Side Two, January 22, 1982.
(56) Harry Hay, "Homosexuality and Religion," July 27, 1969, Folder 25, Box 2, Harry Hay Papers.
(57) Interview with Hay, Tape XI, Side One, January 26, 1982.
(58) Khalil Gibran Muhammad, *The Condemnation of Blackness: Race, Crime, and the Making of Modern Urban America* (Cambridge, MA: Harvard University Press, 2010).
(59) Christopher Lowen Agee, *The Streets of San Francisco: Policing and the Creation of a Cosmopolitan Liberal Politics, 1950-1972* (Chicago: University of Illinois Press, 2014); Elizabeth Hinton, *From the War on Poverty to the War on Crime: the Making of Mass Incarceration in America* (Cambridge,

MA: Harvard University Press, 2016); Timothy Stewart-Winter, "Queer Law and Order: Sex, Criminality, and Policing in the Late Twentieth-Century United States," *Journal of American History* 102 (June 2015): 61-72.「麻薬との戦争」を通じて形成された人種化された監獄国家体制については、Michelle Alexander, *The New Jim Crow: Mass Incarceration in the Age of Colorblindness* (New York: The New Press, 2010).

(60) Lisa Duggan, *The Twilight of Equality? Neoliberalism, Cultural Politics, and the Attack on Democracy* (Boston: Beacon Press, 2003). 同性婚運動については、兼子「統治の制度としての多様性」、および Ayumu Kaneko, "The Same-Sex Marriage Campaign in the Age of Neoliberalism," *Japanese Journal of American Studies* 26 (2015): 169-192.

第三部　新しい通史の試み

第七章　「社会的構築物としての人種」概念に基づく通史的展望の意義

――五つの設問を媒介に駆け足でアメリカ史を概観する試み

川島　正樹

はじめに

日常的には大学で担当するアメリカ史概説の授業の準備にいそしみながら、空き時間で重箱の隅をつつくような外国史の断片的モノグラフの生産を強いられる日々を長年送り続けると、歴史家としてこれでいいのだろうか、という疑問がよぎるのは本稿筆者だけではないだろう。勤務校で定年が迫る中、密かな夢を一応の形にできた。(1) 本稿は反省も込めつつ、筆者が長年取り組む「人種」に特化したアメリカ通史の素描の試みの中で得た知見をまとめたものである。

なぜアメリカの通史的展望を描く際に「人種」に焦点を当てるべきなのか。DNAらせん構造解明五〇周年の二〇〇三年四月に東京でヒトゲノム解析国際プロジェクトの完了が榊佳之国際機構長（当時東京大学医科学研究所長）から宣言された折に、生物学的分類概念としての「人種」は否定されるべきであるという提案もなされた。前世紀末において世界の全ての現生人類は肌の色を主要な指標とする分類概念である「人種」に関わりなく二〇万年ほど前にアフリカに生存していたと想定される唯一の母親を共有していることが既に分子生物学的な遺伝子解析で判明していたが、この「アフリカのイヴ」と仮に名付けられた母系先祖のみならず、全ての現生人類が「アダム」、つまり唯一の父系先祖も共有していることが判明した。新たに発見された考古学的な証拠の補完もあって、従来優勢であった多元的進化説に代わって、ホモ・サピエンスのアフリカ単一起源説がよりいっそう信憑性を持つに至っている。(2)「人種」やそれにまつわる偏見は「神」や「造物主」などの超越的存在が作ったものではなく、人が勝手に作った社会的構築物に他ならず、政治的に利用されてきた「共同幻想」にすぎないことが常識になりつつある。

他方、自由と民主主義を掲げて近代を先導してきたアメリカでは「社会的構築物としての人種」が堅固に残存している事実が露呈している。連邦法で差別が厳格に禁止され、アファーマティヴ・アクションまで導入されて半世紀を経た現在でも、アメリカ社会は「人種」による分断の克服に苦闘を強いられている。日本でも昨今メディアの注目著しいＢＬＭ運動が取り組むのは単に警察の横暴に対する糾弾運動に留まらず、まさにこの肌の色を指標とした「社会的構築物としての人種」という制度的な差別構造が歴史的に堅固に組み込まれたアメリカ社会の脱構築である。以下本文では紙幅の都合上トピックを五つに絞ってアメリカ史の概観を試みる。

問一　奴隷制は肌の色への偏見を基に確立されたのか

赤ん坊の「人見知り」に見られるように、動物としての人間にも異質なものに対する防衛本能があり、肌の色に関する偏見もその一種で、それが基になって「人種」に基づく世襲的な奴隷制が構築されたのだという説明には説得力がある。しかしながら、歴史的事実としてはその逆がより正しく、主要には政治経済的な必要性を背景に支配層による上からの意図的な分断政策によって「人種」に基づく奴隷制が導入されたことをきっかけに、人々の偏見が強化されたのである。

オランダの武装商船に乗せられた二〇名ほどの黒人が北米大陸英領植民地ヴァージニアのジェームズタウンに上陸したのは、ピルグリム・ファーザーズがメイフラワー号で後に北部ニューイングランド地方の中心になるマサチューセッツ植民地の一部となるプリマスに到着する一年前の一六一九年であった。[3]黒人人口が集中したのはヴァージニア植民地であったが、その地位は我々が良く知るような「奴隷」とは言い難く、期限付きの奴隷というべき白人年季奉公人と似通った地位であった。もちろん黒人たちの「年季」は原則的に無期限であったが、アンソニー・ジョンソンのように、自由の身となって広大な農園主となり、黒人奴隷だけでなく白人年季奉公人さえ所有する身となった例もある。[4]ある法制史家によれば、一六四〇年代初頭においてもなお黒人男性奴隷が他の農園の黒人女性奴隷との間に生

まれた子どもを自らの貯金で買い戻すことが裁判所で認められた判例さえある。(5)

エドモンド・モーガンによれば、今日我々が知る「人種」に基づく堅固な奴隷制が確立するきっかけは、独立宣言の百年前の一六七六年に起こった「ベーコンの反乱」であった。従来アメリカ独立革命の先駆となる民衆反乱としての側面から評価されてきたが、実はこれを契機として厳格な立法措置を伴った堅固な「人種」に基づく世襲的奴隷制の導入と先住民インディアンに対する征服戦争が開始されるとともに、白人住民には本国に先行して基本的に階級に関わらず一人一票の民主主義原則が確立し、公有地という名の先住民インディアン領土の征服と民衆への無償の土地分与がなされるという「アメリカのパラドクス」が始まる。それに着目したモーガンによって「ベーコンの反乱」の評価は逆転した。彼が依拠したのは英本国の調査委員会や海軍が残した資料であったが、彼らが最も恐れたのは最後まで抵抗を止めずに全滅した、黒人六〇名と白人二〇名による「人種」を超えた下層民衆の徹底抗戦であった。こうして後の「分割統治」の原型が考案され、他の北部を含めた全植民地のモデルとなり、今日も残る「人種」間の亀裂の初期設定となった。(6)これ以降のアメリカ史は白人の自由の拡大と黒人の不自由の拡大が表裏の関係で同時進行するのである。

アメリカ人の「人種」観の特異性を象徴するものに「血の一滴の掟」、すなわち黒人の血統が一滴でも混じれば黒人でかつ奴隷として分類されるという立法措置を伴った厳格なルールがある。黒人と白人の混血であるムラートが中間層を成すブラジルなどラテン・アメリカ諸国における、少なくとも表面上は緩やかに見える「人種」関係との違いをもたらしたものは、旧宗主国の文化なのか。(7)これに異を唱えたのがウィンスロップ・ジョーダンであった。彼は同じ英領植民地同士、すなわち白人が多数派の北米と、黒人人口が白人を圧倒するブラジルと同様にムラートが中間層を形成するジャマイカなどカリブ海域の島々とを比較した。その結果明らかとなったのは「人種」や男女の割合などの人口動態的相違、自由や経済的機会を求める英国系植民者のための永住の地か、それとも専ら砂糖などの単一作物生産に特化した大規模な奴隷制の導入による利益追求の地かという、植民地の目的の違いがより決定的な要因であるという事実であった。西インド諸島の白人の大半は英国出身の一時的滞在の男性で、植民地は言わば「金儲け」の地にすぎず、数で上回る黒人奴隷を効果的に管理するために、ブラジルのように地元の黒人女性との間に生まれた子どもたちから成る中間層が生まれたのである。(8)

奴隷制への依存度が低く、独立後間もなく奴隷制が廃止へ向かう北部は「人種」をめぐる問題に責任がないと言えるだろうか。実際、北部人の多くは今でもそのように認識している。植民地時代初期の大西洋交易システムという英国による重商主義体制下における貿易相手国やその額を見れば、直接ないし間接的に、奴隷貿易に関与した上層部のみならず、自営農民や漁民、あるいは木を切り出す樵や製材業者に至る庶民層も、イギリス帝国が支配するこの奴隷貿易を底辺とする国際交易システムの中で恩恵を受けていたことが分かる。植民地の発展を支えたのは輸出であるが、最北部ニューイングランド地方の一七六八年から七二年までの輸出先や額を見れば、実に三分の二近くの六三・三％が西インド諸島向け輸出で生じた利益であり、その内訳の多くが食料や木材その他の消費財であった。まさに砂糖生産に特化した大規模な奴隷制農園への食料その他の消費財の供給であり、その割合は一部に奴隷制も導入して食料生産に特化したニューヨーク、ニュージャージー、ペンシルヴァニアといった中部植民地の四一・五％を上回る。(9)ニューイングランド地方において、地元商人が奴隷貿易に参画したことと相俟って、独立直前に英国の軍事ヘゲモニーが確立した、奴隷貿易を底辺とする大西洋交易システムという巨視的な視点に立つとき、庶民レベルまで含めた奴隷制への依存性の高さは看過しえない。ちなみに、よく知られた事実として奴隷貿易を含めた植民地商人の通商活動は基本的に密貿易であったが、英仏軍事抗争が続いている間は「有益なる怠慢」として本国政府は大目に見ていたが、ヨーロッパで「七年戦争」と呼ばれた「フレンチ・アンド・インディアン戦争」が終結した一七六三年以降、本国政府は取り締まりを強化し、長年の戦争でかさんだ費用の埋め合わせ財源を捻出すべく「代表権なしの課税」を植民地に迫った。これが火種となってニューイングランド地方の中心都市ボストンの民衆が反英闘争の口火を切り、やがて独立戦争へと発展するのである。

ちなみに、十三植民地の中でいち早く奴隷制関連法規を定めたのは南部ではなく、ボストンが所在するマサチューセッツ植民地であり、一六四一年に犯罪者への懲罰や債務超過等による自発的身売りに加えて、「正当な戦争の捕虜」の奴隷化が認められた。捕虜虐待が国際法上違法となるのは二〇世紀初頭であり、このことがことさら問題視されるべきではないかもしれない。民主的な同植民地議会でこの条件に合わないことが判明したアフリカ人を植民地の予算で送還した例も見られ、ピューリタン的な厳格な法治主義が伺える。(10) ただし、飲酒を教義上禁じられたピューリタンやクエーカー教徒が多いニューイングランドの商人たちがアフリカ現地で商品化された奴隷を購入する際の交換物として持参したのが高アルコール度数のゆえに腐りにくいラム酒であり、その原料がカリブ海の島々で奴隷たちが生産した糖蜜であることは皮肉な事実である。(11) これに関連して、かつて最初の工業化がラム酒づくりであったロードアイランド州プロヴィデンスに所在する名門ブラウン大学の、自身が奴隷の子孫でもある黒人女性学長ルース・シモンズは二〇〇三年に、同学が創設時に多額の寄付金を奴隷商のブラウン家から得ていた事実に鑑み、今後このことの意味と同学が果たすべき社会的責務について新入生オリエンテーションできちんと説明すると宣言した。(12) その一方で、大西洋の両岸でクエーカー教徒が中心となって奴隷貿易反対運動が展開されて一九世紀初頭に英米で同時に廃止されただけでなく、その後ボストンのピューリタンが率先して奴隷制廃止運動を高揚させたのも事実である。(13)

「すべて人は生まれながら平等である」と宣言して独立した新生共和国において、どうしてその理念に真っ向から反する「人種」に基づく世襲的な奴隷制がその後一世紀近く続くのだろうか。理由は三つある。

まず近世における新旧法概念の対立と妥協、つまり中世のように人が人に対して特権として付与するのではない、生まれながら人が平等に有していると想定しないと説明し難い人類固有の権利の擁護を含む自然法ないし基本的人権という近代の法理と、古代から続く財産権の不可侵といった実定法理念との対立と妥協が奴隷制の存続を許したのである。問題は「人」である「奴隷」を売り買いの対象と認めて「財産」と見なした点にある。近代的な自然法概念、とりわけ天賦人権論が実定法体系を超えた前提条件とされる価値観が世界の常識となるには、第二次世界大戦で六〇〇万ものユダヤ人が虐殺されたことが公表されたのと前後して発布された国際連合憲章や世界人権宣言を待たねばならない。

アメリカ民主主義の最も注目すべき特徴の一つは地方自治であり、現在も銃規制などで介入する連邦政府への抵抗の根拠として「州権論」が援用される。奴隷制の残存と廃止が州の判断に委ねられた背景には、八年にわたる厳しい独立戦争を勝ち抜く上で、様々な利益集団を束ねる必要性があった。南部で数万もの奴隷たちがイギリス側から提示された自由の約束に期待して英軍によるリクルートに応じたのに対し、北部ではマサチューセッツのように黒人も愛国派に与して銃をとって戦ったがゆえに奴隷制が廃止された例もあった。多様な利害や地方ごとの事情の違いを超えて連邦制の共和国を樹立する上で「地方自治」の論理が利用され、下院議員配分に関わる人口統計では南部に集中する奴隷を六割換算するなど、南北間で政治的妥協が成立した。「奴隷（制）」という言葉が避けられたことから、南北共に政治家レベルで奴隷制に関する本質的な罪の意識が共有されたことは明らかである。合衆国憲法に「奴隷」ないし「奴隷制」という用語が登場するのは一カ所のみ、憲法本体ではなく、南北戦争後に奴隷制の廃止を宣言した修正第十三条においてであることからも恥じらいの意識が伺える。

第三に経済的事情があった。植民地期当初は主にタバコ生産、独立以降に綿花生産が外貨獲得主産業となる。南北戦争直後の一八七〇年時点の統計で、合衆国の輸出総額に占める綿花の割合は六〇・三％に達した。[14] 国内市場向け綿花の多くもニューイングランドなど北部の綿工場に原料として売られた。すなわち英国をはじめ西ヨーロッパが先導し、アメリカ北部でも急速に発展しつつあった産業革命を支える上で重要な原料供給を担ったのがアメリカ南部であり、それがもたらす貴重な外貨を含む資本は国内開発に投資された。西欧諸国と新生共和国としてのアメリカの経済的発展の礎を築いたのは米国南部の黒人奴隷であった。アメリカ黒人は奴隷として苦役させられた先祖を恥じるべきではなく、労働の合間に生まれた文化的営みの一端であるジャズやブルースが今も国境を越えて世界の人々を癒し続けていることと相俟って、むしろ近代をもたらした原動力として、祖先を誇りに思うべきである。

問二　奴隷解放宣言は道徳的文書ではないのか

奴隷解放宣言は道徳文書というよりも、膠着状態に陥った南北戦争の戦況を北軍有利に転じることを目的とした、むしろ極めて戦略的で政治的な文書である。そう判断する理由は以下の通りである。

①戦争の当初目的はリンカン本人が『ニューヨーク・トリビューン』紙編集者ホレス・グリーリに明言したとおり、「連邦の維持」、つまり南部の離脱阻止であった。奴隷解放宣言が出されたのは開戦から約二年後の一八六三年一月一日であった。

②リンカンはまず公約であった、五年間の定住耕作で約六五ヘクタールの公有地を無償で個人に供与する自営農地法の成立（一八六二年五月二〇日）を優先させたが、その結果、政治目的を達成した北部民衆に厭戦気運が広がり、北軍勝利の見通しが立たなくなりつつあった。まとまった数の戦意あふれる新たな兵士のリクルートが喫緊の問題となり、黒人の動員が課題となっていた。ただし、自由黒人であっても、一八五七年の最高裁の「ドレッド・スコット判決」で黒人には武器携帯権（憲法修正第二条）を含む市民的諸権利が原則的に否定されており、黒人の徴兵や志願兵募集の前提として最高指揮官でもある大統領の戦時大権として臨時の措置を講じる必要があった。

③南部から大量の綿花の供給を受ける英仏など西欧諸国が南部連合国を正式に承認する可能性が否定できず、もし承認された場合には内戦は国際法が適用される独立戦争となるかもしれず、それを阻止するために北部の道徳的優位性をアピールする必要があった。

④奴隷解放宣言を発することで、奴隷の逃亡を禁じた逃亡奴隷取締法の一時停止に伴い、南部の奴隷の大量の逃亡を奨励すれば、南部の社会と経済を混乱させることが期待された。実際、約五〇万の奴隷が北軍支配下の地域へ逃亡し

た。

⑤対象を「現在反乱を続行中の地域」に限定し、北軍に味方する奴隷制を有する五つの境界州（デラウエア、メリーランド、ウェストヴァージニア、ケンタッキー、ミズーリ）や、既に北軍占領下にある地域（綿花積出港のあるニューオリンズやメンフィスなどテネシー州西部）を例外とした。

⑥法律家でもあったリンカンはあくまでも現行法の範囲内で奴隷を解放したのであり、道徳観のみを頼りとした超法規的措置ではなかった。すなわち、南部人は北部政府が戦時下で臨時に課した所得税をはじめとする連邦税を未払いであり、税滞納者に対する、あくまで合法的な財産差し押さえの一環として、私有財産としての奴隷の解放が正当化されたのである。

ではそのような戦略家リンカンを、憲法の修正による、例外なしで、未来の領土も対象とした奴隷制の全廃を実現すべく南部の無条件降伏を志向する道徳家に転じさせた要因は何だろうか。米国の専門家たちの一致した結論は、自由黒人五万二〇〇〇人、南部逃亡奴隷一三万四〇〇〇人から成る、合計一八万六〇〇〇人の戦意溢れる黒人兵士が北軍に参戦したことである。マサチューセッツ歩兵第五四連隊による、サウスカロライナ州チャールストン近郊の海岸沿いの島に南軍が構築した難攻不落のワグナー要塞に仕掛けた文字通りの玉砕攻撃（一八六三年七月一八日）は白人を含めた北軍全体の士気を大いに刺激した。同時期のゲティスバーグの戦いでの勝利とも相俟って、翌年に再選されたリンカンは憲法の修正による奴隷制全廃の実現まで南部の無条件降伏を求めて戦争を続行する決意を固めるとともに、境界州を中心とした多くの保守派を相手とする困難な政治的説得努力に翻弄され、その成就の直後に命を落とすのである。[15] 感慨深いのは、奴隷解放宣言の百周年の年に高揚する差別撤廃運動に呼応して強力な連邦法を議会に上程した直後にケネディ大統領が暗殺されたことである。リンカンの死は南部再建政策の急進化をもたらし、奴隷制の全廃に続いて市民権、とりわけ投票権における「人種」に基づく差別を禁じる憲法修正第十四条（一八六八年）と十五条（一八七〇年）をもたらし、ケネディの死はその実効性を保障する罰則規定を伴った連邦二法の成立に結び付いた。

ではなぜ北部は南部の「ジム・クロウ」を容認したのだろうか。一八七六年の大統領選挙で共和党の勝利を認めるのと引き換えに翌年に南部からの北軍の撤退を達成した旧南部連合諸州では一八九〇年代に「ジム・クロウ」と呼ばれた州法や自治体条例など一連の地方法体系によって「人種」に基づく隔離が強制されるとともに、巧妙にもっぱら黒人から参政権が剥奪された。連邦最高裁は一八九六年の「プレッシー対ファーガソン判決」で「分離すれど平等」論で地方法体系による明確な差別的隔離体制の強制を国家として容認した。それが欺瞞であることは一九五〇年にノースカロライナ州で撮影された水飲み場の光景を見れば明らかだ（「写真」参照）。確かに水道管を流れる水は同質であろう。しかしその供給設備の格差は歴然としている。要するに「ジム・クロウ」は単に「人種」で分離しただけではなく、黒人に日常的に社会的な劣位を幼い頃から叩き込むこと、そして白人の場合にはどんなに低い社会経済的背景の出身者でも、黒人最上位者、例えば博士号取得者よりも上位に位置することを約束した。これが白人至上主義の本質である。このような白人至上主義の亜種が、一八九八年の米西戦争での勝利でスペイン領だったフィリピンという海外植民地を初めて領有する折に叫ばれた「白人の責務」の主張である。既にカリフォルニア州が震源地となって中国人移民への排斥運動が高まり、一八八二年に連邦法として排華移民法が成立していたが、北部東海岸では東・南欧系の、当時「新移民」と呼ばれた、ヨーロッパ系であっても同じ「白人」と見なされなかったユダヤ系やイタリア系という、多数派のプロテスタント系キリスト教徒とは異質な人々への排斥運動が高まっていた。時あたかも西欧諸国にロシアや日本も加

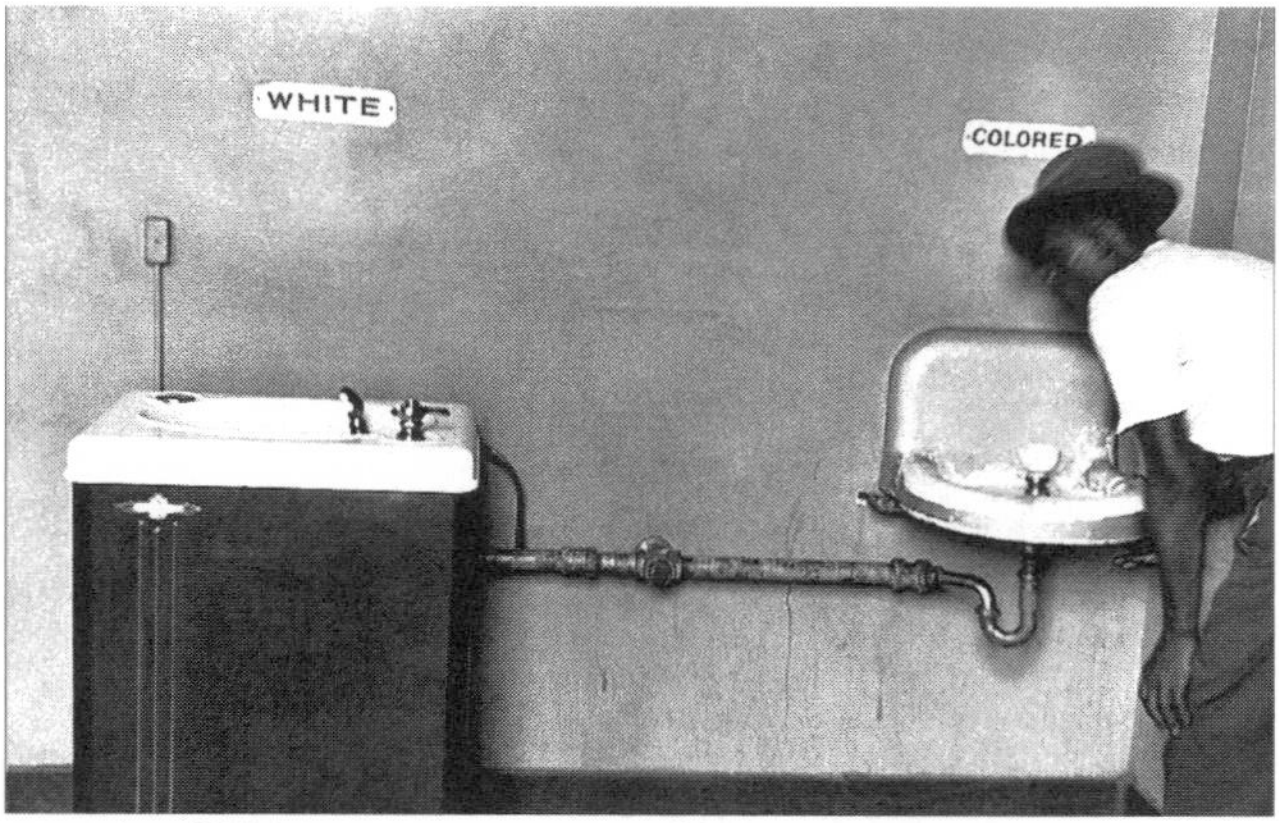

1950 年に撮影されたノースカロライナ州における水飲み場の光景。
©Elliott Erwitt/Magnum Photo.

わった、植民地の争奪を含む「列強」諸国の帝国主義的覇権争いが激化していた。南部の「ジム・クロウ」は苛烈な内戦後の白人を主体とした国民国家の再統一の原理となったのである。[16]

「ジム・クロウ」をめぐってはあと二つ重要な点がある。まずハワード・ラビノウィッツが提示した、奴隷制の頸木から解き放たれたばかりの黒人たちに視点を置けば、たとえ不平等で隔離されていても、学校や病院や養老院等を含む公共施設にアクセスを得たこと自体が進歩と感じられたという指摘である。[17] もう一つは、そんな黒人たちでも参政権の剥奪には強く反発した事実である。自助努力を唱道する融和主義的教育家として名高いブッカー・T・ワシントンが祖父条項（祖父が投票権や南北戦争を含めた従軍経験のある白人を「識字テスト」や「投票税」による参政権剥奪の対象から例外化する措置）の違憲性を問う裁判闘争を秘密裏に展開し敗訴を重ねた後、まさに死の直前にオクラホマ州法に関して連邦最高裁から違憲判決を勝ちとった。しかしながら、同判決後に各州は合憲性を装った条文に書き改めることで、黒人からの投票権の剥奪を続行することになるのであった。[18]

最近の研究動向として注目すべきは、「人種」による隔離体制が先行したのは北部、すなわちいち早く奴隷制を廃止しながら巧妙に差別的隔離体制を構築した諸州であり、むしろ奴隷制廃止直後の南部に先例を提供したとする見解である。その後に南部で白人至上主義が勝利すると、北部がそれを真似て、移民を制限し、既に定住している、同じ欧州系でありながら宗教的に異質な人々を排除した。第一次世界大戦後に再生するＫＫＫもむしろ北部や西海岸で隆盛した。ＫＫＫは全国で五〇〇万を超える会員数を誇ったが、幹部が女性への暴行罪で裁判にかけられる一九二六年を境に急速に衰退した。西海岸で最大の支部を誇ったのはオレゴン州ポートランドだったが、同市で標的にされたのはユダヤ系とともに日系人であった。第二次ＫＫＫには、革新主義運動の一翼を担った、憲法修正第十九条の成立（一九二〇年）で参政権を得た白人女性たちも積極的に参加した。[19]

問三　誰が一世紀前の憲法修正条項を実効化させたのか

公立学校の「人種」隔離を九名の最高裁判事全員で違憲とした「ブラウン判決」の翌年（一九五五年五月三一日）に出された、「人種」統合の実行においては「できるだけ慎重なスピードで」と定めた「ブラウンⅡ判決」によって、自分の子どもが通う学校が「人種」統合の対象となることを恐れる南部白人の「大衆的反抗」が刺激された。その最も大規模なものは一九五七年九月、「人種」関係が良好とされたアーカンソー州都リトルロックに所在する名門公立校セントラル・ハイスクール周辺で起こった。白人のみの二〇〇〇人の生徒の中にわずか九名の黒人生徒を入学させる裁判所命令の実行に反発する数千人の白人民衆が暴動を起こした。第二次世界大戦の欧州派遣軍最高司令官でもあったアイゼンハワー大統領は直ちに連邦軍のうちの最精鋭部隊である第一〇一空挺団を投入するとともに、州兵部隊を動員してむしろ黒人生徒の通学を阻止しようとしていたフォーバス州知事から州兵部隊の指揮権を剥奪し、同部隊を連邦軍に編入した。本稿筆者は今世紀初頭に現地調査をした際に「リトルロック・ナイン」の一人のエリザベス・エックフォードにインタビューしたことがある。彼女はテレビでも報じられた、白人暴徒に囲まれた際の恐怖と、それでも一人の白人老婦がバス停までエスコートしてくれて難を逃れた場面の回想に及んだ際に突然大声で泣き出した。インタビューは彼女が保護監察官を務める郡裁判所の一室で行われたが、驚いて腰に差した銃に手を置いた男性職員が突然入室して来た。危うく撃たれるところであった筆者は事情を説明して難を逃れたが、半世紀近くを経ても消えない彼女のトラウマの深さを実感できた瞬間でもあった。[20]

連邦軍兵士の護衛で九名の生徒の通学が始まるが、白人生徒のいじめは止まず、ミニジーン・ブラウンは食堂で悪口を発した白人男子生徒の頭にチリスープをかけて退学処分となった。翌年にフォーバス州知事は対抗措置としてセントラル・ハイスクールを閉校し、州の補助金の下で私立学校に変え、隔離を維持したが、さらに翌年に裁判所命令で同校は「人種」統合原則に基づく元の公立高校に戻された。ブラウンはその後イリノイ州立大学を経てカナダのカールトン大学で修士号を取得後にビル・クリントン政権下で内務次官補の地位を得た[21]。

当時から現在に至るまで「リトルロック・ナイン」を応援し続ける大物ミュージシャンがいる。元ビートルズのポール・マッカートニーである。彼がグループ解散後のコンサートでも好んで歌う「ブラックバード」は、実は「リトルロック・ナイン」に捧げられたものである。この曲がリリースされたのはキング牧師と彼の盟友であったロバート・ケネディが相次いで暗殺された直後の一九六八年六月一一日だった。「ブラックバード」がカラスの別名であり、後者がアメリカの「人種」に基づく差別的隔離体制である「ジム・クロウ」を連想させる言葉であることは間違いない。軽快で美しいフィンガー・スタイルの曲だが、その歌詞は抒情的であると同時に、最後で繰り返される「貴方たちは今の瞬間ただ立ち上がる時を待っていたのだ」や「ただ解放される時を待っていたのだ」に象徴されるように、キング暗殺後全米一五〇を超える都市で続発し、首都で戒厳令が発令された黒人の抗議「暴動」賛美の極めて過激な内容である。二〇一六年にアーカンソー州リトルロックでのライブに際して、マッカートニーはこの曲のモチーフの一つに、一九五七年九月の新学期に、それまで白人のみに許されていたセントラル高校に入学を試みた九人の黒人生徒への応援の意味があったことをコンサート会場で聴衆を前に公表した。彼は地元在住のエリザベス・エックフォードとセルマ・マザーシェッド・ウェイアーの二人をコンサートに招待した。マッカートニーは「ブラックバード」の歌唱の前科白として次のように語った。

一九六〇年代に市民権に関して、とりわけリトルロックには多くのトラブルがありました。私たちは英国での報道で知っていましたから、当地でのコンサートはとても重要でした。なぜなら私にとってここは市民権運動の発祥の地だからです。私たちはここで起こったことに関心を持ち、その困難を耐え抜いた人々に共感し、そして人々がこのトラブルを乗り越えられるように少しでも力になれればとの思いを込めて、歌を作ろうと思いました。

次の曲がそうです。[22]

文字通り命を投げうったキング牧師やマルコム・Xといった指導者の貢献も不可欠だったが、このような運動当事者となった無数の黒人をはじめ、そのような運動を支持した「人種」や国境を越えた民衆一人一人の個々の日常的局面におけるその都度の勇気の発露によって、最高裁判決を実効化する連邦法が成立し、今日に至っているのである。また同時に、第二次ＫＫＫの隆盛を支えたのが白人の主婦だったのと同じく、一九五〇年代から七〇年代まで続いた「大衆的反抗」の最も真剣な参加者に目立ったのもまた白人の母親だった事実が示すのは、三五〇年かけてアメリカ社会に制度的に埋め込まれた「社会的構築物としての人種」の脱構築がいかに困難かを物語っている。[23]

〈「人種」共学《インテグレーション》に反対した過去への反省——セントラル高校国指定史跡《ナショナル・ヒストリック・サイト》〉

ビートルズ愛好家には一九六八年から六九年初頭にかけてリリースされた、全く曲想が異なる、バンドとしては最後の二つの楽曲の落差に疑問をお持ちの方がいるかもしれない。筆者もそうである。一つは「ブラックバード」（一九六八年六月録音）、もう一つは「ゲットバック」（一九六九年一月録音）である。ビートの効いた、典型的なロック調のエレキサウンドに乗せて、英米両国の政治的右傾化に不満をぶちまける後者とは対照的に、前者はキング牧師暗殺に対して全米一五〇を超える諸都市で起こった抗議行動に呼応し、その十一年前の「リトルロックの九人」の勇敢な行為に敬意を表すべく、ポール・マッカートニーが珍しく生ギター一本のフィンガースタイルで奏でつつ切々と歌い上げた曲である。

このアーカンソー州都の「九人」の黒人男女生徒が連邦裁判所の「人種《インテグレーション》」共学命令で、二〇〇〇名の白人生徒を擁する地元の名門校に通学を開始したのは一九五七年九月の新学期だった。登校初日、地元の数千名の白人がセントラル高校の前に集まり、黒人生徒の登校を実力で阻止する構えを見せたために、一人を除く八名は電話で連絡を受けて登校を見合わせた。自宅に電話がないエリザベス・エックフォードだけは登校したが、たちまち数百名の暴徒《モブ》に囲まれた。一人の白人老婦人がバス停までエスコートしてくれたおかげで、エックフォードは難を逃れた。第二次世界大戦欧州派遣軍総司令官でもあったアイゼンハワー大統領は最精鋭の第一〇一空挺団に出動を命じ、暴徒に味方する形となっていた州兵部隊の指揮権を州知事から剥奪した。間もなく九名の黒人生徒は武装した連邦軍兵士の護衛の下で通学を開始するが、一年後に終焉を迎える。なぜならオーヴァル・フォーバス州知事は白人のみのセントラル高校を私立学校に転じたからである。その間に一名の男子が卒業し、女生徒一名が退学処分となった。同校が再び裁判所の違憲判決を受けて「人種《インテグレーション》」共学の原則で公立学校に転じるまでさらに一年を要した。

ビル・クリントン大統領が十二年間州知事を務め、若き日々のエネルギーを傾注して執務した州知事公舎前には大統領にまで栄達した元知事の業績を称えるにはやや控え目な胸像が置かれた。彼は地元の市民権運動関係者にとってアイドルであった。二期目大統領選挙に勝利した翌一九九七年は「リトルロック学校危機」事件勃発後四〇周年に当たった。リトルロック市ではシンポジウムをはじめとする様々な記念事業が営まれ、翌九八年十一月初頭、クリントン大統領はセントラル高校を国指定の史跡とする法案に署名した。それとともに、セントラル高校の荘厳な校舎と道を挟んで建つ、かつてその四〇年前に内外の報道関係者が周辺にたった一箇所しかなかった公衆電話の順番を待つべく忍耐強く列を作ったガソリンスタンドは、概観をそのままに内部を改装され、内務省国立公園局が管理し、連邦公務員であるパークレインジャーが公式案内者として常駐する「セ

エリザベス・エックフォード氏と筆者。
（2002 年 8 月 26 日、市裁判所事務室にて）

ントラル高校国指定史跡ビジター・センター」として正式にオープンした。一九九九年、クリントン大統領は「リトルロックの九人」に、アメリカ合衆国政府から民間人に贈られる最高の栄誉である議会名誉黄金勲章を授与した。

実は「ブラックバード」には後日談がある。グループ解散後のマッカートニーはソロのコンサートでこの曲を好んで演奏したが、二〇一六年にアーカンソー州リトルロックでのライブに際して、この曲のモチーフの一つに「九人」の黒人生徒への応援の意味があったことをコンサート会場で聴衆を前に公表した。彼は地元在住のエリザベス・エックフォードとセルマ・マザーシェッド・ウェイアーの二人をコンサートに招待し、報道関係者は三名が一緒に写った写真を撮影してコンサートの模様や「ブラックバード」に込められた意味の説明とともにネット上に公表し、またコンサートにおいても聴衆を前に「ブラックバード」の歌唱の前科白の中でこのいきさつを語った。

なお隔離の維持に執念を燃やしたフォーバス州知事は事件後も十二年間州知事を務め続けた。また市内の全ての高校で「人種《インテグレーション》」共学が実行されたのは一九七二年に至ってからである。

問四　なぜ勝利の直後に「都市暴動」が続発し、その後もしばしば起こるのか

米国議会史上「最も長い審議」[24]を経て一九六四年七月二日に市民権法、翌年八月六日には投票権法が成立し、約一世紀を経て南北戦争がもたらした憲法修正第一四条と一五条がようやく実効力を持つに至った。ところが、この直後の一九六五年八月一一日、カリフォルニア州ロスアンジェルスの黒人ゲットー地区であるワッツで「暴動」が起こり、一週間ほど続いた。きっかけは市警察による黒人ドライバーへの尋問と検挙だった。逮捕者は三四三八名、死者は三四名、負傷者は一〇三二名とされる。[25]「法の下での平等」の達成という、キング牧師率いる市民権運動の勝利の直後に、その成果を否定するような暴力的反発が暴露したのは、一八三〇年にいち早くトクヴィルが看破した、自由と民主主義の理念と政治的な平等の原則の下で北部が建国以来構築してきた「人種」に基づく巧妙な差別と隔離の体制であり、それは「暴動」というよりも、黒人住民による反乱であった。[26]

「ワッツ暴動」は序章にすぎなかった。「長い、暑い夏」と呼ばれた一九六七年の夏には各地のゲットーでの連続的な大規模な暴力的反乱がおこった。ゲットー住民の集団的な暴力に見舞われ続けた都市の大半は「ジム・クロウ」が制度化していた南部の外に所在した。換言すれば、露骨な法の強制によらない、より洗練されて合法性を装った差別と隔離の制度化において長い経験のある「北部的ジム・クロウ」[27]に対する、長年鬱積した黒人住民たちの不満の表明であった。[28]最大の被害をもたらした、自動車工場が集中したミシガン州デトロイトの「暴動」（一九六七年）は衝撃的だった。ケネディ暗殺後に政権を引き継いだテキサス出身の冷戦リベラリストの代表であるリンドン・B・ジョンソン大統領は、イリノイ州知事オットー・カーナーを委員長とする調査委員会に提言を諮問した。一九六八年二月二九日、テト攻勢によってベトナム戦争の勝利の断念と米軍撤退の世論が高まる中で公表された通称「カーナー委員会報告」の冒頭の言葉は今でも衝撃的である。

何が起こったのか。
なぜ起こったのか。
再発を防ぐために、我々に何ができるのか。

これらの疑問に答えるべく、我々は広範囲にわたる調査研究を行った。我々は暴動がおこった諸都市を実地訪問し、多くの証言を耳にした。我々は全国の専門家たちの助言を聞いた。

我々は次のような基本的結論に達した。この国は二つの社会に分裂しつつある。一つは黒人の、もう一つは白人の――分離し、かつ不平等な二つの社会に。[29]

「ワッツ暴動」から二七年を経た一九九二年四月二九日、同じサウスセントラル地区で「第二のロス暴動」が起こった。かつてとの一番の違いは、ヒスパニック系や白人も多数加わった「暴徒」の略奪の対象となったゲットーに所在する商店のオーナーが白人ではなく、韓国系の新移民だったことである。巷間には「人種問題の複雑化」という言説が流布したが、構造的な変化が起こったわけではなかった。以前の商店主は白人と言ってもユダヤ系などのかつて差別の対象とされた「新移民」の子孫だった。彼らは「暴動」後に流入した韓国系の新参者に商店を売却したのである。より立場の脆弱な新参者に「黒人問題」の処理を任せる構造は不変だったのである。[30]白人系の歴史的な「新移民」は既に「白人」に同化を果たしていたが、その後にヒスパニック系のうちの肌の白い人々やアジア系が、かつてアパルトヘイト下の南アフリカにおける「名誉白人」と同類の「モデル・マイノリティ」と称揚される時代を迎え、高学歴で下働きも厭わないカリブや西アフリカ出身の黒人系移民への好感度も高まる中で、[31]かつての「白人対非白人」の

「人種」の境界線が修正されつつある。すなわち、新たな境界線は「黒人対非黒人」の間に引かれ、黒人内部をも分断しつつある。その一方で、六〇年代に市民権運動が掲げた隔離の撤廃を目指す「人種」を超えた連帯の草の根の動きが絶えていないことも、日本でも話題となった実録に基づく映画『フリーダム・ライターズ』が象徴するように、当のロスアンジェルス周辺のゲットー地区の学校で見られることを付言する。[32]

「積極的差別是正策」とも訳される現行の「アファーマティヴ・アクション」はなぜ上記の問題を解決できないのか。「法と秩序」を掲げて一九六八年秋の大統領選挙に辛勝した共和党ニクソン政権で成立した「アファーマティヴ・アクション」があくまでも大学や大学院の入試、あるいは公務員や公共事業関連職の採用における、主に上層の黒人を対象とした優先枠設定にすぎないからである。それは極めて戦略的だった。ジョンソン政権下で試みられた「貧困との戦争」に比べて極めて安価であることに加えて、公共的な職域に黒人採用枠を義務化することで、伝統的に民主党支持勢力の中枢を占める労組に分断を持ち込めた。また「法と秩序」を掲げて「人種平等」を求める運動の急進化を批判することで南部白人の支持を取り込もうとする「南部戦略」を掲げつつ、「優先枠」の設定で黒人からの支持を調達することも期待された。何よりもボストンをはじめとする全国の都市で裁判所の下す「バス通学命令」で「ブラウン判決」以来既に二〇年を経過した公立学校の「人種統合」の実行は各地で地元住民同士の暴力的衝突をきたす例も見られ、白人中産階級の郊外への転住を意味する「白人の逃亡」が問題化しており、白人有権者の目を教育や住宅の問題から転じさせる意図もあった。[33]

「バッキ判決」（一九七八年）で白人男性からの「逆差別」批判が五対四の僅差で最高裁に受け入れられたが、従来の「人種」に基づく優先枠それ自体は、その目的を「過去の差別への賠償」から「多様な未来社会への準備」に変更するという条件付きで生き延びた。これと相俟って八〇年代以降に白人を含む女性、障害を持つ人々、高齢者も対象に加えられて「少数派」の枠組みが拡大された。その一方で、大都市中心部から製造業職が消失したことに加えて、「アファーマティヴ・アクション」の恩恵を享受できた、ゲットー地区で従来指導的部分を形成してきた上層の黒人たちが流出したこともあり、大都市のゲットー地区の就労意欲さえ失ったとされる最底辺の黒人を意味する「アンダークラス」の苦境はよりいっそう深刻化した。[34]さらに追い打ちをかけたのがレーガン政権（一九八一〜八九年）以降に始まった「福祉改革」の名の下に行われた予算カットである。その傾向は民主党のクリントン政権にも引き継がれた。「アンダークラス」の苦境はさらに深刻の度を加えた。

問五　なぜ「すべての人の命が大切」では問題解決が望めないのか

まず「リーマン・ショック」が追い風となってバラク・オバマが「黒人初の大統領」に選ばれた二〇〇八年秋以降問題化した「大量収監」について知る必要がある。アメリカの収監者人口は世界最多であり、そのピークは二〇〇八年とされ、世界の収監者総数九八〇万人中の二四・七％を占めた。[35]マサチューセッツ州に本部を置く民間シンクタンクのＰＰＩ（監獄政策研究集団）の最新統計「大量収監の全貌二〇二〇年版」（二〇二〇年三月二四日公刊）によれば、州管轄の刑務所の収監者数が約一二九万一〇〇〇人、地方自治体の収監者が約六三万一〇〇〇人、連邦政府管轄の収監者が約二二万六〇〇〇人、合計二一四万八〇〇〇人と推定されている。州関係矯正施設収監者の内訳中最多の種別が殺人や傷害など「暴力犯罪」による服役者七一万三〇〇〇人（州収監者の五五・二％）から推定すれば、一二〇万人弱が殺人や傷害の罪で現在収監されていると思われる。[36]入手可能な最新数値の二〇一八年における刑期確定後の白人収監者総数の四三万五〇〇〇人に対して黒人は四六万五二〇〇人であり、人口比を考えれば依然として格段の差がある。[37]殺人など暴力犯罪の被害者は大半が加害者と同一「人種」であり、その比率は白人では六割だが、黒人では七割に達する。[38]

とりわけ目立つのが黒人男性に異様に高い収監率である。ブッシュ（子）政権下（二〇〇一〜〇九年）で、二一〜

三〇歳の黒人男性の収監率は五・二%から一一・四%に倍増した。特に高卒未満では一〇・六%から三七・二%に激増した。このカテゴリーの白人男性でも同期間に二・四%から一二%に急増しているにもかかわらず、連邦政府の予算的支援を背景に強化された警察による強圧的捜査の犠牲になっているのは主にゲットーの黒人男性住民である。[39] 大都市の中心部に存在する黒人ゲットーで違法薬物の売買が頻繁に行われていた事実は否定し難いが、黒人に差別的な刑法がそれに追い打ちをかけたのも確かである。中でも黒人ゲットーで主に売買されるクラックという粗製濃縮コカインに関する罰則を通常のコカインの場合の一〇〇倍としたことの影響は看過し得ない。オバマ政権下の二〇一〇年に一八倍にまで引き下げられたが、焼け石に水である。[40]

問題は対策である。二〇一七年二月時点で年間の収監関係総予算額は一八二〇億ドルに達しており、[41] 刑務所は一部が民営化されて「有望な公共事業」と謳われた。[42] 加えて毎年巨額の連邦予算が地方自治を原則とする全国の警察に競争的に助成金として配分されている。[43] この「大量収監」を刺激する取締強化的手段への競争的な予算措置よりも、教育、職業訓練、好条件の産業誘致、住環境整備など予防的な政策に予算を配分する方が有効であろう。

かつて郊外に「逃亡」を図った白人中産階級の第二、第三世代の、高学歴で子育ての最中のリベラルな若い白人世帯の都心部回帰現象を象徴する「ジェントリフィケーション」は福音であろうか。その多くが防壁に囲まれた高級住宅群「ゲーティッド・コミュニティ」に居住しているが、子どもが学齢期に差し掛かれば私学に遣れるほど資産のない彼らの多くは、周囲のゲットー地区の住民との関わりを避けて通れないという意味で、「ジェントリフィケーション」は都心部の「人種」関係を含めた地域社会に改善をもたらす可能性があるように見える。その一方で、政府による「アンダークラス」を対象とするゲットー脱出支援プログラムとも相俟って、新参の「ジェントリー」を対象とする安全で快適でお手頃価格の都心部の居住区開発ブームが低所得者居住区をそっくり郊外に移転させる圧力を高める可能性も指摘される。ＢＬＭの創成期における拡大のきっかけとなった黒人少年マイケル・ブラウン射殺事件（二〇一四年八月九日）が起こったミズーリ州ファーガソンのような、ゲットーがそのまま郊外化する可能性もある。

都心部の再開発の機運が高まるとともに、ゲットーの郊外移転の圧力も高まっている。逆に政府の担当者の多くが考えているのは、家賃が安い現在の隔離された居住区の住宅の改良と家賃補助に連邦住宅法第八項予算を集中的に支出することである。その方が少なくとも短期的にゲットー住民の救済につながるからである。だがそれは問題の先送りであり、都心部の隔離が永続化することになりかねない。(44) 都心部に「アンダークラス」にも利用可能な雇用と教育訓練の機会を提供しつつ、「人種」統合をもたらしうる再開発を講じる必要がある。

四世紀にわたる黒人への差別と隔離に対する賠償の是非が問題化して久しい。次のような質問がしばしばなされる。「すべてのことが起きた時、私は生まれていなかった。私の先祖がこの国に来た時、人種隔離は既に存在していた。我々はアフリカ系アメリカ人の隔離に一切無関係である。どうして我々が今からそれを正すという犠牲を強いられねばならないのか」。NAACP法廷弁護基金で長年活動してきたリチャード・ロスタインは次のように言う。

我々の自由のために我々に先駆けて戦ったアメリカ人がいて、彼らは時に命を賭けてそれを得たのであり、同様の犠牲なしに我々はその恩恵に浴しているのである。我々がアメリカ人になる時、我々は我々が戦って手にしたわけではない市民としての特権のみを得るわけではない。我々が関与していない悪弊の矯正の責務をも帯びることになるのだ。アフリカ系アメリカ人居住区を隔離したのは「我々の」政府であり、それは我々または我々の祖先がその場にいたかどうかに関わりないのであり、それを今解消すべきなのは「我々の」政府なのである。(45)

筆者は何度も学生から問われた。「なぜ『みんなの命が大切』ではいけないのですか。黒人の命だけ大切だというのは違和感があります」。実は二〇一六年の大統領選挙期間中に同じ問題が起こっていた。選挙運動中に民主党のヒラリー・クリントン候補が演説の中で「すべての人の命が大切である」と発言してBLMのスローガンに異を唱え、オバマ大統領から「誤解」を正されたことがあった。筆者が考える、それが誤りである理由は単純である。生命の危機にさらされている人の救済を優先しないことは非人道的であるということに尽きる。救急車に道を譲るのは世界中の全ての運転手の義務である。同様に歴史的に積み上げられた偏見と差別が深く組み込まれた社会構造のゆえに過剰な警察行動によって日常的に生命の危険にさらされる黒人の救済を優先することに「平等」待遇の原則で反対することは非人道的であるだけでなく、とりわけアメリカ的文脈では、かつて保守派の白人男性を中心に支持を広く得たものの、アメリカ社会における多様性の進行とともに否定されつつある「逆差別」論、すなわちアファーマティヴ・アクションの否定論に与することにも通じるのである。

政府の関与の下で歴史的に構築され現在にも存続する制度的差別の犠牲者に、条件の違いを無視して一律に「平等」待遇を強要することは、とりもなおさず現状の不平等な構造を維持することを意味するのである。ＢＬＭの主張の核心はまさにこれである。『ニューヨーク・タイムズ』の保守派コラムニストとして知られるデイヴィッド・ブルックスでさえ奴隷制と「ジム・クロウ」の賠償請求運動への支持を言明したことはＢＬＭ運動のインパクトの大きさを物語る。[46]さらにＢＬＭ運動への共感の輪が世界的に広がる中、二〇二〇年六月末までにＡＰ通信や『ニューヨーク・タイムズ』など主要報道機関が相次いで「黒人」を表記する際に「Ｂ」を大文字化する一方で、「白人」に関しては「ｗ」は小文字のままとする決定を下した。[47]これもＢＬＭ運動の成果であるが、背景にはコロナ禍の異常な蔓延の影響も考えられる。

おわりに——コロナ禍のインパクト

世界最強の軍事力と科学力と経済力を誇る自由と民主主義を国是とするアメリカで、二〇二一年春までに新型コロナ・ウィルスの感染者累計が人口の十分の一に迫りつつあり、死者累計は第二次世界大戦の戦死者四〇万をはるかにしのぐ五〇万を優に超えた。その一年前まで盤石に見えた現職大統領の二期目の勝利の予想を流動化させ最終的に敗北させたのは、コロナ禍への無策への広範な怒りであった。さらに追い打ちをかけたのが、警察の横暴の映像を媒介として若い世代を中心に「人種」を超えて広がったＢＬＭ運動への共感の浸透だった。「民主主義」を標榜する前政権はコロナ禍封じ込めに成果を上げた中国の「独裁」を批判したが、米ソ冷戦期と同じく、国内の差別への不対応は政権の支持率を低下させた。

トランプ政権がコロナ禍の初期対応において遅れた背景には、当初の罹患者と死者に黒人が多かったことが関係する。従来この種の統計には必ず「人種」毎の数値が発表されるが、二〇二〇年四月六日までそれは一切発表されなかった。先陣を切ったのはルイジアナ州ニューオリンズであった。黒人が総人口の三三％占める同市の死者累計に占める黒人の割合は七〇％に上った。ミシガン州では黒人口は一四％にすぎないが、コロナ禍の犠牲者の四〇％が黒人だった。ウィスコンシン州では人口の七％しかいない黒人が死者の三三％を占めた。黒人が人口の三八％であるミシシッピ州では死者の六一％が黒人だった。ミルウォーキーでは人口の三九％の黒人が死者の七一％を占めた。シカゴでは人口の三〇％の黒人が死者の五六％に上った。オバマ政権がようやく実現した皆保険制度を就任とともに白紙撤回に導いたトランプ政権の責任に帰すべき問題であったことは誰の目にも明らかだった。「コロナ・ウィルスによるパンデミックは我が国の健康面における人種分断を白日の下に晒したのである」と『ニューヨーク・タイムズ』で報じられた[48]。

人類史的厄災のパンデミックは人間の本来的平等性を人々の心に改めて刻印する機会ともなり、中世末期と同様に現在においても時代の画期となるかもしれない。ＢＬＭ運動の高揚が欧米各地でコロンブスの銅像の破壊運動を刺激し[49]、近代の歩みの初期設定自体に「人種」差別が組み込まれていた事実が暴かれつつある。筆者が見るところ、現在アメリカ史上かつてなかったほどに「社会的構築物としての人種」を脱構築するチャンスが高まっており、それは世界的な敬意と信頼を回復するという本来的な意味で「アメリカを再び偉大にする」機会に他ならない、と筆者は確信する。

〈キング牧師終焉の地で学ぶ市民権運動の歴史的意義
――メンフィス国立市民権運動博物館とメイソンテンプル教会〉

テネシー州メンフィスに所在する国立市民権博物館はキング牧師が頭部に銃弾を受けて倒れたロレイン・モーテル（一九二五年開設）を連邦政府が買い取って改装し、一九九一年にスミソニアン協会に所属する国立の博物館として開業され、二〇〇七年と二〇一一年に改修されて現在に至る。キング牧師暗殺五〇周年の二〇一八年四月にはキング牧師の遺徳を偲ぶ一連の追悼行事が催された。筆者も命日前後に同地を訪れ、デモ行進も含めて関連行事に参加したが、ちょうどイースターの休暇とも重なり、白人を多く含む多数の子ども連れの家族が博物館に展示されている映像資料等を交えた展示を通して、「人種」の平等を目指す奴隷制時代からのアメリカの苦闘の歴史を熱心に学んでいる様子を確認できた。

一九六八年四月四日午後六時少し前に地元黒人教会のサミュエル・ビリー・カイルズ師宅の晩餐会に参加すべく、キング牧師は宿泊していた同モーテル二階三〇六号室のバルコニーに出たところを銃撃され、間もなく病院で死亡が確認された。前日にメンフィス入りをしたキング牧師は夜に演説の依頼を受けていたが、体調不良のために腹心のラルフ・アバナシー師に代役を依頼して臥せっていたが、電話を受けた後に中心部を少し離れた黒人の中産階級用の戸建て住宅に囲まれた聖霊《ペンテコステ》派のメイソンテンプル教会に車で急行した。同教会は南部で最も大規模な黒人教会の一つだった。キング牧師が九時半にようやく後に有名になる「山頂演説《マウンテントップ・スピーチ》」を語り始めたとき、詰めかけた聴衆の数は収容人員を上回る三千人以上となり、通路も含め立錐の余地もないほど混んでいた。加えて、雷鳴とどろく嵐にもかかわらず、屋外に一万人近くがスピーカーから漏れるキング牧師の最後となる、原稿の準備もないままの語りに耳を傾けた。彼が強調したのは「ブラック・パワー」の唱道者と同じ内容だった。つまり「人種平等」の闘いに勝利するための不可欠の前提として「黒人の団結《ブラック・ユニティ》」が必要である、という主張である。そして階級を超えた黒人の団結による経済的ボイコットが有効であり、牧師たちがそれを率先しなければいけない、と強調された。自分自身も意識高揚が最高潮に達してしまったキング牧師は、翌日の自らの死を示唆した。

もう私には何の心配もありません。皆さんと同様私も長生きしたいというのが本音です。でも、今の私にはそんなことはどうでもよいのです。私はただ神の意志を実現したいだけです。そして神は私が山上に立つことをお許し下さったのです。その結果、山の向こう側が見えました。向こう側というのは約束の地です。でも、私は皆さんと一緒にはたどり着けないのです。ただ、垣間見ただけです。私たちが一つの民族としてそこへ行き着けることを私は確信しています。

キング牧師は短い生涯の最後に黒人聴衆を相手に、それまで白人支援者に明かすことの決してなかった本音を語ったのである。キング牧師は死の直前に、従来は白人向けに語られることが多かった「人種」統合《インテグレーション》ではなく、黒人民衆が今まさに求める経済的正義《エノミック・ジャスティス》について語るようになっており、「最後の聖戦」と呼ばれたのは「貧者の行進《プア・ピープルズ・キャンペーン》」を準備中だった。その出発点に彼が選んだのが黒人清掃労働者のストライキ支援の行進だった。三月の最初の行進は黒人少年が警官に射殺されたことをきっかけに暴力沙汰となったために中断された。二度目の行進の成功を期して彼はメンフィスを再度訪れていた。清掃労働者とは市内のゴミを収集する最も下層の労働者の別名であり、当時一三〇〇名を数えた彼らは全員が非正規雇用の黒人男性で、二名の仲間の理不尽な「事故死」をきっかけに、賃金その他の面で押し付けられる非人間的な待遇への抗議の意思表示として「私は人間である《アイ・アム・ア・マン》」と書かれた看板を首から下げて沈黙の行進を続ける自主的なストライキに決起した。街中は

キング牧師暗殺50周年追悼デモ行進に参加した筆者（2018年4月4日、メンフィスにて）

ゴミであふれ、真摯な清掃労働者の抗議行動への共感が広がり、支援の手が全国から差し伸べられる中、大規模な抗議デモ行進を組織すべくメンフィスを訪れていたキング牧師は、銃撃を受けて三九歳の若さで落命した。その代償として市長は組合を正式に交渉団体として承認し、黒人清掃労働者の待遇の改善や昇給・昇進なども認めることになった。

博物館はロレイン・モーテルを改装した本館における奴隷時代以来現在までの平等な市民権を求める人々の歴史を説明する文や映像、および隔離座席を伴ったバス等を含めた証拠品から学べる展示と、道路を挟んで地下道でつながる、暗殺犯と目されて逮捕服役したアール・レイがライフル銃を発射したとされる宿の一室をはじめとする補完的展示がある。

註

（1）川島正樹『アファーマティヴ・アクションの行方――過去と未来に向き合うアメリカ』（名古屋大学出版会、二〇一四年）、Masaki Kawashima, *American History, Race and Struggle for Equality: An Unfinished Journey* (Singapore: Palgrave Macmillan, 2016). なお本稿において「人種」と引用符付きで表記するのは、二〇〇三年のヒトゲノム解析完了後に明らかにされて以降、生物学的分類概念としての「人種」の使用停止を提案する生物学者や人類学者の国際的な声に呼応し、歴史的に見て「人種」が社会的に構築された、言わばかつて全共闘世代を風靡した「共同幻想」（吉本隆明『共同幻想論』［角川ソフィア文庫、一九八一年、初版は一九六八年］）に他ならないことを強調するためである。アメリカ人歴史家の同様の実践例としては以下を参照。Jacqueline Jones, *A Dreadful Deceit: The Myth of Race from the Colonial Era to Obama's America* (New York: Basic Books, 2013).

（2）「ヒトゲノム解読完了」『朝日新聞』（二〇〇三年四月二〇日）；『ナショナル・ジオグラフィック日本版』（二〇一六年三月号）。

（3）黒人がアメリカ史の最初期からの集団であるという認識に基づく最も早い時期の通史の例としては以下を参照。Lerone Bennett, Jr., *Before the Mayflower: a History of the Negro in America, 1619-1962* (Chicago, IL: Johnson Pub. Co., 1962).

（4）"Anthony Johnson," Exploring Maryland Roots: Library, accessed August 27, 2020, http://mdroots.thinkport.org/library/anthonyjohnson.asp .

（5）A. Leon Higginbotham, Jr., "How did the subject of slavery enter American law? (1619-1662)," in Edward Countryman, ed., *How Did American Slavery Begin?* (Boston, MA: Bedford/St. Martins, 1999), pp. 85-98.

（6）Edmund Sears Morgan, *American Slavery, American Freedom: The Ordeal of Colonial Virginia* (New York: Norton, 1975), pp. 250-70.

（7）黒人奴隷制の南北アメリカ比較に関する最新の簡便な比較は次を参照。山口房司「ラテン・アメリカとアングロ・アメリカの黒人奴隷制度」『同志社アメリカ研究』第七号（同志社大学アメリカ研究センター、二〇一七年）、九―一二頁。

（8）Winthrop Jordan, "American Chiaroscuro: The Status and Definition of Mulattoes in the British Colonies," *William and Mary Quarterly*, 3rd ser., 19 (1962), pp. 183-200.

（9）John J. McCusker & Russell R. Menard, *The Economy of British America, 1607-1789* (Chapel Hill: University of North Carolina Press, 1991), pp. 108. 130, 174, 199.

（10）Massachusetts, *The Laws and Liberties of Massachusetts: Reprinted from the Copy of the 1648 edition in the Henry E. Huntington Library* (Cambridge, MA: Harvard University Press, 1929).

（11）John J. McCusker and Russell R. Menard, *The Economy of British America, 1607-1789* (Chapel Hill: University of North Carolina Press, 1991), p. 108.

（12）DeWayne Wickham, "President of Brown Seeks to Fuel Reparations Debate," *USA TODAY*, March 16, 2004, p. A.13.

（13）David Davis, *The Problem of Slavery in Western Culture* (Ithaca, NY: Cornell University Press, 1966).

（14）Federal Reserve Bulletin, May 1923, p. 567.

（15）本テーマに関する古典的文献として次を挙げる。Cabot S. Boritt, ed., *Why the Confederacy Lost* (New York: oxford University Press, 1992). また次の二つの映像資料を交えての授業が効果的である。エドワード・ズウィック監督『グローリー [DVD]』（ソニー・ピクチャーズ・エンタテインメント、二〇一〇年）、スティーブン・スピルバーグ監督『リンカン　[DVD]』（ソニー・ピクチャーズ・エンタテインメント、二〇一四年）。またリンカンの心境の変化は彼の生の声からも伺える（『リンカン演説集』［岩波文庫、一九五七年）。

（16）Jackson Lears, *Rebirth of a Nation: The Making of Modern America, 1877-1920*, Kindle ed. (HarperCollins e-books, 2009).

（17）Howard N. Rabinowitz, *Race Relations in the Urban South, 1865-1890* (New York, NY: Oxford University Press, 1978).

（18）R. Volney Reiser, *Defying Disfranchisement: Black Voting Rights Activism in the Jim Crow South, 1890-1908* (Baton Rouge, LA: Louisiana State University Press, 2010).

（19）Lears, *Rebirth of a Nation*; Linda Gordon, *The Second Coming of the KKK: The Ku Klux Klan of the 1920s and the American Political Tradition*, Kindle ed. (Liveright, 2017).

（20）"Summary of an interview with Elizabeth Eckford, at her office, 401 W. Markham, Room 420, Pulaski County Court, Little Rock, Arkansas, 72201, 23 August 2002, by Masaki Kawashima," 平成一三年度～平成一四年度科学研究費補助金（基盤研究（C）—（2））研究報告書（研究課題番号 13610462）『現地聞き取り調査を主要方法とする米国公民権運動史研究』（南山大学、二〇〇三年）所収。「リトルロック学校危機」事件の背景も含めた詳細に関しては、川島正樹『アメリカ市民権運動の歴史』（名古屋大学出版会、二〇〇八年）第二章を参照されたい。

（21）Minnijean Brown Trickey (1941-), accessed February 8, 2021, https://encyclopediaofarkansas.net/entries/minnijean-brown-trickey-720/.

（22）Daniel Kreps, "Paul McCartney Meets Women Who Inspired Beatles' Blackbird: Two Members of the Little Rock Nine Visit Singer Backstage at Arkansas Concert," *RollingStone*, May 1, 2016, accessed on February 17, 2019, https://www.rollingstone.com/music/music-news/paul-mccartney-meets-women-who-inspired-beatles-blackbird-57076/ なお本稿では Civil Rights Movement を「公民権運動」ではなく、「市民的歴諸権利を求める運動」の省略形として「市民権運動」と訳す。

（23）Elizabeth Gillespie McRae, *Mothers of Massive Resistance: White Women and the Politics of White Supremacy* (New York: Oxford University Press, 2018).

（24）Charles Whalen and Barbara Whalen, *The Longest Debate: A Legislative History of the 1964 Civil Rights Act* (New York,: New American Library, 1985).

（25）The Watts Riots of 1965, in a Los Angeles newspaper.accessed February 8, 2020, https://www.rarenewspapers.com/view/609877.

（26）アレクシス・ド・トクビル著、松本礼二訳『アメリカのデモクラシー 第一巻（下）』（岩波書店、二〇〇五年）、三〇一―三〇三頁；Manning Marrable, *Race, Reform and Rebellion: The Second Reconstruction and Beyond in Black America, 1945-2006*, 3rd Edition (Jackson, MS: University Press of Mississippi, 2007).

（27）Brian Punell, et al., eds., *The Strange Careers of the Jim Crow North: Segregation and Struggle outside the South* (New York: New York University Press, 2019).

（28）Peter B. Levy, *The Great Uprising: Race Riots in Urban America during the 1960s* (Cambridge, UK: Cambridge University Press, 2018).

（29）*Report of the National Advisory Commission on Civil Disorders* (New York, : The New York Times Co., 1968), "Introduction" to the "Summary

"Report," accessed August 29, 2020, http://www.eisenhowerfoundation.org/docs/kerner.pdf.

（30）川島正樹「I-3　アフリカン・アメリカンの行方」、福田茂夫、他編著『現代アメリカ合衆国――冷戦後の社会・経済・政治・外交』（ミネルヴァ書房、一九九三年）四九―六六頁。

（31）巷間に流布する「黒人移民の勤労意欲は高く上方流動性も見られる」およびそれを根拠とした「もはやアメリカには人種差別はなく、文化の問題である」とする言説に異を唱えた最新の実証研究としては次を参照されたい。Tod G. Hamilton, *Immigration and the Remaking of Black America* (New York: Russel Sage Foundation, 2019).

（32）リチャード・ラグラベネーズ監督『フリーダム・ライターズ [DVD]』（パラマウント・ホーム・エンターテインメント・ジャパン、二〇〇八年）。なお原作の日本語版も利用可能である（グルーウェル・エリンとフリーダム・ライターズ著、田中奈津子訳『フリーダム・ライターズ』［講談社、二〇〇七年］）。

（33）Dean J. Kotlowski, *Nixon's Civil Rights: Politics, Principle, and Policy* (Cambridge, MA: Harvard University Press, 2001); Kevin L. Yuill, *Richard Nixon and the Rise of Affirmative Action: The Pursuit of Racial Equality in an Era of Limits* (Lanham, MD: Rowman & Littlefield, 2006). ボストンの「バス通学」論争に関しては次を参照されたい。Masaki Kawashima, "Democracy and Justice in Boston School Busing," *Nanzan Review of American Studies*, vol. 19, no. 1 (Summer 1997), pp. 23-39.

（34）「アンダークラス」の苦境に関する日本語文献として、ウィリアム・ジュリアス・ウィルソン『アメリカ大都市の貧困と差別――仕事がなくなるとき』（明石書店、一九九九年）を参照されたい。

（35）"World Prison Population List (eighth edition), accessed February 8, 2020, https://www.prisonstudies.org/sites/default/files/resources/downloads/wppl-8th_41.pdf.

（36）"Mass Incarceration: The Whole Pie 2020," Prison Policy Initiative, accessed August 29, 2020, https://www.prisonpolicy.org/reports/pie2020.html.

（37）E. Ann Carson, *Prisoners in 2018* (US Department of Justice, April 2020), Tables 3 & 6.

（38）Rachel E. Morgan, Ph.D., and Barbara A. Oudekerk, *Criminal Victimization, 2018* (Burau of Justice Statistics, 2019), accessed September 1, 2020, https://www.bjs.gov/content/pub/pdf/cv18.pdf.

（39）Becky Petit, *Invisible Men: Mass Incarceration and the Myth of Black Progress* (New York: Russell Sage Foundation, 2012).

（40）James Campbell, *Crime and Punishment in African American History* (Basingstoke, Hampshire, UK: Palgrave Macmillan, 2013), pp. 210-217.

（41）Mass Incarceration Costs $182 Billion Every Year, Without Adding Much to Public Safety, accessed February 8, 2020, https://eji.org/news/mass-incarceration-costs-182-billion-annually/.

（42）Michelle Alexander, *The New Jim Crow: Mass Incarceration in the Age of Colorblindness*, rev. ed. (New York,: The New Press, 2012).

（43）"Grants," The United States Department of Justice, accessed August 29, 2020, https://www.justice.gov/grants.

（44）Ibid., pp. 191-193.

（45）Ibid., pp. 222. これはまさに本稿筆者の以前からの議論と重なる主張である。川島正樹「社会運動の契機を模索するアフリカ系アメリカ人の苦闘――ポスト冷戦期における賠償請求と歴史認識問題を中心に」『アメリカ史研究』第三七号二〇一四年八月)、四―二三頁を見よ。

（46）前年春の段階で賠償請求に明言を避けたブルックスは一年後にはっきりと支持に転じた。David Brooks, "Case for Reparations," *The New York Times*, March 9, 2019; Brooks, "How to Do Reparations," *The New York Times*, June 5, 2020.

（47）「大文字『Black』が示す敬意」『朝日新聞』二〇二〇年七月二二日。

（48）"'A Terrible Price': The Deadly Racial Disparities of Covid-19 in America," *The New York Times* (Online), April 29, 2020.

（49）「耕論 倒される『銅像』とは」『朝日新聞』二〇二〇年八月六日。

あとがき

　本書は、「共鳴かつ葛藤する闘争——公民権運動の相対化による一九六〇年代の社会運動分析」という研究課題名で、平成二九年度（二〇一七年度）科学研究費補助金基盤研究（B）（一般）を受給した成果である。令和二年度（二〇二〇年度）までの四年間、研究代表者の筆者と五人の研究分担者によって、共同研究を続けた。令和三年度（二〇二一年度）前期に、四年間の研究成果報告書を提出し終え、その公表を待っているところである。

　思い返せば、二〇一六年五月に慶應義塾大学で開催された日本西洋史学会で、西﨑緑（以下、科研メンバーは敬称略）によるポスター発表「公民権運動におけるNCNWの役割」を聞き、そばに北美幸もいて、発表を聞いた後二人で話したことがそもそもの出発点であった。われわれで何か共同研究はできないかと考える内、翌月の六月に開催された日本アメリカ学会で、佐藤千登勢、土屋和代、兼子歩に声をかけ、六人での共同研究が始まった。

　科研応募申請書（研究計画調書）の主要箇所を西﨑が作成し、メンバーの中から、共同研究の実績を作るために学会でのシンポジウムなどに応募した方がよい、という意見が出て、二〇一七年五月の一橋大学での日本西洋史学会の小シンポジウムに応募したのだった。九月には開催が決定し、六人のチーム結成から三ヶ月目にして、科研費受給決定前から、小シンポジウムのための準備という共同研究に入ることができた。

　小シンポジウムタイトルは、「黒人女性の視点から再評価する公民権運動——人種、ジェンダー、階層、宗教による差別解消と正義を求める運動との有機的関連」とした。すでに個人の科研費を受給して研究を進めていた四人（発表順——西﨑、佐藤、北、土屋）の個別発表のあと、兼子から各発表へのコメントをした。企画責任者として司会をした筆者の、開会前の要旨説明の一部を再録してみる。

「（前略）従来の公民権運動史からの離脱を図り、同時期の他の社会運動との関係で公民権運動を相対的に位置づけ、公民権運動史を再構築することを、本シンポジウムでは追求してみたい。特に階級・宗教・ジェンダーをめぐる運動との間に見られる連携と緊張の関係の中で、公民権運動が如何なる影響を受けていったのか、という課題に注目したい。（中略）各運動の相互関係や、抑圧と被抑圧、対立と連携、排除と包摂の重層構造の中で公民権運動の意味を問いつつ、参加者とともに議論していきたい」と。

シンポジウム当日は、七つの多彩なシンポジウムが準備され、われわれのシンポジウム3には、興味を持って下さった方々が三十人余り参加下さった。科研費受給決定初年度に開催されたこのシンポジウムで行われた質疑応答のお陰で、六人の間でも模索していた今後四年間における研究に、道筋を得られた有意義な機会となった。

与えられた四年間には、年間に複数回の研究会（勉強会）をすること、二年目と三年目に史料収集のために三人ずつ渡米することを決めていた。最初の勉強会では、本書「はしがき」でも言及した「長い公民権運動」への共通理解を深める学習会を行うことができた。その後三年間の内、外部から三人の講師を招いて、講演して頂く機会にも恵まれた。

二〇一八年二月には、川島正樹南山大学教授（南山大学アメリカ研究センター長・当時）に、「ＭＬＫ五〇にちなんで――メンフィス清掃労働者ストからウォール街占拠運動を経てトランピズムの彼方までを展望する試み」の講演をして頂いた。本書第三部第七章に、川島氏からの寄稿を迎えられたことは幸いだった。執筆依頼当初に頂いた論考では、十五の設問（大学講義コマ数）に基づく大論文であったが、紙幅の関係もあり、圧縮せざるを得なかったことをお詫びしたい。

二〇一九年二月には、宮田伊知郎埼玉大学人文社会科学研究科准教授（当時）に「樹木による都市再生――一九六〇年代後半におけるアトランタ女性商業会議所の活動に関する一考察」の講演をして頂いた。翌月三月には、大橋稔准教授（城西大学語学教育センター副所長・当時）に、「アメリカ黒人女性作家が描くフェミニズムの問題」の講演をして頂いた。

二〇一九年度までの三年間は、順調に予定をこなすことができ、六人全員が渡米して本書の論文作成へとつながる研究活動ができた。年度末からコロナ禍が始まり、第五回目として三月に予定していたメンバーによる研究会は断念した。最終年度であった二〇二〇年度はコロナ禍が常態となり、本書出版に向けてはオンライン会議で話し合った。

昨今、電子書籍化が進み、紙媒体での書籍出版が難しいにもかかわらず、彩流社の竹内淳夫さんには、本書出版を快諾して頂いたことに深謝する。科研費受給初年度、二〇一七年五月の日本西洋史学会で、共著出版の口頭依頼に即決して下さった。四年間、メンバー皆が共著出版を最終目的に共同研究を続けられた。四年目の最終年度で本格的な出版作業が始まってからは、竹内さん自らが編集にあたって下さったことにも感謝したい。

縁あって集った執筆者七人による本書は、共同研究によって個々の研究に新たな側面を与えながら、「自由と解放を求める人びと」として世に問うこととなった。世界中の「自由と解放を求める人びと」を目撃しながら、歴史研究者としての足元を見つめ続けたい。

二〇二一年八月　米軍撤退後のアフガニスタンを憂いつつ

科学研究費基盤研究（B）代表者　岩本　裕子《ひろこ》

ワ行

マ行

ヤ行

ラ行

ナ行

ハ行

タ行

サ行

事項索引

ア行

カ行

マ行

ラ行

ワ行

タ行

ナ行

ハ行

カ行

サ行

索　引

略語

人名索引

ア行

■執筆者紹介（執筆順）

土屋和代（つちや　かずよ）
東京大学大学院総合文化研究科地域文化研究専攻准教授
主な著書 *Reinventing Citizenship: Black Los Angeles, Korean Kawasaki, and Community Participation* (Univ. of Minnesota Press, 2014)、『現代アメリカ講義――トランプのアメリカを読む』（共著、東京大学出版会、2020 年）、『歴史のなかの人びと――出会い・喚起・共感』（共著、彩流社、2020 年）、『環太平洋地域の移動と人種――統治から管理へ、遭遇から連帯へ』（共著、京都大学学術出版会、2020 年）ほか。

佐藤千登勢（さとう　ちとせ）
筑波大学人文社会系教授
主な著書『フランクリン・ローズヴェルト――大恐慌と大戦に挑んだ指導者』（中公新書、2021 年）、『アメリカの福祉改革とジェンダー――「福祉から就労へ」は成功したのか？』（彩流社、2014 年）、『アメリカ型福祉国家の形成―― 1935 年社会保障法とニューディール』（筑波大学出版会、2013 年）、『軍需産業と女性労働――第二次世界大戦下の日米比較』（彩流社、2003 年）ほか。

北　美幸（きた　みゆき）
北九州市立大学外国語学部教授
主な著書『「街頭の政治」をよむ――国際関係学からのアプローチ』（共著、法律文化社、2018 年）、『公民権運動の歩兵たち――黒人差別と闘った白人女子学生の日記』（彩流社、2016 年）、『半開きの〈黄金の扉〉――アメリカ・ユダヤ人と高等教育』（法政大学出版局、2009 年）ほか。

兼子　歩（かねこ　あゆむ）
明治大学政治経済学部専任講師
主な著書『歴史のなかの人びと――出会い・喚起・共感』（共著、彩流社 2020 年）、『現代アメリカ政治外交史――「アメリカの世紀」から「アメリカ第一主義」まで』（共著、ミネルヴァ書房、2020 年）、『「ヘイト」の時代のアメリカ史――人種・民族・国籍を考える』（共編著、彩流社、2017 年）ほか。

川島正樹（かわしま　まさき）
南山大学外国語学部英米学科教授
主な著書『アメリカ 市民権運動の歴史――連鎖する地域闘争と合衆国社会』（名古屋大学出版会、2008 年）、『アファーマティヴ・アクションの行方――過去と未来に向き合うアメリカ』（名古屋大学出版会、2014 年）、*American History, Race and the Struggle for Equality: An Unfinished Journey*（Palgrave-Macmillan, 2017 年）ほか。

■編著者紹介

岩本裕子（いわもと　ひろこ）
浦和大学社会学部現代社会学科教授
主な著書『物語 アメリカ黒人女性史（1619-2013）——絶望から希望へ』（明石書店、2013年）、『今、問い続けるということ——多文化共生への歴史理解』（メタ・ブレーン、2020年）、『語り継ぐ黒人女性——ミシェル・オバマからビヨンセまで』（メタ・ブレーン、2010年）、『スクリーンに投影されるアメリカ——「9月11日」以降のアメリカを考える』（メタ・ブレーン、2003年）ほか。

西﨑　緑（にしざき　みどり）
熊本学園大学社会福祉学部教授
主な著書『ソーシャルワークはマイノリティをどう捉えてきたのか』（勁草書房、2020年）、「南メソジスト監督教会女性海外伝道協会と中国における慈善活動」（『社会事業史研究』57巻、2019年）、「アメリカ公的福祉協会が連邦政府の公的扶助に果たした役割」（『人間科学部紀要』2巻、2019年）、「アイナベル・リンジーと草創期の黒人ソーシャルワーカー養成教育」（『明治学院大学社会学・社会福祉学研究』145巻、2015年）ほか。

自由《じゆう》と解放《かいほう》を求《もと》める人《ひと》びと——アメリカ黒人《こくじん》の闘争《とうそう》と多面的《ためんてき》な連携《れんけい》の歴史《れきし》

2021年11月5日　初版第1刷発行　　定価は、カバーに表示してあります。

編著者　岩　本　裕　子
　　　　西　﨑　　緑

発行者　河　野　和　憲

発行所　株式会社　彩　流　社
〒101-0051 東京都千代田区神田神保町3-10　大行ビル6F
TEL 03-3234-5931 FAX 03-3234-5932
ウェブサイト http://www.sairyusha.co.jp
E-mail sairyusha@sairyusha.co.jp

印刷　モリモト印刷㈱
製本　㈱難波製本
装幀　渡辺将史

Printed in Japan.2021

乱丁本・落丁本はお取り替えいたします。

ISBN 978-4-7791-2782-3 C0022